Michael Bax, Hans-Rudi Bratschke,
Burkhard Heunecke, Bernd Pape,
Guido Steffens, Dr. Hermann Tallen,
Bernd-Wolfgang Vahldiek

Sozialkunde 2

Hessen

Schroedel Schulbuchverlag

Sozialkunde 2

Hessen

bearbeitet von

Michael Bax, Hans-Rudi Bratschke, Burkhard Heunecke,
Bernd Pape, Guido Steffens, Dr. Hermann Tallen, Bernd-Wolfgang Vahldiek

In Zusammenarbeit mit der Verlagsredaktion

Bildquellenverzeichnis

action press/SIPA PRESS, Hamburg 19 o.r.; Erich Andres, Hamburg 138 o.r., M.r.; BAVARIA/Friemann, Gauting 22; Bildarchiv Preußischer Kulturbesitz, Berlin 132 l.; Bundesministerium der Verteidigung, Bonn 120; Günter Deiseroth, Niederaula 8, 24, 41, 123, 124, 126 l, 158; Deutscher Verkehrssicherheitsrat e.V., Bonn 7; Foto dpa, Frankfurt 86; Foto dpa, Hamburg 19 o.r., 136; Europäisches Parlament/Audio-visuelle Information, Luxemburg 147 o.l., o.r.; Jörg Axel Fischer, Hannover 10 r., 15, 116; Albrecht Gehrke, Umkirch 94; Generaldirektion Information der Europäischen Gemeinschaft, Brüssel 147 M.r., u.r.; W. Herget, Hamburg 106; Informationsbüro des Europäischen Parlaments, Bonn 147 M.l., u.l.; Informationspresse, Köln 10 l.; Jugendanstalt Hameln/Vollmer 103; Jürgens/Ost + Europa Photo, Köln 79, 82; KNA-Bild, Frankfurt/Main 65; MAURITIUS/Enzinger, Mittenwald 19 u.l.; MAURITIUS/Kolmikow, Mittenwald 19 u.r.; Presse- und Informationsamt der Bundesregierung, Bonn 38 l., 49 (Freigabe-Nr. HO 2080), 52, 53, 56, 74 u.r., 76; Dr. Gert Reich, Oldenburg 26; Süddeutscher Verlag, München 132 r., 138 o.l., M.M.; M. Werner, Hildesheim 31; alle übrigen Fotos: Archiv Schroedel/Schöningh

ISBN 3-507-**10336**-2

Druck A 5 4 3 2 1 / Jahr 1994 93 92 91 90

Alle Drucke der Serie A sind im Unterricht parallel verwendbar.

Die letzte Zahl bezeichnet das Jahr dieses Druckes.

Umschlaggestaltung: K.-H. Volkmann
Graphik: Fliegel GmbH, Illustration: G. Wandrey
Druck: Kleins Druck- und Verlagsanstalt, 4540 Lengerich

Inhaltsverzeichnis

Auf dem Wege zur Volljährigkeit

Das Leben in unserer Gesellschaft wird durch Vorschriften, Regeln und Gesetze bestimmt. Schon Kleinkinder müssen sich an Regeln gewöhnen und lernen, sich an sie zu halten. Mit zunehmendem Alter bekommen junge Menschen mehr Rechte, aber auch mehr Pflichten.

- *Warum erhalten Jugendliche mit zunehmendem Alter mehr Rechte?*
- *Welche Pflichten gehen damit einher?*
- *Welche Rechte und Pflichten haben Eltern gegenüber ihren Kindern?*
- *Wie schützt der Staat Kinder und Jugendliche?*
- *Was bedeutet es für Jugendliche, volljährig zu werden?*

1. Rechte und Pflichten von Jugendlichen

Claudia kauft ein Mofa

Die meisten Jugendlichen würden sicher vor dem Kauf eines Mofas erst mit ihren Eltern sprechen. Immer wieder geraten aber auch Jugendliche in ähnliche Schwierigkeiten wie Claudia. Deswegen hat der Gesetzgeber gerade für diese Altersstufe besondere gesetzliche Regelungen getroffen.

In unserem Beispiel hat die sechzehnjährige Claudia einen Kaufvertrag abgeschlossen, der nicht die Zustimmung ihrer Eltern findet. Sollte der Verkäufer die Rücknahme des Mofas verweigern, könnte es zu einem Gerichtsverfahren kommen. Die Richter würden sich bei einem solchen Verfahren auf die Bestimmungen des Bürgerlichen Gesetzbuches (BGB) stützen. Einige wichtige Paragraphen sind nachfolgend abgedruckt.

Bürgerliches Gesetzbuch

§ 104 (Geschäftsunfähigkeit)

Geschäftsunfähig ist: 1. wer nicht das siebente Lebensjahr vollendet hat; . . .

§ 106 (Beschränkte Geschäftsfähigkeit)

Ein Minderjähriger, der das siebente Lebensjahr vollendet hat, ist nach Maßgabe der §§ 107 bis 113 in der Geschäftsfähigkeit beschränkt.

§ 107 (Einwilligung des gesetzlichen Vertreters)

Der Minderjährige bedarf zu einer Willenserklärung, durch die er nicht lediglich einen rechtlichen Vorteil erlangt, der Einwilligung seines gesetzlichen Vertreters.

§ 108 (Vertragsabschluß ohne Einwilligung)

(1) Schließt der Minderjährige einen Vertrag ohne die erforderliche Einwilligung des gesetzlichen Vertreters, so hängt die Wirksamkeit des Vertrags von der Genehmigung des Vertreters ab.

§ 110 („Taschengeldparagraph")

Ein von dem Minderjährigen ohne Zustimmung des gesetzlichen Vertreters geschlossener Vertrag gilt als von Anfang an wirksam, wenn der Minderjährige die vertragsmäßige Leistung mit Mitteln bewirkt, die ihm zu diesem Zwecke oder zu freier Verfügung von dem Vertreter oder mit dessen Zustimmung von einem Dritten überlassen worden sind.

1. Erläutere die folgenden Begriffe aus den Paragraphen anhand des Beispiels „Claudia kauft ein Mofa".
   - Wer ist die „Minderjährige"?
   - Wer ist der „gesetzliche Vertreter"?
   - Was ist die „Willenserklärung"?
   - Worin besteht die „vertragliche Leistung"?
2. Muß der Verkäufer das Mofa zurücknehmen? Begründe mit Hilfe des BGB.
3. Nenne Beispiele für Ausgaben, die unter den „Taschengeldparagraphen" fallen.
4. Was bedeuten diese gesetzlichen Bestimmungen für Jugendliche?
   Warum wurden sie wohl erlassen?

Selbstverantwortlich sein

Wolfgangs Unfall

Der 15jährige Wolfgang gehört zu einer Clique von Jugendlichen, die nachmittags gern mit ihren Mofas Rundfahrten durch die Stadt unternehmen. Die Jugendlichen versuchen dabei, ihren Freundinnen und Mitschülern zu imponieren. Dabei kommt es leider ab und zu vor, daß sie mit quietschenden Reifen um die Ecken brausen oder waghalsige Überholmanöver durchführen.

An diesem Nachmittag geht ein Wettrennen für Wolfgang schlimm aus. Auf einem nassen Straßenstück kommt er mit seinem Mofa ins Rutschen und prallt gegen ein parkendes Auto. Der herbeieilende Besitzer des Autos läßt sich von Wolfgang Name und Adresse geben und kündigt an, daß er Schadenersatz von ihm verlangen wird.

Wolfgangs Clique

Bürgerliches Gesetzbuch

§ 823 (Schadensersatzpflicht)

(1) Wer vorsätzlich oder fahrlässig das Leben, den Körper, die Gesundheit, die Freiheit, das Eigentum oder ein sonstiges Recht eines anderen widerrechtlich verletzt, ist dem anderen zum Ersatze des daraus entstehenden Schadens verpflichtet.

(2) Die gleiche Verpflichtung trifft denjenigen, welcher gegen ein den Schutz eines anderen bezweckendes Gesetz verstößt. ...

§ 828 (Minderjährige)

(1) Wer nicht das siebente Lebensjahr vollendet hat, ist für einen Schaden, den er einem anderen zufügt, nicht verantwortlich.

(2) Wer das siebente, aber nicht das achtzehnte Lebensjahr vollendet hat, ist für einen Schaden, den er einem anderen zufügt, nicht verantwortlich, wenn er bei der Begehung der schädigenden Handlung nicht die zur Erkenntnis der Verantwortlichkeit erforderliche Einsicht hat. ...

Viele Jugendliche haben den Wunsch, mit 15 Jahren ein Mofa zu besitzen. Für sie ist das ein Schritt auf dem Wege zum Erwachsensein. Nicht ohne Grund sehen manche Eltern und der Gesetzgeber diese Entwicklung mit Sorge. Jugendliche unterschätzen oft Gefahren, die ihnen drohen. Ihre Bereitschaft zum Risiko ist hoch, und häufig übertreten sie bewußt die Verkehrsregeln.

Die Zahl der Unfälle von jungen Zweiradfahrern steigt. Nicht immer verlaufen sie so glimpflich wie in unserem Beispiel. Die steigenden Unfallzahlen haben den Gesetzgeber dazu veranlaßt, im Oktober 1985 die Helmpflicht einzuführen und die Mofaausbildung verbindlich vorzuschreiben. Auch die Beiträge für die Haftpflicht- und Teilkaskoversicherung wurden beträchtlich erhöht.

1. Begründe, warum Wolfgang für den von ihm angerichteten Schaden aufkommen muß.
2. Welche Verkehrsregeln verletzen Wolfgang und seine Clique auf dem Foto?
3. Erläutere die Begriffe „vorsätzlich“ und „fahrlässig“ anhand von Beispielen.
4. Stelle Gründe für die hohen Unfallzahlen von Mofa- und Motorradfahrern zusammen.
5. Warum muß jeder Fahrzeughalter eine Haftpflichtversicherung abschließen?

Berufswahl

Michael

Vater, ich habe heute mit meinem Klassenlehrer gesprochen. Ich werde den Erweiterten Sekundarabschluß bekommen!

Das ist ja großartig! In unserem Elektrogeschäft brauchen wir fähige Leute.

Aber das will ich doch gar nicht. Du weißt doch, daß ich Architekt werden möchte.

Dann mußt du erst noch dein Abitur bestehen, und das ...

... fällt mir sicher nicht schwer. Schließlich werde ich ein sehr gutes Zeugnis bekommen. Lernen kann ich gut.

Moment mal, mein Sohn! Bevor du weitere Zukunftspläne schmiedest, solltest du nochmal überlegen! Schließlich erreiche ich in wenigen Jahren das Rentenalter. Dann solltest du eine abgeschlossene Fachausbildung haben. Du kannst das Geschäft ...

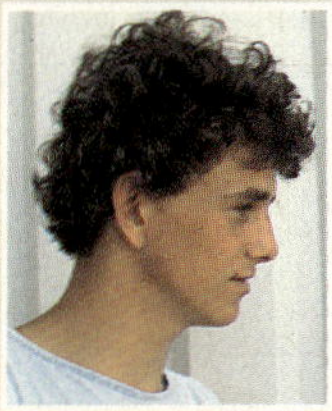

Ich will aber nicht! Ich habe überhaupt kein Interesse an einer solchen Arbeit. Die ödet mich an!

Sieh mal, Michael, du weißt doch, wie lange es dauert, bis du als Architekt ins Berufsleben eintreten kannst. Und außerdem ist es gar nicht sicher, ob du bei der Flaute auf dem Bau überhaupt eine Arbeitsstelle bekommst.

Hast du mal überlegt, was das Studium kostet? Und außerdem: Unser Geschäft geht gut. Da weißt du, was du hast. Was willst du mehr?

Ich will einen Beruf ergreifen, der mir Spaß macht und der meinen Neigungen und Fähigkeiten entspricht.

Ach, warten wir doch mal ab. Vielleicht änderst du ja deine Meinung noch.

Bürgerliches Gesetzbuch

§ 1631a
(Ausbildung und Beruf)

(1) In Angelegenheiten der Ausbildung und des Berufes nehmen die Eltern insbesondere auf Eignung und Neigung des Kindes Rücksicht. Bestehen Zweifel, so soll der Rat eines Lehrers oder einer anderen geeigneten Person eingeholt werden.

(2) Nehmen die Eltern offensichtlich keine Rücksicht auf Eignung und Neigung des Kindes und wird dadurch die Besorgnis begründet, daß die Entwicklung des Kindes nachhaltig und schwer beeinträchtigt wird, so entscheidet das Vormundschaftsgericht. Das Gericht kann erforderliche Erklärungen der Eltern oder eines Elternteiles ersetzen.

1. Welche Argumente führen Michael und seine Eltern für ihre unterschiedlichen Standpunkte an? Beurteile sie.
2. Welche Schwierigkeiten ergeben sich für Michaels Eltern, wenn sie dem Wunsch ihres Sohnes nachgeben?
3. Was könnte geschehen, wenn die Eltern darauf beharren, daß Michael in ihr Geschäft eintritt? (Beachte auch § 1631a BGB.)

Rechte und Pflichten ändern sich

Rechte / Pflichten / Rechte / Pflichten / Rechte / Pflichten / Re

Kind	Eltern
von Geburt an	
– Recht auf Leben – Rechtsfähigkeit – Erbfähigkeit – Recht auf Unterhalt – Recht auf Erziehung	– Sorgerecht – Aufsichtspflicht – Volle Haftung für das Kind – Unterhaltspflicht – Erziehungspflicht
vom vollendeten 6. Lebensjahr an	
– Schulpflicht – Kinobesuch bis 20 Uhr	– Pflicht, das Kind zur Schule zu schicken
vom vollendeten 7. Lebensjahr an	
– Beschränkte Geschäftsfähigkeit – Beschränkte zivilrechtliche Deliktfähigkeit	– Zustimmung zu Rechtsgeschäften – Beschränkte Haftung für das Kind
vom vollendeten 12. Lebensjahr an	
– Bedingte Religionsmündigkeit (Zustimmung bei Religionswechsel) – Kinobesuch bis 22 Uhr	
vom vollendeten 14. Lebensjahr an	
– Bedingte Strafmündigkeit – Religionsmündigkeit – Führerschein für Mofa – Arbeit bis zu 3 Stunden täglich	– Keine Rechte bezüglich der Religionszugehörigkeit des Jugendlichen
vom vollendeten 16. Lebensjahr an	
– Ehefähigkeit – Eidesfähigkeit – Personalausweispflicht – Führerschein für Kleinkraftrad – Besuch von Gaststätten bis 24 Uhr – Kinobesuch bis 24 Uhr	– Beschränkte Aufsichtspflicht bei öffentlichen Veranstaltungen
vom vollendeten 18. Lebensjahr an	
– VOLLJÄHRIGKEIT	– Ende der elterlichen Sorge (Unterhaltspflicht besteht weiter – in der Regel bis zur Beendigung einer angemessenen Ausbildung)

1. Erläutere das Schaubild.
2. Diskutiert, warum ihre Rechte und Pflichten zunehmen, je älter Jugendliche werden.

2. Jugendschutz – eine staatliche Aufgabe

Jugendschutz in der Öffentlichkeit

Tausch von jugendgefährdenden Videofilmen

Jugendlicher an einem Geldspielautomat

Der Bundestag hat 1985 die Neuregelung des Jugendschutzes verabschiedet. Das Jugendschutzgesetz enthält u. a. Regelungen, die die Jugend vor brutalen Videofilmen schützen sollen. Bespielte Videokassetten, Bildplatten und vergleichbare Bildträger dürfen Jugendlichen nur noch zugänglich gemacht werden, wenn sie dafür freigegeben sind. Die Freigabe muß auf den Kassetten vermerkt werden.

Das Gesetz verbietet außerdem den Automatenverkauf von alkoholischen Getränken an Jugendliche und regelt den Aufenthalt von Kindern und Jugendlichen in Gaststätten und bei Tanzveranstaltungen. Elektronische Unterhaltungsspiele gegen Entgelt dürfen nicht mehr an für Kinder und Jugendliche frei zugänglichen Orten aufgestellt werden.

Zugleich wurden die Paragraphen 131 und 184 des Strafgesetzbuches geändert. Damit werden auch die Verherrlichung und Verharmlosung von grausamen und menschenverachtenden Gewaltdarstellungen sowie die Ausleihe brutaler Videofilme an Jugendliche unter Strafe gestellt.

Gesetz zum Schutze der Jugend in der Öffentlichkeit (Jugendschutzgesetz)

Gefahrenquelle:
jugendgefährdende Orte / verboten:
- Aufenthalt in Nachtbars
- Anwesenheit in öffentlichen Spielhallen
- Anwesenheit bei jugendgefährdenden, öffentlichen Veranstaltungen wie Catchveranstaltungen, Box- und Ringkämpfen auf Jahrmärkten und Volksfesten

Gefahrenquelle:
jugendgefährdende Veranstaltungen / verboten:
- Teilnahme an öffentlichen Spielen mit Gewinnmöglichkeiten
- Spiele an elektronischen Unterhaltungsspielgeräten gegen Entgelt

Gefahrenquelle:
Alkohol und Nikotin / verboten:
- Abgabe oder Verzehr von Branntwein
- Abgabe oder Verzehr von anderen alkoholischen Getränken an Jugendliche unter 16 Jahren
- Rauchen in der Öffentlichkeit für Jugendliche unter 16 Jahren

1. Nenne einige wichtige Bestimmungen, die das Jugendschutzgesetz enthält. Hältst du diese Bestimmungen für sinnvoll? Begründe deine Meinung.
2. Wirksamer Jugendschutz ist nur möglich, wenn auch die Jugendlichen die gesetzlichen Bestimmungen einhalten. Diskutiert, warum einige der Bestimmungen nicht ohne weiteres verwirklicht werden können.

Jugendschutz in der Arbeitswelt

Kinderarbeit gegen Ende des 19. Jahrhunderts

„Zwei Tage nach meiner Schulentlassung ging mein Vater mit mir nach einer im nächsten Dorf gelegenen Ziegelfabrik, in der neben 60 Erwachsenen 400 jugendliche Arbeiter und Mädchen beschäftigt waren. Die Natur des Betriebes machte erwachsene Arbeiter ziemlich entbehrlich. Maschinen holten den Ziegelton heran, Maschinen kneteten ihn, Maschinen näßten ihn, preßten ihn und lieferten in je zwei Sekunden dem „Presser" die Ziegel auf eine vorgehaltene Holzleiste. Der Presser saß auf einem Stuhl hinter der Presse und gab die Holzleiste mit Ziegeln an einen dreizehnjährigen Jungen weiter. Der Junge machte in einer Sekunde einen meterlangen Satz und legte die Holzleiste auf einen rotierenden Aufzug; dann machte er in der nächsten Sekunde den Satz zurück und nahm die neuen Ziegel in Empfang. Der Presser verdiente durchschnittlich 6 Mark, wenn keine Störungen in der Presse oder bei der Weiterbeförderung vorkamen. Und mit eiserner Strenge sorgte er dafür, daß alles glatt ablief.

Der Junge erhielt 85 Pfennig Tagelohn bei zehnstündiger Arbeitszeit. Er hatte in dieser Zeit zwischen dem Presser und dem rotierenden Aufzug 36 Kilometer zurückzulegen und 1260 Zentner geformten Ziegelton zu transportieren. Wenn schließlich die Pause da war, hatte der Junge keinen Hunger und keinen Durst mehr; er war so müde. Am Abend waren ihm die Knochen wie zerschlagen, die Augen lagen tief in den Höhlen, und lachen konnte er auch nicht mehr. Außer an Ruhe und Sterben dachte der Junge oft gar nichts mehr. Nur hie und da meinte er, wie schön es wäre, wenn er noch in die Schule gehen und singen und lachen könnte. Die Maschine hatte ihn um alles gebracht. In 5 Monaten hatten sie aus einem frohen, helläugigen Kind einen sich nach Tod und Grabesruhe sehnenden Greis gemacht. Der Junge war ich."

(nach: Nikolaus Osterroth, Vom Beter zum Kämpfer, Berlin 1920. Zit. nach: Erna M. Johansen, Betrogene Kinder, Eine Sozialgeschichte der Kindheit, Fischer TB/Frankfurt 1978, S. 93 f.)

Jugendarbeitsschutzgesetz vom 12. 4. 1976 mit Änderungen vom 15. 10. 1984

§ 2 Kind, Jugendlicher

(1) Kind im Sinne dieses Gesetzes ist, wer noch nicht 14 Jahre alt ist.

(2) Jugendlicher im Sinne dieses Gesetzes ist, wer 14, aber noch nicht 18 Jahre alt ist.

(3) Jugendliche, die der Vollzeitschulpflicht unterliegen, gelten als Kinder im Sinne dieses Gesetzes.

§ 5 Verbot der Beschäftigung von Kindern

(1) Die Beschäftigung von Kindern (§ 2 Abs. 1 und 3) ist verboten.

(2) Das Verbot des Absatzes 1 gilt nicht für die Beschäftigung von Kindern
1. zum Zwecke der Beschäftigungs- und Arbeitstherapie,
2. im Rahmen des Betriebspraktikums während der Vollzeitschulpflicht,
3. in Erfüllung einer richterlichen Weisung. ...

(3) Das Verbot des Absatzes 1 gilt ferner nicht für die Beschäftigung von Kindern über 13 Jahre
1. durch Personensorgeberechtigte in der Landwirtschaft bis zu drei Stunden täglich,
2. mit Einwilligung der Personensorgeberechtigten
   a) bei der Ernte bis zu drei Stunden werktäglich,
   b) mit dem Austragen von Zeitungen und Zeitschriften bis zu zwei Stunden werktäglich oder
   c) mit Handreichungen beim Sport bis zu zwei Stunden täglich,

soweit die Beschäftigung leicht und für Kinder geeignet ist. Die Kinder dürfen nicht zwischen 18 und 8 Uhr, nicht vor dem Schulunterricht und nicht während des Schulunterrichts beschäftigt werden. Das Fortkommen in der Schule darf durch die Beschäftigung nicht beeinträchtigt werden.

(4) Das Verbot des Absatzes 1 gilt ferner nicht für die Beschäftigung von Jugendlichen über 15 Jahre (§ 2 Abs. 3) während der Schulferien für höchstens vier Wochen im Kalenderjahr. ...

1. Was bedeutete es für Nikolaus Osterroth, in der Ziegelei arbeiten zu müssen?
2. Inwiefern kann man sagen, daß Nikolaus um seine Jugendzeit betrogen wurde?
3. Welche gesetzlichen Bestimmungen bezüglich Kinderarbeit gelten heute?
4. Wie könnten die Ausnahmen des Jugendarbeitsschutzgesetzes (§ 5 Abs. 2 ff.) gerechtfertigt werden?

Jörg, 13 Jahre, schreibt einen Brief:

Liebe Mutti,
wenn Du den Brief findest, bin ich schon weit weg.
Such mich nicht. Du hättest bloß wieder Ärger mit mir.
Die Polizei holt mich nämlich, weil ich furchtbar viel geklaut
habe. Zuerst war es nur Spaß. Nach der Schule, wenn Du
noch auf Arbeit warst, bin ich mit Ingo ins Kaufhaus.
Und wir haben gewettet, wer das Teuerste klaut. Das Zeug
haben wir dann weggeschmissen.
Eines Tages hat uns ein Mann beobachtet. Wir dachten,
das wär der Detektiv. Er hat gedroht, alles dem Rektor
und den Eltern zu sagen. Wir haben gebettelt, daß er das
nicht macht. Er hat gesagt, er tut's nicht, wenn wir für
ihn klauen. Seitdem müssen wir alle paar Tage was
bei ihm abliefern. Wenn wir nichts Ordentliches bringen,
schlägt er uns.
Bernd und Uwe aus der Klasse arbeiten auch für ihn.
Er hat ein Riesenlager. Heute war die Polizei bei ihm.
Sie haben meinen Ranzen gefunden. Sie kommen
bestimmt bald her. Ich will aber nicht ins Gefängnis.
Ich bin aber so froh, daß der Mann uns nichts mehr
tun kann. Ingo ist auch weg von zuhause.
Liebe Mutti, sei mir nicht böse, ich schlage mich
schon durch.
Dein Jörg

(aus: Jugendkriminalität. Wir diskutieren. Informationen für Unterricht und außerschulische Arbeit. Hrsg.: Ministerium für Arbeit, Gesundheit und Soziales des Landes Nordrhein-Westfalen, Düsseldorf 1984)

Jörgs Weglaufen von zu Hause hat wenig Sinn. Er geht das Risiko ein, erneut an einen Kriminellen zu geraten, der seine Notlage ausnutzt. Mit einer Bestrafung durch das Gericht braucht er nicht zu rechnen, denn er ist mit 13 Jahren noch nicht strafmündig. Die Polizei wird vielmehr daran interessiert sein, daß der erwachsene Erpresser verhaftet und bestraft wird.

1. Wie kommt es, daß die Jungen sich immer mehr im Unrecht verstricken?
2. Jörg sieht die Flucht und den Brief als letzten Ausweg. Beschreibe seine Gefühle.
3. Welche Folgen kann die Flucht für Jörg haben?
4. Welche Personen, Institutionen oder Kontaktstellen hätten Jörg helfen können?
5. Warum hat wohl der Gesetzgeber Kindern bis zum vollendeten 14. Lebensjahr Strafunmündigkeit zugebilligt? Diskutiert das Für und Wider dieser Bestimmung.

3. Erziehung und Unterhalt

Erziehung – eine schwierige Aufgabe

Klaus:	„Ich darf in meinem Zimmer die Musik nicht laut aufdrehen."
Sandra:	„Ich habe keinen eigenen Hausschlüssel. Immer muß ich schon um 10 Uhr zu Hause sein. Meine Freundinnen dürfen abends viel länger wegbleiben."
Bernd:	„Meine Eltern geben mir zu wenig Taschengeld."
Torsten:	„Mir bleibt kaum Zeit für die Schularbeiten und mein Hobby. Jeden Tag muß ich im Haushalt helfen."
Elke:	„Ich darf mein Zimmer nicht so einrichten, wie ich will."
Ulrike:	„Meine Freundin darf nicht bei mir übernachten, obwohl wir eng befreundet sind."
Karin:	„Ich habe kein eigenes Zimmer."
Roland:	„Ich habe mit meinen Eltern wenig Ärger. Wir reden über alles, und dann entscheiden wir gemeinsam."
Petra:	„Dauernd soll ich Verwandte besuchen, obwohl ich das stinklangweilig finde."

„In der Beziehung zum Kind muß das Kindeswohl die oberste Richtschnur der elterlichen Pflege und Erziehung sein." So lautet ein Satz aus dem Urteil des Bundesverfassungsgerichtes vom 9. 2. 1982 zum Artikel 6 (2) GG. Das Elternrecht muß also zum Wohle des Kindes ausgeübt werden. Es gibt allerdings keine klaren Aussagen darüber, was denn dem Wohle des Kindes, seiner Entwicklung und Erziehung zu einer selbständigen Persönlichkeit dient. Und so werden Kinder in der unterschiedlichsten Weise in den Familien erzogen.

Neben dem Elternhaus gibt es viele andere Bereiche, die den jungen Menschen beeinflussen: Schule, Fernsehen, Freundeskreis, Cliquen, Werbung, Arbeits- und Berufswelt usw. Dem Jugendlichen bieten sich so zahlreiche Möglichkeiten, sich zu orientieren und einen eigenen Standpunkt zu gewinnen. Wichtig dabei ist, daß er die Angebote kritisch nutzt.

Aus für Rohrstock gefordert

BONN, 15. Juli. Für ein Gesetz, das körperliche Züchtigung verbietet, hat sich die Fraktionssprecherin der Grünen im Bundestag, Waltraud Schoppe, am Mittwoch in Bonn eingesetzt. Davon erhofft sich Frau Schoppe Fortschritte bei der Bekämpfung von Kindesmißhandlungen. Fachleute rechnen in der Bundesrepublik jährlich mit mehreren hunderttausend Fällen von Mißhandlungen und sexuellem Mißbrauch von Kindern. [. . .]

Die Bundestagsabgeordnete wünscht auch ein „Angebot von Elternunterricht", damit diese besser auf ihr Elterndasein vorbereitet würden. [. . .]

Tempo 30 in Wohngebieten und Spielstraßen in Wohngebieten hält die Politikerin für angebracht, „weil Kinder Lebensraum brauchen". Kriegsspielzeug sollte gesellschaftlich geächtet werden. [. . .]

(Gerda Strack, in: Frankfurter Rundschau, 16. 7. 1987)

1. Welche Probleme äußern die Jugendlichen oben?
2. Diskutiert zu einigen Aussagen Lösungsmöglichkeiten.
3. Wogegen wendet sich der Vorschlag der Abgeordneten Schoppe?
4. „Das sicherste Mittel, Kinder unglücklich zu machen, ist, ihnen alles zu erlauben."
   „Eine Tracht Prügel hat noch keinem geschadet."
   Nimm Stellung zu diesen Meinungen.

Elterliches Sorgerecht

„Meine Eltern sind beide voll berufstätig, und beide sind richtig arbeitssüchtig. Immer brauchen sie ihre verfluchte Arbeit, ihre Termine. Nichts anderes interessiert sie, über nichts anderes reden sie, für nichts sonst haben sie Zeit. Ich war zu Hause immer überflüssig, lästig. Ich war praktisch immer allein. Ich glaube, meine Mutter hatte kein gutes Gewissen dabei. ‚Hier, mein Liebes, kauf dir 'was Hübsches, leiste dir ruhig was, wir gönnen dir das', sagte sie, wenn sie mir wieder mal ein Geldstück in die Hand drückte und dann schleunigst ins Geschäft fuhr. Geld spielte keine Rolle – oder besser: Geld spielte die Hauptrolle in unserer Familie.

Als ich 15 war, erzählte mir meine Mutter, daß sie wegen mir hatte heiraten müssen und daß sie versucht hatte, mich abzutreiben. Danach habe ich Schlaftabletten genommen. Ich weiß nicht, ob ich mich wirklich umbringen wollte oder ob ich meinen Eltern damit nur 'was zeigen wollte. Ich kam ins Krankenhaus. Meine Eltern schenkten mir eine neue Stereo-Anlage, und als ich wieder zu Hause war, ging alles im alten Trott weiter.

(nach: Jugendkriminalität. Wir diskutieren. Informationen für Unterricht und außerschulische Arbeit. Hrsg.: Ministerium für Arbeit, Gesundheit und Soziales des Landes Nordrhein-Westfalen, Düsseldorf 1984, S. 20)

Bürgerliches Gesetzbuch

§ 1626 (Elterliche Sorge; Berücksichtigung der wachsenden Selbständigkeit des Kindes)

(1) Der Vater und die Mutter haben das Recht und die Pflicht, für das minderjährige Kind zu sorgen (elterliche Sorge). Die elterliche Sorge umfaßt die Sorge für die Person des Kindes (Personensorge) und das Vermögen des Kindes (Vermögenssorge).

(2) Bei der Pflege und Erziehung berücksichtigen die Eltern die wachsende Fähigkeit und das wachsende Bedürfnis des Kindes zu selbständigem verantwortungsbewußtem Handeln. Sie besprechen mit dem Kind, soweit es nach dessen Entwicklungszustand angezeigt ist, Fragen der elterlichen Sorge und streben Einvernehmen an.

Der Gesetzgeber hat den Eltern weitgehende Rechte in der Erziehung ihrer Kinder gegeben. Damit sind für die Eltern viele Pflichten und Aufgaben verbunden. Der Staat hilft den Eltern bei der Erfüllung ihrer Pflichten und Aufgaben.

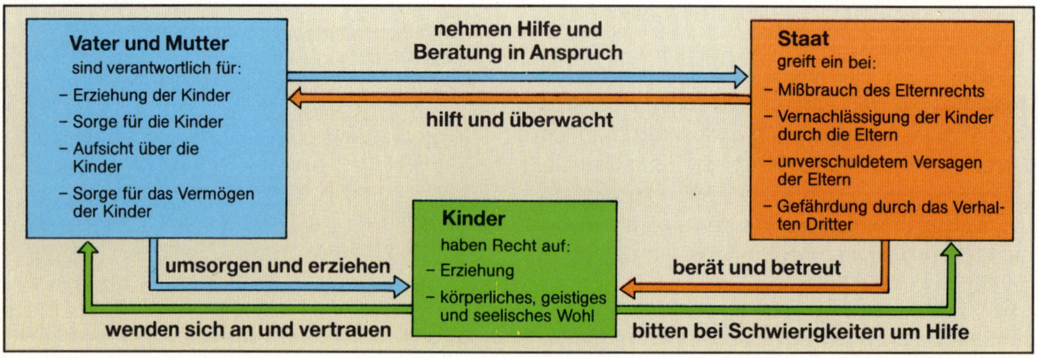

1. Überlege, welche Auswirkungen die Vernachlässigung eines Kindes haben kann.
2. Gib den Inhalt des § 1626 BGB in deinen Worten wieder.
3. Erläutere das Schaubild.
4. Bei welchen familiären Schwierigkeiten sollte das Jugendamt eingeschaltet werden?

Unterhalt

Bei Familie Schell

Auf dem Sozialamt

Heute befindet sich die Mehrzahl der Jugendlichen über ihren achtzehnten Geburtstag hinaus in der Berufsausbildung. Mit der Volljährigkeit erlischt ihr Unterhaltsanspruch gegenüber ihren Eltern nicht. Die Eltern müssen ihren Kindern Unterhalt durch Wohnung, Kleidung und Essen oder finanzielle Unterstützung gewähren. Auch das Taschengeld gehört zu diesen Unterhaltsleistungen.

Daß Eltern ihren Kindern gegenüber unterhaltspflichtig sind, weiß fast jeder – in der Regel unterstützen sie sie bis zum Abschluß der Ausbildung. Daß umgekehrt auch Kinder ihren Eltern gegenüber unterhaltspflichtig sind, ist weniger geläufig. Das Gesetz bestimmt aber, daß Volljährige ihre Eltern unterstützen und Unterhalt gewähren müssen, wenn diese durch Arbeitslosigkeit oder Erwerbsunfähigkeit in Not geraten.

Bürgerliches Gesetzbuch

§ 1601 (Verwandte in gerader Linie)

Verwandte in gerader Linie sind verpflichtet, einander Unterhalt zu gewähren.

§ 1602 (Unterhaltsberechtigte)

(1) Unterhaltsberechtigt ist nur, wer außerstande ist, sich selbst zu unterhalten.
(2) Ein minderjähriges unverheiratetes Kind kann von seinen Eltern, auch wenn es Vermögen hat, die Gewährung des Unterhalts insoweit verlangen, als die Einkünfte seines Vermögens und der Ertrag seiner Arbeit zum Unterhalt nicht ausreichen.

§ 1610 (Angemessener Unterhalt)

(1) Das Maß des zu gewährenden Unterhalts bestimmt sich nach der Lebensstellung des Bedurftigen (angemessener Unterhalt).
(2) Der Unterhalt umfaßt den gesamten Lebensbedarf einschließlich der Kosten einer angemessenen Vorbildung zu einem Beruf, bei einer der Erziehung bedürftigen Person auch die Kosten der Erziehung.
(3) . . .

1. Welches Verwandtschaftsverhältnis verpflichtet zum gegenseitigen Unterhalt?
2. Was könnte mit einem „angemessenen Unterhalt" gemeint sein? Finde ein Beispiel.
3. Diskutiert in Gruppen mögliche Folgen, die die Unterhaltspflicht gemäß § 1601 BGB bei anhaltender Erwerbslosigkeit der Eltern für ihre Kinder haben kann.

Wenn man volljährig ist . . .

Teilnahme am Wirtschaftsleben Mit 18 Jahren kann man z. B. Kaufverträge, Mietverträge oder Kreditverträge wirksam abschließen. Man darf über sein Einkommen frei verfügen, seinen Wohnsitz selbst bestimmen, eine Versicherung abschließen, eine Erbschaft annehmen oder ausschlagen.

Allerdings haben diese Rechte zur Folge, daß man für sein Handeln auch einstehen und die Verträge erfüllen muß. Bei einem Ratenkauf muß man pünktlich die Raten bezahlen, für die gemietete Wohnung den Mietzins und die Nebenkosten usw.

Ehemündigkeit Mit 18 Jahren ist man ehemündig. Zwei junge Menschen können eine Ehe eingehen, ohne andere um Erlaubnis zu fragen.

Führerschein Mit 18 Jahren kann man den Führerschein der Klassen 1A (Stufenführerschein) und 3 erwerben. Klasse 2 kann man erst mit 21 Jahren bekommen.

Unterhaltsanspruch Auch nach Eintritt der Volljährigkeit ihres Kindes können Eltern unterhaltspflichtig sein, wenn die Schul- oder Berufsausbildung noch nicht beendet ist. Diese Pflicht endet grundsätzlich mit dem Abschluß einer ersten angemessenen Ausbildung.

Volljährige haben, solange Unterhaltspflicht der Eltern besteht, die Pflicht, den Eltern im Haushalt oder in einem selbständig geführten Geschäft zu helfen.

Wahlrecht Mit 18 Jahren darf man wählen und damit die Politik auf Gemeinde-, Landes- und Bundesebene mitbestimmen (aktives Wahlrecht).

Man darf sich in den Gemeinde-/Stadtrat, Kreistag, Landtag, Bundestag oder Betriebs-/Personalrat wählen lassen (passives Wahlrecht).

Strafrecht Ein volljähriger junger Mensch ist strafmündig. Bis zu seinem 21. Lebensjahr kann er für eine begangene Straftat je nach Reife entweder wie ein Jugendlicher oder wie ein Erwachsener bestraft werden.

Wehrpflicht Die Wehrpflicht beginnt mit 18 Jahren. Die Verweigerung des Kriegsdienstes ist ein im Grundgesetz verankertes Recht.

Junge Erwachsene legen meistens großen Wert auf ihre Selbständigkeit. Sie wollen selbst entscheiden, wie sie leben. Zwar wollen sich viele gern mit ihren Eltern beraten, aber bevormunden lassen sie sich nicht. Das führt zu Auseinandersetzungen. Besonders wenn sie zusammen wohnen, müssen Eltern und ihre volljährigen Kinder versuchen, gut miteinander auszukommen. Dabei ist es oft hilfreich, wenn beide Seiten ihre Wünsche und Vorstellungen deutlich äußern. Dies ist der erste Schritt, um Absprachen zu treffen und Kompromisse zu schließen.

1. Beschreibe, was sich mit der Volljährigkeit rechtlich ändert.
2. Ordne den Rechten eines Volljährigen die entsprechenden Pflichten zu. Welche Chancen und welche Gefahren ergeben sich?
3. Suche Beispiele für Konfliktfälle zwischen Eltern und volljährigen Kindern. Warum sind Gespräche einem Streit vorzuziehen?
4. Was sollte ein Volljähriger bedenken, wenn er eine Wohnung mieten will?

Jugend in der Bundesrepublik Deutschland

Die Jugend hat viele Gesichter und geht oft unterschiedliche Wege. Die Jugendphase hat sich verändert und dauert länger als jemals zuvor. Das war das Fazit der umfangreichsten Jugendbefragung der achtziger Jahre.

- *Was versteht man unter Jugend, wie kann man Jugend definieren?*
- *Wie stellen sich Jugendliche ihr Leben und ihre Zukunft vor?*
- *Wie können sich Jugendliche aktiv am gesellschaftlichen Leben beteiligen?*

1. Jugend – mehr als ein Lebensabschnitt?

Jugend – vielfältig und wundervoll . . .

Brief an den alten Mann im Park

Lieber Herr, dessen Namen ich ja nicht kenne,

da sitzen Sie fremder alter Mann auf der Bank in der Sonne und lächeln nachsichtig, weil ich mir kindischerweise einen großen bunten Luftballon gekauft habe; dabei bin ich dem Luftballonalter längst entwachsen . . . In Ihrem Lächeln steht die kopfschüttelnde Entschuldigung für meine Torheit: „Die Jugend . . ."

Ja, in der Tat, „die Jugend" scheint eine wunderbare Entschuldigung zu sein für jede Art von Unwissenheit oder was auch immer. Vermutlich in Erinnerung an eigene Jugendtage, die zu einer vermeintlichen Idylle geworden sind, wie so vieles, das den Stempel des unwiederbringbar Vergangenen trägt. Sind Sie aber weniger wohlwollend gestimmt, ist „die Jugend" auch ein dankbares Opfer für endlose Vorwürfe:

„Die Jugend ist rücksichtslos, verkommen, faul, aufständisch, unachtsam, hat keine Ahnung, lungert auf der Straße herum und will sowieso immer nur nehmen, ohne Gegenleistungen zu erbringen."

Ja, vielleicht haben Sie recht, fremder alter Mann, vielleicht vergessen wir wirklich, daß Jugend zu anderen Zeiten und Orten einen anderen Klang hatte. Es stimmt, daß Jugend auch heißen kann, früh zu sterben oder zu töten, in den Krieg zu ziehen, Hunger zu leiden, eine Familie durchzubringen, schwer zu arbeiten oder sinnloses Elend mitanzusehen.

Es ist so leicht, „die Jugend" als eine Kategorie abzustempeln! „Jugend" bedeutet zunächst einmal doch nur eine gewisse Anzahl an Jahren, wie auch das Alter. Nein, nein, schütteln Sie nicht mit dem Kopf; natürlich ist es mehr, natürlich hat Alter auch etwas mit Erfahrung zu tun, mit Reife vielleicht, mit einem gewissen „Ruhen in sich selbst" – im besten Falle.

Zu dieser Zeit wie zu anderen Zeiten auch, jetzt wie früher, muß man aber, wenn man jung ist, eigene Wege suchen.

Trotz alledem und trotz aller Entfernung, die Sie zu ihr haben, dürfen Sie doch „Jugend" nicht als etwas Pauschales betrachten. „Jugend", das sind kettenbehängte Punks als auch hoffnungsvolle Friedenssucher, Arbeitende wie Arbeitslose, Realisten und Pessimisten, sowie phantasievolle Träumer, „halbe" Kinder wie Erwachsene. „Jugend", das ist laute Musik so wie leise, liebevolle Klänge, Zärtlichkeit wie Brutalität, politisches Engagement genauso wie Flucht in Träume und „endlos fort".

Auch für den einzelnen Menschen ist die Frage doch müßig, ob Jungsein Spaß macht oder nicht, da geht doch unbekümmerter Spaß mit ernsten Problemen, Liebe mit Alleinsein, Glaube mit Zweifeln einher. Wie auch immer, man kann nicht sagen „groß" oder „klein", „gut" oder „schlecht" . . . Und wenn ich die Frage beantworten soll, ob das Leben Spaß macht, würde ich Ihnen trotz allem antworten, „es ist eine wundervolle Sache".

Versuchen Sie, verehrter alter Herr, doch einmal den vielstrapazierten Begriff „Jugend" als eine Art Mosaik aus tausend winzigen Steinchen von unendlicher Verschiedenheit und Vielfalt zu sehen, so wie jede Art von Leben – unabhängig von Jahren und Kategorien. Bedenken Sie das, bevor Sie urteilen. Vielleicht ist diese Art, die Dinge zu sehen, auch ein Stück Jugend. Das braucht man nicht von der Zahl der Lebensjahre abhängig zu machen!

Christiane, 19 Jahre

(aus: Jugend vom Umtausch ausgeschlossen. Eine Generation stellt sich vor. Hrsg.: Jugendwerk der Deutschen Shell, Rowohlt/Reinbek bei Hamburg 1984, S. 47 ff.)

1. Setzt euch mit den Aussagen in den Sprechblasen auf Seite 17 auseinander.
2. Wie beschreibt Christiane in ihrem Brief die Jugend?
3. Warum könnte Christiane den „Brief an den alten Mann im Park" geschrieben haben?

Jede Zeit hat ihre Jugend

> ***Diese heutige Jugend ist von Grund auf verdorben, sie ist böse, gottlos und faul. Sie wird nie wieder so sein wie die Jugend vorher, und es wird ihr niemals gelingen, unsere Kultur zu erhalten.***

(Babylonischer Kulturkritiker vor 5000 Jahren)

50er Jahre: *Die Jugend fängt an, sich in einer eigenen Kultur zu bewegen. Sie schließt sich in kleinen Gruppen zusammen und geht auf Distanz zu den Erwachsenen. Die ersten „Halbstarken" treten auf. James Dean wird zum Idol. Rock 'n' Roll-Musik ist „in".*

60er Jahre: *Eine neue Generation bringt eine neue Musikrichtung und Mode hervor. Mit ihrer Beat-Musik, ihren Frisuren und ihrem Benehmen bestimmen die Beatles die Schlagzeilen. Zahlreiche neue Jugendgruppen entstehen: Gammler, Rocker und Mods.*

70er Jahre: *Apathie, Flucht aus der Wirklichkeit, Resignation, die große Verweigerung – das ist der neue Trend. Die Punks machen mit ihrer Parole „No future!" von sich reden. Provokativ lebensbejahend dagegen erscheinen die Popper auf der Szene.*

80er Jahre: *Jeden Tag ein neuer Stil: bunt und verwirrend wie nie zuvor prägt eine große Vielfalt verschiedener Jugendgruppen das Bild. Selbstverwirklichung, Emanzipation und Lebensqualität sind die Schlagworte. Ein neues Leitbild des jungen, erfolgreichen Typs zeichnet sich ab.*

1. Diskutiert, inwieweit das Zitat oben auch in unserer Zeit noch aktuell ist.
2. „Eine Jugend, die nicht aufmuckt, taugt nichts." Nimm zu dieser Aussage Stellung.
3. Frage deine Eltern, wie ihre Jugendzeit aussah.

Auf der Suche nach eigenen Wegen

Junge Menschen werden geprägt von gesellschaftlichen Einflüssen und den Menschen, mit denen sie zusammenleben. Sie suchen Vorbilder, denen sie nacheifern können. Ein Teil der Jugendlichen übernimmt Verhaltensweisen und Einstellungen von Erwachsenen und paßt sich den Regeln und Normen der Gesellschaft an.

Viele Jugendliche aber wollen anders sein als die Erwachsenen, insbesondere als ihre Eltern. Sie möchten sich von ihnen abgrenzen und gerne „autonom" sein, das heißt, ihr Leben ganz und gar selber gestalten und verantworten. Ein Teil der jungen Generation steht daher vielen Erscheinungen des Erwachsenenlebens kritisch gegenüber, übernimmt frühere gesellschaftliche Werte nicht ungeprüft und bringt Staat und Gesellschaft eine eher skeptische Haltung entgegen.

Gründe für dieses Verhalten hat eine Jugendkommission des Deutschen Bundestages festgestellt:

Die Undurchschaubarkeit und Unpersönlichkeit moderner Industriegesellschaften, die Zentralisierung und Bürokratisierung der großen Institutionen in Gesellschaft und Staat bewirken einen „neuen Mangel" – den Mangel an Zuwendung, persönlicher Geborgenheit und an sozialem und gefühlsmäßigem Angenommensein.

Die zunehmende Absonderung älterer und jüngerer Menschen in getrennte Lebensräume läßt das Gespräch zwischen den Generationen häufig verstummen und begünstigt den Aufbau von Mißverständnissen und Vorurteilen. Damit wird erklärbar, warum sich der früher feststellbare Generationenzusammenhang gelockert hat. Der Austausch und die Weitergabe religiöser, geistiger und politischer Erfahrungen, Einsichten und Werte und die Chancen für einen gemeinsamen Lernprozeß werden schwieriger.

Eine allzu stark von materiellem Wohlergehen und Erfolg bestimmte Gesellschaft läßt die Fragen junger Menschen nach Lebenssinn und tragenden Wertorientierungen häufig unbeantwortet und ohne glaubwürdig gelebtes Vorbild.

(aus: Situation der Jugend und der Jugendhilfe in der Bundesrepublik Deutschland; Deutscher Bundestag, Drucksache 10/6167, Bonn 15. 10. 1986, S. 3)

1. Beschreibe die Aussage der Karikatur.
2. „Nein, danke! So wie meine Alten will ich auf keinen Fall werden."
   Nimm zu dieser Aussage eines Jugendlichen Stellung.
3. Erläutere die Feststellungen der Jugendkommission des Bundestages.

Lebenseinstellungen von Jugendlichen

Klaus (17 Jahre):	„Sparen ist Quatsch! Ich gebe mein Geld lieber in der Diskothek aus."
Doris (16 Jahre):	„Man muß ständig auf der Suche nach anderen Lebensformen sein, sonst gehört man zu den Angepaßten."
Bärbel (18 Jahre):	„Heiraten und Kinderkriegen – das ist das Ende der Selbstverwirklichung."
Walter (16 Jahre):	„Das wichtigste im Beruf sind gute Verdienstmöglichkeiten."

Um die Einstellungen junger Menschen in der Bundesrepublik Deutschland zu erforschen, führen Meinungsforschungsinstitute regelmäßig Untersuchungen durch. So wurden junge Menschen zwischen 15 und 30 Jahren nach ihren Lebenseinstellungen befragt:

Soziale Sicherheit:

Traditionelle Tugenden wie Sparsamkeit und vernünftiger Umgang mit Geld erfreuen sich hoher Wertschätzung. Jeweils über zwei Drittel aller 15- bis 30jährigen halten ihr „Geld gerne zusammen" oder geben ihr Geld vorzugsweise für Dinge „von bleibendem Wert" aus.

Fast alle Befragten (im Schnitt 90%) räumen dem kollektiven System sozialer Sicherheit, dem „sozialen Netz", hohe Priorität ein. Überraschend hoch auch der Rang, den ein „gesichertes Alter" (83% „sehr wichtig/wichtig") bei der jungen Generation einnimmt.

Auf der Suche nach anderen Lebensformen:

6% aller 15- bis 30jährigen fühlen sich selbst als Teil der Alternativbewegung, und 42% bringen ihr Sympathie entgegen; 28% ist sie gleichgültig, und 16% haben wenig Verständnis für sie. Nur 7% lehnen die Alternativbewegung entschieden ab. [. . .]

Unter der „alternativen Oberfläche" des umweltbewußten, einfachen Lebens entwickelt sich aber so etwas wie das „Prinzip Versöhnung". So stimmt zwar gut die Hälfte aller Befragten der Ansicht zu, „Jugendliche und Erwachsene, das sind zwei total verschiedene Welten", doch 96% plädieren auch dafür, „man sollte sich bemühen, seine Eltern zu verstehen, auch wenn es manchmal schwer fällt". [. . .]

Partnerschaft und Ehe:

Was die Einstellungen zu Partnerschaft und Ehe anbelangt, nennen zwei Drittel (und mehr) aller Befragten folgende Kriterien:

„Unbedingte Treue" ist die zentrale Voraussetzung jeder Partnerschaft; feste Beziehungen werden ausdrücklich angestrebt – zunächst als „Ehe auf Probe", später durch Heirat; eigene Kinder sind erwünscht.

Die Jugendlichen sind auch mehrheitlich der Meinung, daß der Wunsch nach einer festen Partnerschaft, die auf Nähe und Treue aufgebaut ist, sich mit den Ansprüchen individueller Selbstverwirklichung vereinbaren läßt.

Lebensbereich Arbeitswelt:

Nach den Befunden der Umfrageinstitute stellen Arbeit und Beruf für Jugendliche und junge Erwachsene einen wichtigen Lebensinhalt dar. [. . .]

Neben materiellen Orientierungen werden zunehmend postmaterielle Orientierungen in Arbeit und Beruf deutlich. Zwar stehen „gute Verdienstmöglichkeiten" nach wie vor an erster Stelle in der Hierarchie beruflicher Werte (59% halten „gute Verdienstmöglichkeiten" für wichtig im Beruf), aber es ist bemerkenswert, daß 41% der Befragten diesen materiellen Aspekt nicht zu jenen fünf Punkten zählen, die ihnen im Beruf wichtig sind, wie z. B. ein gutes Betriebsklima und eine interessante Arbeit.

(aus: Kladderadatsch, Sonderheft zum internationalen Jahr der Jugend 1985, Hrsg.: Ernest G. und Gunter F. Hermann, Urheber Verlag, in Zusammenarbeit mit dem Presse- und Informationsamt der Bundesregierung, Bonn, Aug. 1985, S. 20)

1. Diskutiert die Aussagen der vier Jugendlichen.
2. Vergleicht die Aussagen mit dem Ergebnis der Untersuchung.
3. Führt eine Befragung zum Thema „Lebenseinstellungen von Jugendlichen" in eurer Klasse oder Schule durch. Vergleicht die Ergebnisse miteinander.

Die Clique – Jugendliche unter sich

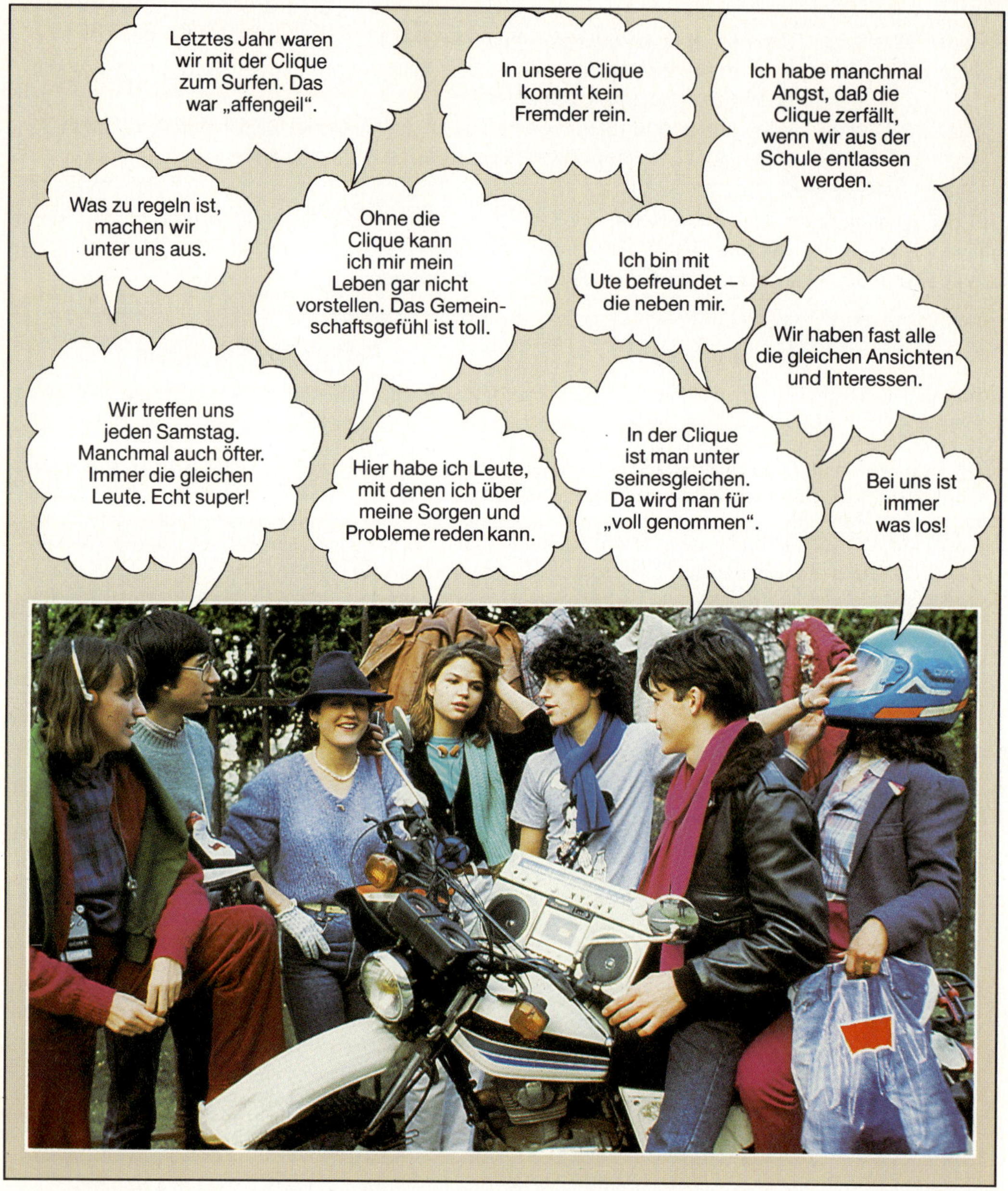

1. Setze dich mit den Aussagen in den Sprechblasen auseinander. Welchen kannst du dich am ehesten anschließen?
2. „Die Clique ist für mich wie eine Familie." Nimm zu dieser Aussage Stellung.
3. Aus welchen Gründen würdest du dich einer Clique anschließen?
4. Berichte über Aktivitäten deiner Clique oder deines Freundeskreises.

Jugendkultur und Jugendsprache

M-T: Was stört Dich denn da am meisten?
Bene: Also, da gibt's immer so'n paar Aufreißer-Typen, die sich die echt tollen Bräute keilen. Die schmier'n denen unheimlich was vor, powern voll rein – und die Disco-Torten stehn da auch noch drauf. Das ist doch Fuzzi, sowas.
M-T: Auf welchem Typ von Mädchen stehst Du denn?
Bene: Also auf keinen Fall auf so'm Teenie-Bopper. Ich wünsch' mir eine, mit der ich echt quatschen, auch mal rumflippen kann. Eine, die das durchtickt, was so läuft ... die sich mal 'n Buch reintut und nicht nur den alten Kappes nachlabert. [...]

(aus: Claus Peter Müller-Thurau: Laß uns mal 'ne Schnecke angraben, Econ, Düsseldorf 1983, S. 31)

Kastensystem

Seit geraumer Zeit werden Stimmen laut, die die Jugendlichen als provozierend, aufmüpfig, unangepaßt und ohne Ideale darstellen. „Sie nehmen sich zu viele Freiheiten", so klagen sie. Dabei sind es gerade die „Teens", „Backfische" und „Halbstarken", die unfreier und angepaßter als ihre Mitmenschen sind, mit ihren Statussymbolen und Idealen, wie z. B. Lindenberg und Bowie.

Am Anfang der 9. Klasse wird von den Jugendlichen erwartet, daß sie sich für eine der vielen Gruppen Gleichgesinnter entscheiden. Wagt es dennoch jemand, dies nicht zu tun, so ist er ein „Durchschnittler", „Anpasser" oder „08/15-Typ". Es sei denn, er hat den Schneid, sich zum „coolen Einzelgänger" (ein sehr anerkannter Status) zu entwickeln, was allerdings in diesem Alter so gut wie ausgeschlossen ist.

Sobald der Anschluß an eine der anerkannten Cliquen erfolgt ist, stehen die Chancen bestens für eine erfolgreiche Karriere. Dabei hat der Neuzugang als erstes für seine Uniform zu sorgen. Kleiden sich die Älteren mit schwarzen Mänteln oder Kaschmir-Pullovern, so wird dies (wie der Musik-Geschmack) selbstverständlich übernommen. Die nach Humphrey-Bogart-Manier im Mundwinkel hängende Zigarette wird scharfsinnig als notwendiges Muß erkannt und kopiert. Will man sich behaupten, so muß man sich an die Spielregeln halten, und ich versichere dem Leser, die beneidete Jugend hat harte Spielregeln! So betritt beispielsweise, wer etwas auf sich hält, die Diskothek erst um 22.30 Uhr und riskiert lieber einen Streit mit den Eltern, als in der Rangordnung Haare zu lassen. Jeans und Turnschuhe reichen längst nicht mehr. Der Traum von James Dean ist ausgeträumt. Auch Jungen müssen das „gewisse Etwas" haben, denn kaum ein Mädchen erträgt einen Freund, der „völlig ohne Stil" ist. Das entspräche der Schande, sich mit einem Langweiler zufriedenzugeben.

Ab 16 wird für einen Jungen das Moped oder der „Bock" (schließlich hat man nicht nur eigene Spielregeln, sondern auch eine eigene Sprache) unerläßlich. Will man noch ein Stück seiner selbst bewahren, bleibt nichts anderes, als aus scheinbaren Handicaps, wie z. B. nicht angesehene Hobbies, Tugenden zu machen. Jemand, der gerne kocht, wird auf einer Party für kulinarische Extravaganzen sorgen, die ihm oder ihr Prestige verschaffen.

Daß durch dieses verklemmte Denkmodell Verständigungsschwierigkeiten mit der älteren Generation noch verstärkt werden, versteht sich von selbst.

Eltern können dagegen nur eines tun: Entweder verhelfen sie ihren Sprößlingen mit viel Engagement zu guten Positionen, oder sie geben ihnen so viel Selbstvertrauen, daß sie sich nicht genötigt sehen, vom jugendlichen Kastensystem geschluckt zu werden!

Bianca Meyer, 17 Jahre

(aus: Jugend vom Umtausch ausgeschlossen, Hrsg.: Jugendwerk der Deutschen Shell, Rowohlt/Reinbek bei Hamburg 1984, S. 30 f.)

1. Was meint Bianca mit „Kastensystem"? Wie beschreibt sie es?
2. Diskutiert den letzten Absatz ihres Textes.
3. „Disco-Torte", „Teenie-Bopper" und „rumflippen" sind Begriffe, mit denen eure Eltern kaum etwas anfangen können. Woran könnte das liegen?
4. Erarbeitet in Gruppen ein Lexikon der Jugendsprache.

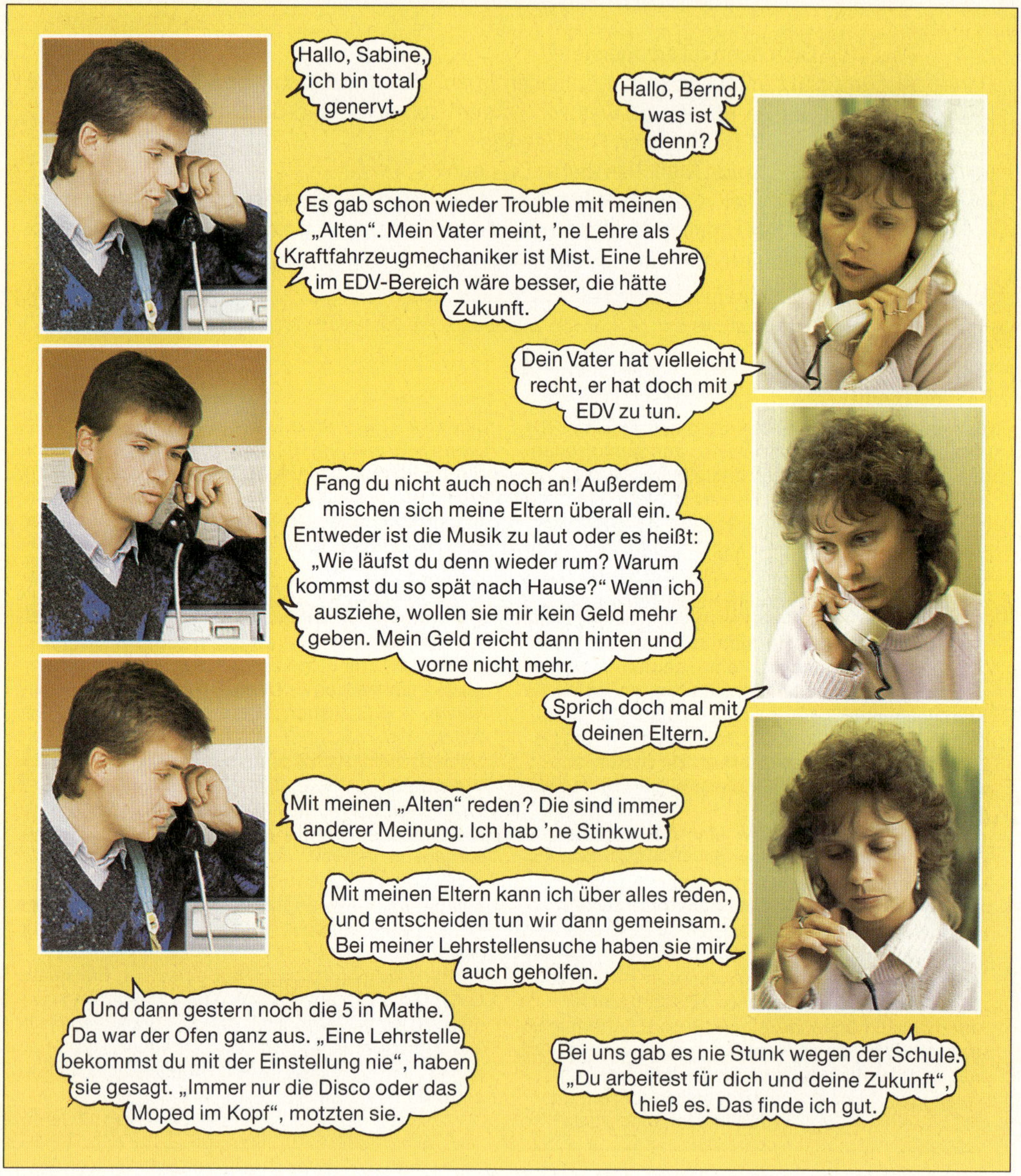

1. Welche Probleme hat Bernd? Wie könnten sie gelöst werden?
2. Nenne weitere Probleme, die es häufig zwischen Eltern und Kindern gibt.
3. Ein Vater: „Solange du deine Füße unter meinen Tisch stellst, bestimme ich hier!“ Nimm Stellung zu dieser Aussage.
4. Stellt in einem Rollenspiel ein Gespräch dar, in dem sich Bernd, seine Freundin Sabine und seine Eltern über seine Situation unterhalten.

2. Jugend in der Gesellschaft

Mit 16 fängt das Leben an

Die Lebensphase Jugend befindet sich in schnellem Umbruch. Durch ökonomische, soziale und kulturelle Wandlungsprozesse haben sich die Ausgangsbedingungen für den Übergang in den sozialen Status des Erwachsenen innerhalb eines Jahrhunderts – in einer Zeitspanne von nur drei bis vier Generationen – grundlegend verändert. Schauen wir uns die Veränderungen in den drei wohl wichtigsten Lebensbereichen von Jugendlichen (Schulausbildung, Herkunftsfamilie und Freizeit) im einzelnen an:

Schule: In allen Industrieländern verschiebt sich der Zeitpunkt des Eintritts in das Beschäftigungssystem für junge Menschen weiter in höhere Altersstufen. In der Bundesrepublik ist heute der Besuch von Schulen der Sekundarstufe I bis zum Alter von 16 Jahren praktisch für 100 Prozent eines Jahrgangs charakteristisch. [. . .]

Der Schulbesuch mit anschließendem Besuch vollzeitlicher allgemeinbildender oder berufsbildender Ausbildungsstätten ist zum beherrschenden Strukturmerkmal der Jugendphase geworden. [. . .]

Was bedeutet das für die alltäglichen Lebensbedingungen von Jugendlichen?

Die Erwerbstätigkeit ist für die unter 20jährigen (und zunehmend jetzt auch für die unter 25jährigen) kein charakteristisches Merkmal der Jugendphase mehr. Der Übergang in das Beschäftigungssystem und damit in eine wesentliche Teilrolle des Erwachsenen hat sich für die große Mehrheit der Jugendlichen in das dritte Lebensjahrzehnt verschoben. [. . .] Die Erfahrung der unmittelbaren gesellschaftlichen Nützlichkeit, das Erleben der betrieblichen Normen ökonomischer Zweckrationalität und der Zuständigkeit für die eigene materielle Existenzsicherung können erst relativ spät im Lebenslauf erfolgen. [. . .]

Die Freistellung von Erwerbsarbeit bringt also große individuelle Dispositionsmöglichkeiten über den Zeithaushalt, die Auswahl der Kommunikationsformen und -partner und die Gestaltung des eigenen Lebensalltags mit sich, vor allem im Medien- und Konsumbereich. [. . .]

Familie: Familien sind heute relativ kleine Einheiten, die aus wenigen Einzelpersonen bestehen – sie werden mehr und mehr zu Ein- und Zweipersonenhaushalten. [. . .]

Familienbeziehungen bilden nach wie vor den sozialen und emotionalen „Heimathafen“ für Jugendliche. Zu den Entwicklungsaufgaben im Jugendalter gehört zugleich, sich emotional, sozial und wirtschaftlich von eben diesem Heimathafen abzulösen. Dieser Prozeß der Ablösung gestaltet sich heute sehr komplex: Wegen der lang andauernden wirtschaftlichen Abhängigkeit von den Eltern durch die verlängerten Schul- und Ausbildungszeiten tritt er erst später als vor einer Generation ein. Auf der anderen Seite entwickeln Jugendliche heute sehr früh einen von den Eltern unabhängigen persönlichen Lebensstil, vor allem im Freizeit- und Konsumbereich, [. . .]

Freizeit: Historisch vergleichende Studien können zeigen, daß die Bedeutung von Gleichaltrigengruppen im Jugendalter nach zeitlichem und psychosozialem Stellenwert zugenommen hat. Offensichtlich wächst die Bedeutung der Gleichaltrigengruppe in dem Maß, wie die soziale Ablösung der Jugendlichen vom Elternhaus erfolgt. Die Gleichaltrigengruppe kann in dieser schwierigen Ablösungsphase die Funktionen der psychischen Stabilisierung der Jugendlichen übernehmen, bis sich ein neuer Modus der Beziehungen zwischen Jugendlichen und Eltern eingespielt hat. [. . .]

Die finanziellen Ressourcen, die Jugendliche durchschnittlich zu ihrer eigenen Verfügung haben, sind heute komfortabel. Mit Ausnahme von Randgruppen leben Jugendliche in materiellem Wohlstand, können sich zahlreiche Wünsche im Konsum- und Freizeitsektor erfüllen, die für die Eltern nicht denkbar oder nicht realisierbar waren. [. . .]

Wie Jugendstudien eindrucksvoll dokumentieren, wird dieser Spielraum für Entscheidungen, Alternativen und individuelle Gestaltung des Lebensalltags von den meisten Jugendlichen phantasievoll ausgekostet. [. . .]

Allerdings: Jugendliche entwickeln ihre Spontaneität und Individualität in einer Wohlstands-, Warenhaus-, Freizeit-, Fernseh- und Boutiquen-Gesellschaft, die ihnen jederzeit auch signalisiert, wie unverbindlich die bunten und vielfältigen Angebote sind, die ihnen gemacht werden. Der soziale Standort „Jugendlichsein“ ist stets ein vorläufiger und nie greifbar sicherer. [. . .] Der gesellschaftliche Zukunftshorizont ist für Jugendliche kaum berechenbar. Verbindliche Zukunftsperspektiven und kalkulierbare Realisierungsmöglichkeiten für eigene Lebenspläne existieren nicht: Kein Mensch und keine Institution kann ihnen die Garantie für eine lebenswerte Zukunft geben. [. . .]

(Klaus Hurrelmann: „Mit 16 fängt das Leben, aber auch der Alkoholkonsum an“, in: Frankfurter Rundschau, 31. 7. 1987, S. 14)

1. Beschreibe anhand des Textes, in welcher Weise sich die Lebensphase „Jugend“ in den letzten Jahrzehnten verändert hat.
2. Diskutiert in Gruppen, inwieweit die Lebensbedingungen von Jugendlichen durch die Lebensbereiche Schule, Familie und Freizeit geprägt werden.

Viele Kaufanreize bringen Jugendliche in Schwierigkeiten

K. P. **Hamburg**

Die Vielfalt der Konsumangebote bringt besonders Jugendliche in Schwierigkeiten. Viele können ihr weniges Geld angesichts der zahlreichen Verlockungen nicht richtig einteilen und übernehmen sich dann. Zu diesem Ergebnis kommt eine jetzt in Hamburg vorgestellte Untersuchung eines großen Freizeit-Forschungsinstituts, die das Freizeit- und Konsumverhalten der Bundesbürger unter die Lupe nahm.

Die Generation der 14- bis 29jährigen hat das Bedürfnis, im Trend zu liegen, wenn es darum geht, den Feierabend zu verbringen oder Urlaub zu machen. Und jeder zweiter der 14- bis 17jährigen ist der Ansicht, Beschäftigungen in der Freizeit machten erst richtig Spaß, wenn dafür „die beste, modernste Ausrüstung" zur Verfügung steht. Nach Ansicht von Professor Horst Opaschowski, Leiter des Instituts, läßt dies Mängel in der Verbrauchererziehung erkennen.

In den höheren Altersstufen ist allerdings von einem Konsumrausch nichts zu spüren. Sie kaufen, wie die Studie ergab, nur das, was sie auch wirklich brauchen. Tanzvergnügen, Essen im Restaurant und Sportveranstaltungen gehören zu den Freizeitwünschen, die nur selten erfüllt werden. Viele Menschen können sich das nicht mehr leisten. Sie müssen sparen.

[. . .]

(nach: Hannoversche Allgemeine Zeitung, 9. 4. 1987)

1. Suche Beispiele für Werbemaßnahmen, die sich besonders an Jugendliche wenden. Erläutere die vermutlichen Ziele der jeweiligen Werbeaktion.
2. „Beschäftigungen in der Freizeit machen erst richtig Spaß, wenn dafür ‚die beste, modernste Ausrüstung' zur Verfügung steht." Was meinst du zu dieser Ansicht?

So stellen sich Jugendliche ihre Zukunft vor

Ich gehe zwar noch zur Schule, weiß aber schon, wie mein weiteres Leben aussehen soll. Zunächst mache ich den Realschulabschluß und dann eine Lehre als Bankkauffrau. Danach suche ich mir eine gutbezahlte Stellung. Mit dreiundzwanzig möchte ich heiraten und ein Jahr später das erste Kind haben. Außerdem wünsche ich mir ein schönes Haus mit einem großen Garten. Ich hoffe, daß ich später meine Urenkel noch erleben kann.

Anja, 16 Jahre

Ich möchte Geld verdienen und mir ein Auto und eine Wohnung leisten können. Eine Freundin will ich auch haben, aber nicht heiraten. Ich will frei bleiben und machen können, was ich will. Wenn ich später eine feste Arbeit habe und meine Altersversorgung gesichert ist, werde ich richtig auf den Putz hauen. Im Alltag brauche ich viel Abwechselung, Eintönigkeit ist für mich der reinste Horror.

Georg, 16 Jahre

Ich habe keine genauen Vorstellungen für die nächste Zeit. Ich lasse alles auf mich zukommen und versuche, das Beste daraus zu machen. Eine genaue Planung der Zukunft ist sinnlos, da es immer anders kommt als man denkt. Es liegt an einem selbst, was man daraus macht.

Sven, 15 Jahre

Ich bin jetzt 16 Jahre und froh, daß es mich gibt. Ich habe alles, was ich brauche: eine nette Freundin, eine prima Familie, eine gute Lehrstelle – na eben alles. Ich kann die Leute nicht verstehen, die ihr Leben wegwerfen. Man kann doch nicht so verzweifelt sein, daß man kein erstrebenswertes Ziel mehr hat.

Ulf, 16 Jahre

Ich möchte mein ganzes Leben gesund bleiben. Dann will ich ohne die Angst leben, daß ein Krieg mir alles nimmt, vielleicht sogar mein Leben. Ich möchte in einer sauberen Umwelt leben, in einer Welt, die viel Grün und Wald, reine Luft und sauberes Wasser hat. Als Beruf würde mir am besten Krankenschwester gefallen. Und dann wünsche ich mir einen netten Chef und nette Kollegen.

Nicola, 15 Jahre

Wenn ich an die Zukunft denke, sind das immer nur die nächsten ein, zwei Jahre. Es geht über meine Vorstellungskraft, mich mit dem Alter und Lebensende und dem, was bis dahin passiert, zu beschäftigen. Was nach dem Abschluß meiner Ausbildung kommt, weiß ich nicht. Ich habe auch noch gar nicht den Überblick über die verschiedenen Berufe. Es gibt so viele Möglichkeiten.

Kristina, 16 Jahre

1. Diskutiert die Zukunftvorstellungen der sechs Jugendlichen.
2. Vergleiche die Zukunftvorstellungen von Anja und Kristina und von Nicola und Georg. Welche Vorstellungen findest du realistisch?
3. Wie stellst du dir deine Zukunft vor?

Erwachsenwerden bleibt lohnendes Ziel

Untersuchungen zum Thema „Jugend“ beschäftigen sich fast immer auch mit den Zukunftserwartungen der Jugendlichen. Die groß angelegte Jugendstudie „Jugendliche und Erwachsene ’85“ erbrachte dazu u. a. folgende Ergebnisse:

Einschätzung der Zukunft der Gesellschaft (Angaben in Prozent)

Die Frage lautete: „Man kann ja die Zukunft, wie das Leben in unserer Gesellschaft weitergehen wird, eher düster oder eher zuversichtlich sehen. Wie ist das bei Dir/bzw. Ihnen?“

Einschätzung	*Jugend ’84*	*Erwachs. ’84*
eher düster	46	29
eher zuversichtlich	54	71

Einschätzung der persönlichen Zukunft (Angaben in Prozent)

Die Frage lautete: „Man kann ja die eigene Zukunft, wie das eigene Leben weitergehen wird, eher düster oder eher zuversichtlich sehen. Wie ist das bei Dir/bzw. Ihnen?“

Einschätzung	*Jugend ’84*	*Erwachs. ’84*
eher düster	9	8
eher zuversichtlich	47	45
gemischt, mal so – mal so	44	47

Einschätzung des Eintritts bestimmter Ereignisse in der Zukunft (Angaben in Prozent)

Die Frage lautete:
„Welche der folgenden Ereignisse treten nach deiner/Ihrer Meinung in der Zukunft ein?“

Ereignis	*Jugend ’84*	*Erwachs. ’84*
Technik und Chemie werden die Umwelt zerstören.	74	55
Die Welt wird in einem Atomkrieg untergehen.	39	23
Wir werden einen wirtschaftlichen Aufschwung erleben.	41	46
Es wird gelingen, die Umweltprobleme zu lösen.	33	58
Die wirtschaftliche Krise wird sich verstärken.	65	50
Es wird immer weniger Arbeitsplätze geben, noch mehr Menschen werden arbeitslos werden.	74	70
In Europa werden die Atomwaffen auf beiden Seiten abgeschafft.	6	11
Es wird für alle einen angemessenen Arbeitsplatz geben, die Arbeitslosigkeit wird verschwinden.	10	13

[. . .] Deswegen kann man es wohl kaum Pessimismus nennen, wenn die jungen Leute die allgemeine Situation „eher düster“ beurteilen. Eine psychische Grundhaltung ist das nur bei 9 Prozent. Der Rest bemüht sich, mit seinem Leben fertig zu werden, und das zumeist mit einer eher positiven Prognose und Grundstimmung. Aber das muß ja noch nicht heißen, nicht zu sagen, was man sieht. Und das ist eben düster.

Spannend ist, daß die jungen Leute sehr viel mehr als die älteren dazu bereit sind, sich gesellschaftlich zu engagieren und durch alternatives politisches Handeln zur Verbesserung der Verhältnisse beizutragen. Um genau das zu verhindern, was sie als Zukunftsvision sehen und fürchten.

(aus: Horst Speichert: In tausend Spiegeln, Hrsg.: Jugendwerk der Deutschen Shell, Rowohlt/Reinbek bei Hamburg, Dez. 1986, S. 161 ff., Auszüge)

1. Wie würdest du die abgedruckten Fragen aus der Untersuchung beantworten?
2. Versuche, die unterschiedlichen Einschätzungen der Jugend zur Zukunft der Gesellschaft und zur persönlichen Zukunft zu erklären. Beachte dabei auch den Text unten.
3. „Ohne die Mitwirkung und das gesellschaftliche Engagement seiner Bürger, insbesondere der jungen Menschen, kann kein Staat auf eine gute Zukunft hoffen.“ Was meint ihr?

Jugendliche engagieren sich – ein Beispiel

Der Tod ihres Mitschülers führte zur Gefahrenanalyse

Rethem: Klasse „9aR“ legt kritischen Bushaltestellen-Bericht vor

fra **Rethem.** Der Tod ihres Mitschülers Thomas R. bei einem Unfall an der Schulbushaltestelle in Kirchboitzen hat der Klasse „9aR“ an der Rethemer Realschule keine Ruhe gelassen. In langwieriger Kleinarbeit haben die Schüler jetzt einen „Katalog“ zu allen 18 Bushaltestellen im Einzugsbereich des Rethemer Schulzentrums erstellt. Bei der Untersuchung nach Gefahrenpunkten an den Haltestellen wurden vor allem diese Fragen analysiert:

Dürfen die Kinder beim Einsteigen in den Bus die Straße überqueren? Halten die Busse immer an richtigen und übersichtlichen Stellen? In welchen Fällen müssen Gitter angebracht werden? In einem Schreiben an die Ortsbürgermeister, mehrere Polizeidienststellen und andere Behörden heißt es: „Wir hoffen, daß durch unsere Aktion die Sicherheitsvorkehrungen an den Bushaltestellen vervollständigt werden und hoffen auf Ihre Mithilfe.“

Die 18 Bushaltestellen von Kirchboitzen bis Rethem wurden jeweils nach „vorhandenen“ und „nicht vorhandenen“ Einrichtungen bewertet. [. . .]

Eine mangelnde Ausleuchtung, die vor allem in den dunklen Wintermonaten natürlich besonders wichtig ist, wurde von Schülern der „9aR“ bei der überwiegenden Mehrzahl der Haltestellen registriert. Bei den meisten der untersuchten Haltestellen gibt es außerdem keine Haltebuchten für die Schulbusse.

(aus: Verdener Aller-Zeitung, 7. 12. 1985)

Die Adressaten des Schreibens waren sehr beeindruckt von dem Engagement, mit dem sich die Schüler für eine Verbesserung der Bushaltestellen einsetzten. Ein Politiker sagte unter anderem dazu:

„. . . Im übrigen kommt es immer darauf an, daß die Bürger selbst mit wachen Augen durch die Welt gehen, ihre mitmenschliche Verantwortung sehen und immer wieder den Behörden und den politisch Verantwortlichen auch mal „Beine machen“. Bürger, die alles auf zuständige Behörden abschieben, sind nicht gut beraten. Denn in den Behörden sitzen auch nur Menschen . . .“

Die Schüler fanden mit ihrer Aktion große Resonanz:
- Die Bushaltestellen wurden überprüft und Mängelberichte erstellt.
- Die für die Bushaltestellen zuständigen Stellen wurden den Schülern mitgeteilt.
- In den Gemeinden befaßten sich Fachausschüsse mit dem Thema „Sicherheit an Schulbushaltestellen“.
- Ein Anhörverfahren mit Vertretern der Schulen, Schulelternbeiräte, Gemeinden, Polizei, Busunternehmen usw. wurde durchgeführt.
- Die Bezirksregierung überprüfte das Anliegen der Schulklasse.
- Der Niedersächsische Landtag beschäftigte sich mit dem Schreiben der Schüler, und der Kultusminister gab eine Stellungnahme ab.

Die Schüler erreichten mit ihrer Aktion zahlreiche Verbesserungen:
- Zusätzliche Verkehrszeichen wurden aufgestellt.
- Mehrere Warteflächen wurden ausgebaut.
- Verschiedene Wartestellen und Wartehäuschen wurden verlegt.
- Die Ausleuchtung einiger Bushaltestellen wurde verbessert.

1. Was hältst du von der Aktion der Klasse „9aR“? Nimm Stellung.
2. Was haben die Schüler mit ihrer Aktion bewirkt?
3. Diskutiert die Aussage des Politikers.
4. Welche Jugendinitiativen kennst du?
   Wofür setzen sich diese Jugendinitiativen ein?

Die eigene Welt mitgestalten

Hinter diesen Aussprüchen werden Bedürfnisse, Sehnsüchte, aber auch Wut und Resignation sichtbar. Verantwortungsvoll an der Entwicklung der Gesellschaft mitzuarbeiten, ist nicht einfach: Engagement, Mitwirkung und Mitverantwortung sind gefragt. Jugendverbände und Jugendinitiativen bieten jungen Menschen dazu vielfältige Möglichkeiten. In der Bundesrepublik Deutschland gibt es ca. 240 Jugendverbände und -initiativen.

Jugendverbände sind organisierte Interessenvertretungen der Jugend. Durch sie können sich die Jugendlichen wirksam in der Gesellschaft artikulieren. Sie können ihre Interessen öffentlich bewußtmachen und ihre Anliegen politisch vertreten.

Die Mitarbeit in einer Gruppe bietet außerdem die Möglichkeit, wichtige Erfahrungen im Umgang mit anderen zu machen. Man kann dabei lernen, die Kritik anderer zu verarbeiten und eigene Fehler zu korrigieren. Anerkennung und Bestätigung durch die Gruppe fördern das Selbstbewußtsein.

Für Jugendliche und junge Erwachsene gibt es viele Möglichkeiten, sich sozial und politisch zu engagieren, z. B. in

- Schülervertretungen in den Schulen,
- Jugendvertretungen in den Betrieben,
- Jugendmedien,
- Kirchengemeinden,
- Gewerkschaften und anderen beruflichen Interessenvertretungen,
- Bürgerinitiativen und Selbsthilfegruppen,
- politischen Jugendverbänden und Parteien.

In unserer Demokratie bietet sich darüber hinaus die Möglichkeit, durch die Beteiligung an den Kommunal-, Landtags-, Bundestags- und Europawahlen politisch Einfluß zu nehmen.

1. Setze dich mit den Aussagen in den Sprechblasen auseinander. Welchen Aussagen könntest du dich anschließen?
2. Welche der aufgelisteten Mitwirkungsmöglichkeiten kommen für dich in Frage?

Bürger wählen Parlamente

Zur Zeit eines Wahlkampfes werden die Bürger von Parteien und Politikern heftig umworben. Fernsehspots, Rundfunksendungen, Diskussionsveranstaltungen, Großkundgebungen, Zeitungsanzeigen und Plakate sind jedem bekannte Wahlkampfmittel.

- *Warum gibt es eigentlich Wahlen, welche Funktionen haben sie?*
- *Welche Grundsätze müssen für eine demokratische Wahl gelten?*
- *Wie wird gewählt und ausgezählt?*
- *Wie kann sich der Bürger über die politischen Ziele der Parteien informieren?*
- *Sind Wahlkämpfe und der damit verbundene Aufwand überhaupt notwendig?*
- *Wie werden Wahlkämpfe finanziert?*

1. Wahlen

Wählen – warum?

In der Bundesrepublik Deutschland leben rund 60 Millionen Menschen. Es ist verständlich, daß es unter ihnen recht unterschiedliche Auffassungen über die Gestaltung des öffentlichen Lebens gibt. Wie können sie ihre Vorstellungen zur Geltung bringen? Welche grundsätzlichen Möglichkeiten gibt es, daß die notwendigen Entscheidungen zustande kommen?

In einer parlamentarischen Demokratie, wie es die Bundesrepublik Deutschland ist, übt das Volk seinen Anteil an der Staatsleitung vornehmlich durch Wahlen aus. In Artikel 20 Absatz 2 des Grundgesetzes heißt es: „Alle Staatsgewalt geht vom Volke aus. Sie wird vom Volke in Wahlen und Abstimmungen und durch besondere Organe der Gesetzgebung, der vollziehenden Gewalt und der Rechtsprechung ausgeübt."

In der Bundesrepublik Deutschland wurde seit 1949 in der Regel alle vier Jahre der Bundestag gewählt. Bei der Wahl zum 11. Deutschen Bundestag am 25. 1. 1987 waren rd. 45 Millionen Bürger wahlberechtigt. 3,6 Millionen Jungwähler konnten zum erstenmal ihre Stimme abgeben. Auffällig war 1987 die hohe Wahlenthaltung, die als Zurückhaltung gegenüber dem politischen System gedeutet werden kann. Vielleicht mangelte es den zahlreichen Nichtwählern auch an der Einsicht in die Aufgaben bzw. Funktionen von Wahlen für eine parlamentarische Demokratie.

Funktionen der Wahl

1. Legitimation der politischen Herrschaft

In der Wahl der Abgeordneten des Deutschen Bundestages, die wiederum den Bundeskanzler wählen, kommt der Wille der Wähler zum Ausdruck. Für vier Jahre erhält der Abgeordnete das Recht (die Legitimation), das Volk im Parlament zu vertreten. Allgemeine Wahlen dienen somit der Legitimation (Rechtmäßigkeit) für die Machtausübung durch die Volksvertreter.

2. Kontrolle und Abwahl der Mandatsträger

Die demokratische Wahl bedeutet immer Herrschaftsbestellung auf Zeit. Die Abgeordneten sind nicht Erwählte, sondern Gewählte. Periodisch wiederkehrende Kommunal-, Landtags-, Bundestags- und Europawahlen geben dem Bürger die Möglichkeit, die Politik von Regierung und Opposition zu beurteilen, Amts- und Mandatsträger abzuwählen, zu bestätigen oder neu zu wählen.

3. Entscheidung über personelle und sachliche Alternativen

In Wahlen wird auch über Personen und Parteien, über unterschiedliche Programme und Ideen abgestimmt.

4. Repräsentation und Integration von Interessen

Die Mandatsträger müssen im Parlament die Meinungen und Interessen der Bürger vertreten (repräsentieren) und diese in politische Entscheidungen umsetzen. Sie müssen darauf bedacht sein, daß die zahlreichen und unterschiedlichen Interessen und Meinungen am Willensbildungsprozeß teilnehmen, in das politische System eingefügt (integriert) und zu einem handlungsfähigen politischen Willen des Staates zusammengefaßt werden. Die Höhe der Wahlbeteiligung kann ein Hinweis für das Gelingen dieser Integrationsfunktion sein.

5. Bildung einer funktionsfähigen Regierung

Die Bürger sollten mit ihrer Stimmabgabe dafür sorgen, daß eine zur Regierungsbildung und zum Regieren fähige parlamentarische Mehrheit und zugleich eine zur Kontrolle der Mehrheit fähige parlamentarische Opposition geschaffen wird.

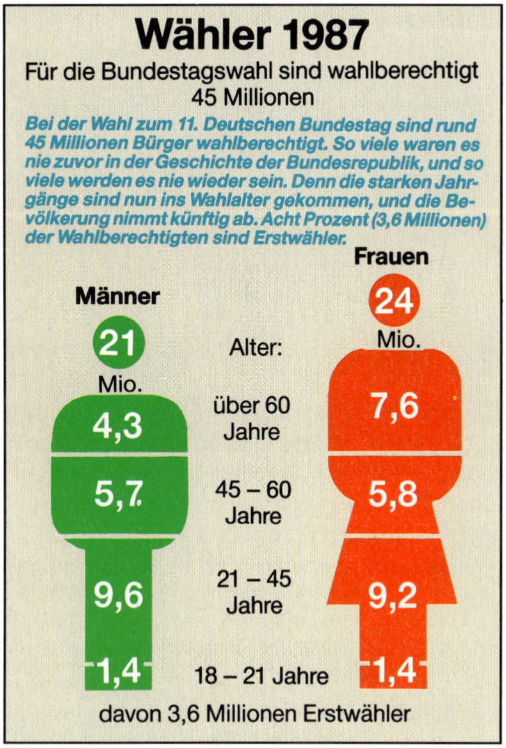

(aus: Frankfurter Allgemeine Zeitung, 24. 1. 1987, S. 3)

1. Welche Funktion der Wahl ist nach deiner Meinung die wichtigste?
2. Welche Vorstellung hat der Karikaturist von den Wählern? Stimmst du ihr zu?
3. Diskutiert über die verschiedenen Meinungen, die die Jugendlichen in den Sprechblasen äußern.

Wahlrechtsgrundsätze

Wie sind diese Aussagen verfassungsrechtlich zu beurteilen? In Artikel 38 Absatz 1 des Grundgesetzes heißt es: „Die Abgeordneten des Deutschen Bundestages werden in allgemeiner, unmittelbarer, freier, gleicher und geheimer Wahl gewählt. Sie sind Vertreter des ganzen Volkes, an Aufträge und Weisungen nicht gebunden und nur ihrem Gewissen unterworfen."

Allgemein sind Wahlen, bei denen grundsätzlich alle Staatsbürger wahlberechtigt sind. Alle Bürger haben das aktive und passive Wahlrecht, unabhängig von Rasse, Geschlecht, Einkommen und politischer Überzeugung. Es müssen jedoch bestimmte sachliche Erfordernisse erfüllt sein (z. B. Mindestalter 18 Jahre, deutsche Staatsangehörigkeit, Besitz der bürgerlichen Ehrenrechte).

Unmittelbar sind Wahlen, bei denen sich aus den abgegebenen Wählerstimmen ohne Zwischenschaltung einer anderen Instanz (z. B. Wahlmänner) ergibt, wer als Abgeordneter gewählt ist oder nachrücken kann.

Frei sind Wahlen, bei denen die Wahlberechtigten ohne Zwang, Druck und Furcht unter mehreren Kandidaten oder Kandidatenlisten die Auswahl haben. Deshalb ist in dem Gebäude, in dem sich der Wahlraum befindet sowie im unmittelbaren Zugangsbereich jede Beeinflussung der Wähler durch Wort, Ton, Schrift oder Bild verboten.

Gleich sind Wahlen, bei denen jede Wählerstimme das gleiche Gewicht hat. Der Gleichheitsgrundsatz bedeutet vor allem, daß jede Wählerstimme auch möglichst die gleiche Erfolgsaussicht haben muß. Deshalb müssen beispielsweise die Wahlkreise annähernd gleichviel Wähler umfassen. Eine gewisse Abweichung von dem Gleichheitssatz stellt die sog. 5%-Sperrklausel dar.

Geheim sind Wahlen, bei denen niemand die Wahlentscheidung des Bürgers erfährt. Unberührt davon bleibt, daß der Wähler sich selbstverständlich öffentlich für eine Partei engagieren kann (z. B. in Wählerinitiativen). Das Bundeswahlgesetz schreibt vor, daß der Wähler unbeobachtet seinen Stimmzettel kennzeichnen (Wahlkabine) und diesen in einem Umschlag in die Wahlurne werfen kann.

1. Jeder Deutsche, der das 18. Lebensjahr vollendet hat, besitzt das aktive und passive Wahlrecht. Ist das sinnvoll? Begründe deine Meinung.
2. Am Wahltag werden Wähler oft von Medien befragt, wie sie gewählt haben. Die Ergebnisse solcher Befragungen dürfen vor Beendigung der Wahl nicht veröffentlicht werden.
   - Warum gibt es diese Regelung wohl?
   - Hältst du sie für notwendig?
3. Welcher Grund könnte zu einer Neuabgrenzung von Wahlkreisen führen?
4. Was hältst du von den Aussagen oben? Beurteile sie anhand der Wahlrechtsgrundsätze.

2. Wahlsysteme

Mehrheitswahl und Verhältniswahl

Alle Wähler haben das gleiche Stimmrecht. Doch welche Wirkung die abgegebene Stimme hat, ob sie überhaupt die Wahl beeinflußt, das hängt nicht zuletzt vom Wahlsystem ab.

Es gibt zahlreiche Wahlsysteme. Sie lassen sich alle auf zwei Grundmodelle zurückführen, und zwar auf die Mehrheitswahl oder auf die Verhältniswahl.

Mehrheitswahl

Das gesamte Wahlgebiet wird in so viele Wahlkreise eingeteilt, wie Mandate zu vergeben sind. In den einzelnen Wahlkreisen stellen sich verschiedene Kandidaten zur Wahl. Gewählt ist der Kandidat, der die Stimmenmehrheit auf sich vereinigt. Die Zahl der Sitze, die eine Partei erhält, bestimmt sich nach der Zahl der von ihren Bewerbern gewonnenen Wahlkreise. Splitterparteien haben bei einer Mehrheitswahl kaum eine Chance; es sei denn, sie verfügen über regionale Schwerpunkte. Zu unterscheiden sind die relative und die absolute Mehrheitswahl.

Relative Mehrheitswahl

Der Abgeordnete ist gewählt, der mehr Stimmen als jeder seiner Mitbewerber erhält, auch wenn sein Vorsprung nur eine einzige Stimme beträgt. (Beispiel: In einem Wahlkreis bewerben sich drei Kandidaten. Es werden 76 000 Stimmen abgegeben. Kandidat A erhält 28 000, Kandidat B 28 100 und Kandidat C 19 900 Stimmen. Kandidat B ist gewählt.)

Absolute Mehrheitswahl

Gewählt ist hierbei der Abgeordnete, der mehr als die Hälfte der in seinem Wahlkreis abgegebenen Stimmen auf sich vereint. Gelingt das im ersten Wahlgang keinem der Kandidaten, dann findet zwischen den beiden erfolgreichsten Bewerbern des ersten Wahlganges eine Stichwahl statt.

Verhältniswahl

Bei der Verhältniswahl fallen keine Stimmen wirkungslos weg, sondern die Abgeordnetensitze im Parlament werden den Parteien proportional zu den Stimmenzahlen, das heißt entsprechend ihrem Anteil am Wahlergebnis, zugeteilt. Der Wähler gibt seine Stimme für die Liste (deswegen auch „Listenwahl" genannt) einer bestimmten Partei ab, nicht für einzelne Personen. Die gewonnenen Sitze werden den Wahlbewerbern in der Regel entsprechend der Reihenfolge auf den von den Parteien aufgestellten Kandidatenlisten zugeteilt. Das Verhältniswahlrecht führt dazu, daß das Parlament das genaue Spiegelbild der abgegebenen Stimmen darstellt.

1. Erörtert die Mehrheits- und Verhältniswahl unter dem Gesichtspunkt
   - der Gerechtigkeit,
   - der Vertretung verschiedener gesellschaftlicher Gruppen,
   - der Verständlichkeit des Wahlrechts,
   - der Verbindung von Wählern und Abgeordneten,
   - einer Regierungsbildung.
2. Nenne Länder, in denen nach dem System der Mehrheitswahl bzw. Verhältniswahl gewählt wird.

Für die Bundestagswahl gibt es zwei Stimmen

Die 496 Abgeordneten des Deutschen Bundestages werden alle vier Jahre gewählt. Hinzu kommen noch 22 Abgeordnete aus Berlin (West), die in unmittelbarer Wahl durch das Berliner Abgeordnetenhaus bestimmt werden.

Der Wähler hat zwei Stimmen, eine „Erststimme" und eine „Zweitstimme". Regelmäßig vor einer Bundestagswahl fragen viele wahlberechtigte Bürger nach der politischen Bedeutung dieser beiden Stimmen. Sind sie gleich wichtig, oder entscheidet gar eine der beiden Stimmen über die Zusammensetzung des Parlaments? Es gehört zu den Standardumfragen der Meinungsforscher, das Wissen der Bürger hierüber abzufragen.

Mit der Erststimme, die auf der linken Stimmzettelhälfte abgegeben wird, wählt der Bürger einen Direktbewerber des Wahlkreises. Die Erststimme entscheidet also über die Konkurrenz der Kandidaten im Wahlkreis. Derjenige ist gewählt, der die meisten Stimmen auf sich vereinigt hat (relative Mehrheit). Mit der Zweitstimme, die auf der rechten Stimmzettelhälfte abgegeben wird, entscheidet sich der Bürger für die Landesliste einer Partei. Diese Stimme ist für das Stärkeverhältnis der Parteien im Deutschen Bundestag maßgebend. Sie allein bestimmt über die Fraktionsstärke und damit über die politischen Kräfteverhältnisse im Parlament.

Bei der Bundestagswahl kommt es ja vor allem darauf an, wieviel Abgeordnete eine Partei in den Bundestag bringt. Wissen Sie zufällig, welche Stimme für die Stärke der Parteien im Bundestag den Ausschlag gibt: die Erststimme oder die Zweitstimme, oder sind beide gleich wichtig?

	Vor der Bundestagswahl 1983	Vor der Bundestagswahl 1987	
	Wahlberechtigte insgesamt %	Wahlberechtigte insgesamt %	Wähler, die ihre Stimme splitten wollen %
Ausschlaggebend ist:			
Zweitstimme	63	33	34
Erststimme	10	24	29
Beide gleich wichtig	19	32	27
Weiß nicht	8	11	10

(aus: Die Welt, 23. 12. 1986, S. 6)

Die FDP will keinen Koalitionswahlkampf und wirbt „erst recht um jede Zweitstimme"

Geißler warnt vor Zweitstimmen-Kampagne der FDP

Auch *CSU* wirbt um Zweitstimme

Die Parteien fürchten Desinteresse der Bürger
Im Wahlkampf beginnt das Buhlen um die Zweitstimmen / Kampagne zur Mobilisierung

(Schlagzeilen aus Tageszeitungen – Bundestagswahl 1987)

(aus: Frankfurter Allgemeine Zeitung vom 9. 1. 1987, S. 3)

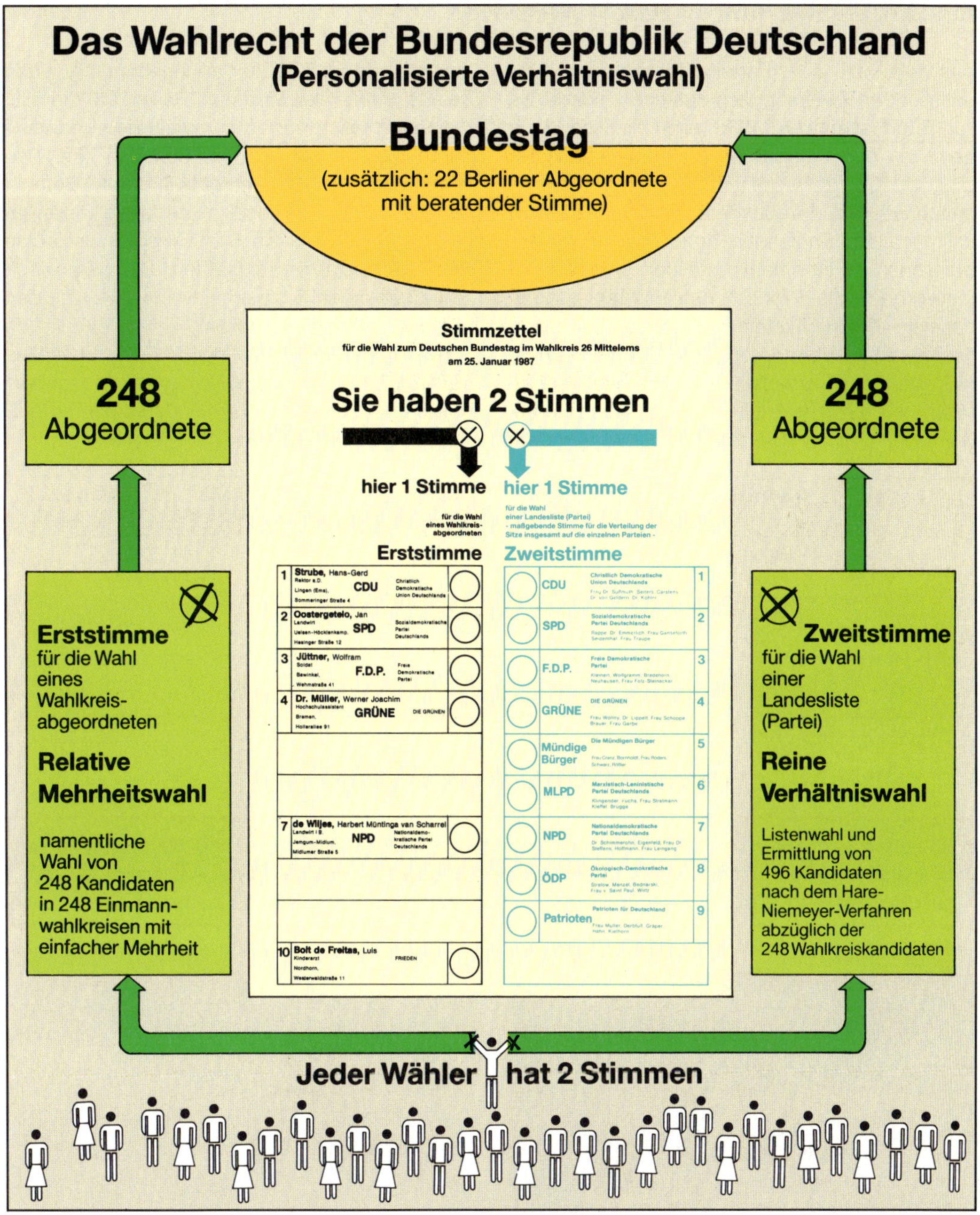

1. Welche Stimme entscheidet über das Stärkeverhältnis der Fraktionen im Bundestag?
2. Die Zeitungsüberschriften zeigen, daß alle Parteien bei ihrer Werbung um Wählerstimmen eine bestimmte Eigentümlichkeit unseres Wahlsystems in Rechnung stellen. Um welche Eigentümlichkeit handelt es sich?
3. Erläutere den politischen Aussagegehalt der Karikatur aus dem Bundestagswahlkampf 1987.

Auszählungsverfahren Hare – Niemeyer

Wie viele Sitze jeder Partei aufgrund der auf sie entfallenden Zweitstimmen zustehen, wurde bis zur Bundestagswahl 1983 einschließlich nach dem von dem belgischen Mathematiker Victor d'Hondt 1882 entwickelten Höchstzahlverfahren errechnet. Seit der Bundestagswahl 1987 wird das nach dem Engländer Thomas Hare und dem deutschen Mathematikprofessor Horst Niemeyer benannte Proportionalverfahren zugrundegelegt. Dieses System bewirkt eine mathematisch exaktere Übertragung des Stimmenverhältnisses auf das Sitzverhältnis. Für die kleinen Parteien wirkt es sich vorteilhafter aus. Nach Hare – Niemeyer wird die Gesamtzahl der Abgeordnetensitze mit der Zahl der abgegebenen gültigen Zweitstimmen der einzelnen Partei, die die 5%-Klausel übersprungen hat, multipliziert und dann durch die Gesamtzahl der Stimmen aller Parteien über fünf Prozent geteilt. Diese Berechnung ergibt Proportionalzahlen. Jede Partei erhält zunächst so viele Sitze, wie ganze Zahlen (Proportionalzahlen) entstehen. Die dann noch zu vergebenden Sitze erhalten Parteien mit den höchsten Zahlenbruchteilen.

Beispiel: Es sind 40 Abgeordnete zu wählen. 50 000 gültige Zweitstimmen werden abgegeben. Auf die Partei A entfallen 24 600, auf die Partei B 14 800 und auf die Partei C 10 600 Stimmen.

Partei	Berechnung	Proportionalzahl	Sitze nach ganzen Zahlen	Sitze nach Zahlenbruchteilen	Sitze insgesamt
A	$\frac{40 \times 24\,600}{50\,000}$	19,68	19	1	20
B	$\frac{40 \times 14\,800}{50\,000}$	11,84	11	1	12
C	$\frac{40 \times 10\,600}{50\,000}$	8,48	8	–	8
			38	2	40

Berechne nach dem Hare – Niemeyer-Verfahren die Sitzverteilung: Es sind 60 Abgeordnete zu wählen. 80 000 gültige Zweitstimmen werden abgegeben. Auf die Partei A entfallen 30 200, auf die Partei B 26 900, auf die Partei C 12 800 und auf die Partei D 10 100 Stimmen.

Wählerin bei der Stimmabgabe

Personalisierte Verhältniswahl

Auf Bundesebene wird nach dem Hare – Niemeyer-Verfahren zunächst errechnet, wie viele Sitze jeder Partei aufgrund der auf sie entfallenden Zweitstimmen zustehen. Dann werden diese entsprechend ihrem Stimmenanteil in den einzelnen Ländern auf die jeweiligen Landeslisten verteilt. Damit weiß man, wie viele Abgeordnete der Partei A beispielsweise aus dem Bundesland Niedersachsen einen Sitz im Bundestag erhalten. In einer letzten Rechenstufe wird die Zahl der direkt gewählten Abgeordneten einer Partei von der für ihre Landesliste errechneten Gesamtzahl abgezogen. Die verbleibenden Sitze werden den Kandidaten entsprechend der Reihenfolge auf der Landesliste zugeteilt.

Beispiel: Der Partei A stehen nach den Zweitstimmen im Lande Niedersachsen insgesamt 38 Sitze im Bundestag zu. 24 Wahlkreise haben Kandidaten dieser Partei gewonnen. Diese 24 kommen direkt ins Parlament. Die restlichen 14, die der Partei zustehen, werden durch die Landesliste ergänzt.

Es handelt sich bei dem Wahlsystem für den Bundestag daher nicht – wie des öfteren zu hören ist – um ein Mischwahlsystem, sondern um eine personalisierte Verhältniswahl.

Dieses Wahlsystem, das eine Übereinstimmung von Stimmen- und Mandatsanteil anstrebt, wird nur durch die 5%-Klausel und die Überhangmandate eingeschränkt. Bei der Gesamtsitzverteilung werden nur Parteien berücksichtigt, die mindestens 5% der gültigen Zweitstimmen erhalten haben oder in mindestens drei Wahlkreisen ein Direktmandat erobern konnten. Diese Regelung wurde vom Bundesverfassungsgericht für verfassungskonform erklärt. Sie soll die Funktionsfähigkeit des Parlaments sichern und eine Zersplitterung des Parteiensystems verhindern.

Überhangmandate entstehen immer dann, wenn auf eine Partei in einem Bundesland mehr Direktmandate entfallen als ihr nach dem Zweitstimmenanteil in diesem Bundesland zustehen. In diesem Fall erhöht sich die Gesamtzahl der Abgeordnetensitze. Bei der Wahl 1983 gab es zwei Überhangmandate, 1987 gab es 1 Überhangmandat.

AMTLICHER TEIL

Bekanntmachung

Der Kreiswahlausschuß hat in seiner Sitzung am 28. Januar 1987 das endgültige Ergebnis der Wahl zum Deutschen Bundestag am 25. Januar 1987 im Wahlkreis 26 Mittelems wie folgt festgestellt:

A	Wahlberechtigte	193 027
B	Wähler	168 496
C	Ungültige Erststimmen	1 419
D	Gültige Erststimmen	167 077
E	Ungültige Zweitstimmen	1 199
F	Gültige Zweitstimmen	167 297

Die gültigen Erststimmen entfallen wie folgt auf die Bewerber:

1	Strube, Hans-Gerd – CDU	91 618
2	Oostergetelo, Jan – SPD	59 345
3	Jüttner, Wolfram – FDP	5 693
4	Dr. Müller, Werner Joachim – Grüne	8 757
7	de Wiljes, Harbert M. van Scharrel – NPD	462
10	Bolt de Freitas, Luis, Einzelbewerber, Kennwort: Frieden	1 202

Die gültigen Zweitstimmen entfallen wie folgt auf die Landeslisten:

1	Christlich Demokratische Union Deutschlands	88 309
2	Sozialdemokratische Partei Deutschlands	54 679
3	Freie Demokratische Partei	13 866
4	Die Grünen	9 565
5	Die Mündigen Bürger	119
6	Marxistisch-Lenistische Partei Deutschlands	24
7	Nationaldemokratische Partei Deutschlands	405
8	Ökologisch-Demokratische Partei	259
9	Patrioten für Deutschland	71

Im Wahlkreis 26 Mittelems ist zum Wahlkreisabgeordneten gewählt: Strube, Hans-Gerd – CDU.
Meppen, 28. Januar 1987

Der Kreiswahlleiter
des Wahlkreises 26 Mittelems
gez. Brümmer

(aus: Lingener Tagespost, 2. 2. 1987)

1. Warum wird unser Wahlsystem als personalisiertes Verhältniswahlsystem und nicht als ein Mischwahlsystem bezeichnet?
2. Diskutiert die 5%-Klausel unter dem Aspekt
   - der Funktionsfähigkeit des Parlaments,
   - der Chancengleichheit für alle Parteien,
   - der Wahlgerechtigkeit,
   - der Bildung neuer politischer Parteien.
3. Erläutere den Begriff „Überhangmandat".
4. Wer gewann im Wahlkreis 26 Mittelems das Direktmandat?
5. Welche Gründe mag es gegeben haben, daß Wähler von der Möglichkeit, die beiden Stimmen aufzuteilen („Splitting"), Gebrauch gemacht haben?

Kandidatenaufstellung

Einstimmiges Votum der Delegierten für Strube als Bundestagskandidaten

CDU im Wahlkreis 26 legte sich auf Bewerber fest – Lob von Emsländern und Grafschaftern

FDP stellte Landesliste auf

Kreisvorsitzender Jüttner auf Platz zehn

Auf Platz 1 soll eine Frau

Waltraud Schoppe mit guten Chancen – Grüne entscheiden über Liste

Jan Oostergetelo zum dritten Mal SPD-Kandidat für den Bundestag

Von Wahlkreiskonferenz mit 47 von 51 Stimmen nominiert – „Ziel ist Regierungsübernahme"

(Schlagzeilen aus Tageszeitungen – Bundestagswahl 1987)

Seit 1953 ist es keinem parteilosen Kandidaten mehr gelungen, einen Sitz im Bundestag zu gewinnen. Der Weg in das Parlament geht demnach ausschließlich über die Parteien. Das Bundeswahlgesetz kennt zwei Bewerbungsformen:

- die Direktbewerbung in einem Wahlkreis,
- die Bewerbung auf der Liste einer Partei.

Die Wahlkreiskandidaten werden von den wahlberechtigten Parteimitgliedern des Wahlkreises gewählt. Da jedoch die Parteien in manchen Bundestagswahlkreisen sehr hohe Mitgliederzahlen haben, werden oft Vertreterversammlungen (Wahlkreisdelegiertenkonferenzen) einberufen, um die Bewerber zu bestimmen.

Die Aufstellung als Kandidat auf der Landesliste einer Partei erfolgt durch die Delegiertenversammlung eines ganzen Bundeslandes. Diese Delegierten werden von den Parteimitgliedern der unteren Ebenen gewählt. Die Versammlung legt auch die Reihenfolge der Listenplätze fest. Dabei berücksichtigen die Delegierten jedoch die personellen Vorschläge des Landesvorstandes der Partei. Die ersten Plätze auf den Listen werden von der Parteiprominenz belegt.

Auswahlkriterien für Direktkandidaten (Neulinge)

1. Machtposition innerhalb der lokalen Parteiorganisation (Hausmacht, eigene Ämter)
2. Parlamentarische Erfahrung (Landtag, Kreistag, Stadtverordnetenversammlung, . . .)
3. Personelles Potential der Partei im Wahlkreis – mögliche Alternativkandidaten
4. Beziehungen zu führenden Politikern im Wahlkreis
5. Lokale Verbundenheit (im Wahlkreis aufgewachsen und/oder länger politisch tätig) sowie Erwartung hoher Aktivität im Wahlkreis
6. Beruflicher Werdegang und berufliche Position sowie fachliche Qualifikation
7. Beziehung bzw. Zugehörigkeit zu wichtigen sozialen Gruppen im Wahlkreis (Wahlkreis-Image)
8. Anziehungskraft auf neue Wählerschichten
9. Rhetorisches Talent, Auftreten in der Delegiertenversammlung
10. Mitarbeit in überregionalen Parteiorganisationen
11. Chancen auf einen guten Listenplatz (falls Wahlkreis nicht direkt zu erobern)
12. Mitarbeit in Arbeitsgemeinschaften bzw. Vereinigungen der Partei

(nach: Heino Kaack, Geschichte und Struktur des deutschen Parteiensystems, Leske + Budrich/Opladen 1971, S. 614 f.)

1. Welche Aussagen kannst du den Zeitungsüberschriften entnehmen?
2. Welchen Einfluß hat ein einfaches Parteimitglied bei der Aufstellung des Wahlkreiskandidaten bzw. bei der Aufstellung der Landesliste?
3. Erläutere die Auswahlkriterien. Welche hältst du für besonders wichtig?

3. Der Wahlkampf

Wettbewerb um Wählerstimmen

Jugendliche äußern sich zum Wahlkampf

Der erfolgreiche Politiker steht praktisch unter dem Zwang, dauernd nachzuweisen, daß er in der Lage ist, für seine Politik in Wahlen Mehrheiten zu erringen. Für Politiker und Parteien ist Wahlkampfführung deshalb das durchgehende Element ihrer Politik. Sie führen einen Dauerwettbewerb zur Erhaltung oder Erringung der Regierungsverantwortung, einen Wettbewerb um Wählerstimmen. Ob man diesen Wettbewerb nun immer Wahlkampf nennen will oder nicht, ist eine zweitrangige Frage. [. . .]
Wer sein Bild nicht langfristig zu formen in der Lage ist, kann das nicht wenige Wochen oder Monate vor der Wahl schaffen. Auch weiß man, daß 80% der Wähler zu Beginn des heißen Wahlkampfes bereits entschieden sind und sich somit ihre Meinung über die Politik bereits gebildet haben. Natürlich haben die Parteien ihre Stammwählerschaft, aber sie reicht nicht, um die Macht zu erhalten oder neu zu erringen. Auch stehen sich die verschiedenen Blöcke nicht so starr gegenüber, daß nicht hier und dort wichtige Wählerwanderungen die Entscheidung herbeiführen können. Politische Kommunikation ist damit zur Begleiterscheinung moderner Politik geworden. Der gewählte Politiker muß sofort an seine Wiederwahl denken, zumal die Kurzlebigkeit der politischen Führung in den westlichen Demokratien ihre Aufmerksamkeit erhöht hat. Sofort nach der Wahl muß die Wiederwahl vorbereitet werden – diese Maxime jeder politischen Strategie zwingt die Politiker in den Demokratien zur intensiven Beachtung politischer Kommunikation.

(aus: Grundinformation Wahlen, Hrsg.: Bundeszentrale für politische Bildung 1983, S. 52)

1. Diskutiert über die Äußerungen der Jugendlichen.
2. Teilst du die Meinung, daß Politiker einen Dauerwettbewerb um Wählerstimmen führen müssen?
3. Erläutere die folgende Textaussage: „Politische Kommunikation ist damit zur Begleiterscheinung moderner Politik geworden“.

Wahlprogramme der Parteien

„Wer die Wahl hat, hat die Qual." Dieser Spruch gilt auch für den wahlberechtigten Bürger. Nach welchen Kriterien soll er seine Wahlentscheidung für die eine oder andere Partei treffen? Gibt es überhaupt Unterschiede zwischen den demokratischen Parteien? Um eine sachgerechtere Entscheidung treffen zu können, ist es ratsam, die Wahlprogramme der einzelnen Parteien näher kennenzulernen. Dabei ist allerdings zu berücksichtigen, daß Wahlprogramme insbesondere auch die Funktion der Werbung auszuüben haben. Sie sollen möglichst viele Wähler ansprechen. Zu fast allen gesellschaftlichen Bereichen enthalten sie daher auch Aussagen, die nicht selten sehr allgemein und unverbindlich bleiben. Die Aussagefelder reichen von der Außen- und Sicherheitspolitik über die Ausländer-, Familien-, Energie- und Umweltpolitik bis hin zur Steuer-, Arbeitsmarkt- und Beschäftigungspolitik. Für den Wähler haben diese Politikfelder nicht alle die gleiche Bedeutung. Oftmals sind es nur Aussagen zu ein oder zwei Politikbereichen, die für den Wähler aus ganz persönlichen Gründen bedeutsam, manchmal gar existenzbegründend sind und daher seine Wahlentscheidung zugunsten einer Partei beeinflussen.

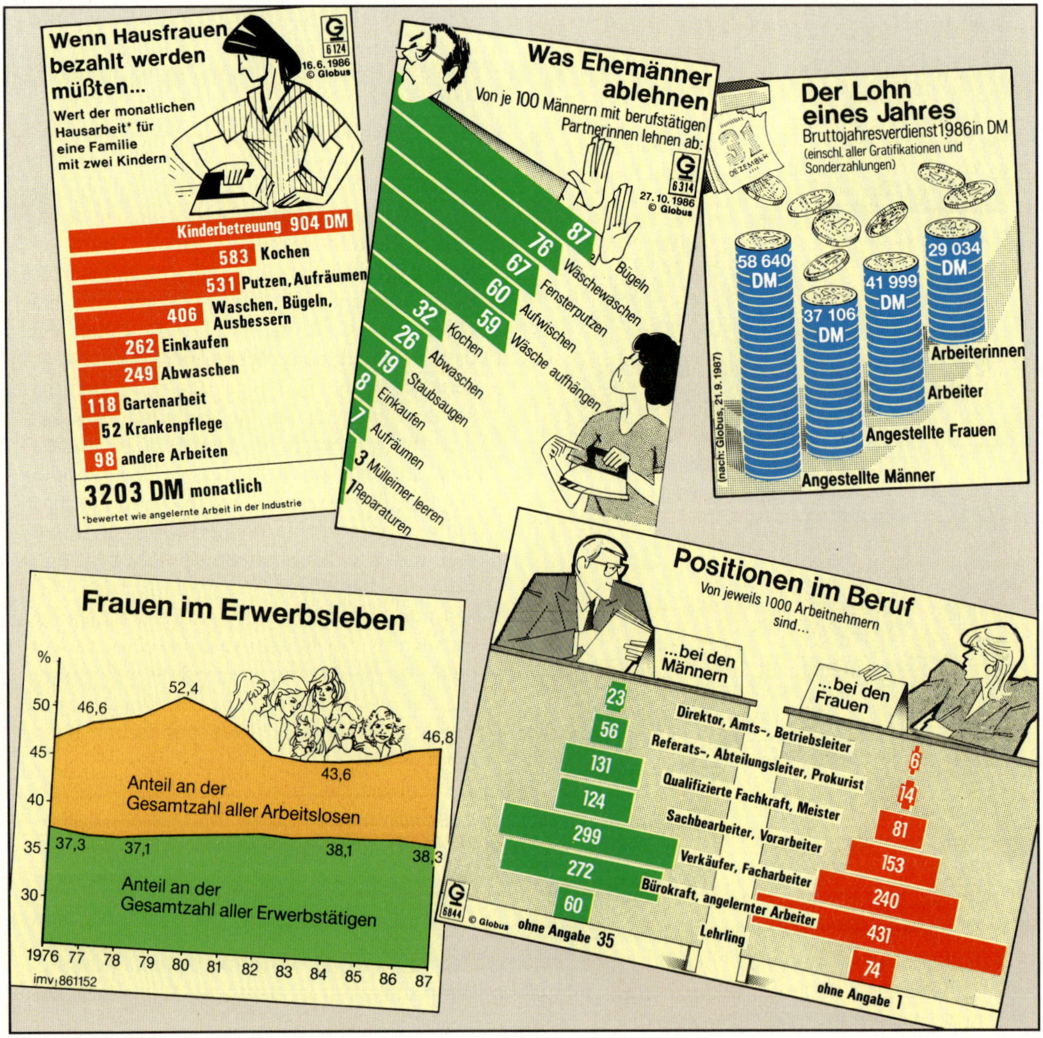

Frauen zwischen Haushalt und Beruf – statistisches Material zur Gleichberechtigung

Wahlaussagen der Parteien zur Gleichberechtigung (Auszüge)

SPD

Leitsatz unserer Politik für Frauen und Männer ist: Wer die menschliche Gesellschaft will, muß die männlich bestimmte Gesellschaft überwinden.

Die Bildungspolitik muß mehr als bisher die Grundlagen für gleiche Zugangschancen zu Beruf und Familie geben. Mädchen und Jungen müssen in der Schule dieselben inhaltlichen und sozialen Erfahrungen machen können. Mädchen und Jungen sollen ein gleiches Angebot zur Ausbildung im naturwissenschaftlich-technischen und im hauswirtschaftlich-sozialen Bereich erhalten.

Mädchen müssen mehr Ausbildungs- und Arbeitschancen in zukunftsträchtigen Berufen eröffnet werden. An den Hochschulen ist der Anteil der Frauen an den Lehrenden durch gezielte Fördermaßnahmen zu erhöhen.

Wir wollen gesetzliche Regelungen, mit denen der Benachteiligung von Frauen entgegengewirkt wird. Deshalb wird eine sozialdemokratische Bundesregierung ein Gleichstellungsgesetz vorlegen, das insbesondere die Gleichstellung auf dem Arbeitsmarkt und beim Zugang zu Ausbildungsplätzen sichern soll.

Wir werden neben von Frauen besetzten Fachressorts ein von einer Frau geleitetes Ministerium mit den erforderlichen Kompetenzen für zentrale Frauenfragen ausstatten.

Frauen sind stärker von Arbeitslosigkeit betroffen als Männer. Aktive Beschäftigungspolitik ist deshalb auch ein Teil unserer Gleichstellungspolitik. Dazu gehört auch ein neues Arbeitszeitgesetz. Eine aktive Politik allgemeiner Arbeitszeitverkürzung durch Gesetz und Tarifverträge, insbesondere zur Verkürzung der täglichen Arbeitszeit, ist eine wesentliche Voraussetzung zur Vereinbarkeit von Beruf und Familie für Frau und Mann. Arbeitszeiten müssen familienfreundlich gestaltet werden.

Wir wollen die noch bestehenden Benachteiligungen teilzeitbeschäftigter Arbeitnehmerinnen und Arbeitnehmer beseitigen.

Wir werden ein Programm zur Wiedereingliederung von Frauen in das Berufsleben vorlegen. Um die Vereinbarkeit von Familie und Beruf zu erleichtern, ist darüber hinaus vor allem der Elternurlaub wichtig. Wir halten an dem Ziel fest, mittelfristig das allgemeine Erziehungsgeld durch einen Elternurlaub für abhängig beschäftigte Eltern zu ergänzen, Alleinstehende besser zu stellen und den Kündigungsschutz in seiner früheren Form wieder herzustellen. Zudem wollen wir den Freistellungsanspruch der Eltern bei Erkrankung ihrer Kinder erweitern.

(aus: DAS PARLAMENT, 17. 1. 1987, S.6)

DIE GRÜNEN

Unser Ziel ist eine Gesellschaft, in der die gesamte gesellschaftlich notwendige Arbeit – Hausarbeit, Kindererziehung und Erwerbsarbeit – auf alle umverteilt und dadurch die geschlechtsspezifische Arbeitsteilung überwunden wird.

Die GRÜNEN fordern:
- Quotierung aller Ausbildungs- und Erwerbsarbeitsplätze, bis mindestens eine 50%-Quote in den Bereichen, in denen Frauen bisher unterrepräsentiert sind, erreicht ist.
- radikale Verkürzung der täglichen Erwerbsarbeitszeit, dabei voller Lohnausgleich für untere und mittlere Einkommen,
- gesetzlich festgelegter existenzsichernder Mindestlohn,
- Verbot von Job-Sharing, „Kapovaz" (kapazitätsorientierte variable Arbeitszeit) und Heimarbeit,
- arbeits- und tarifliche Absicherung, Sozialversicherungspflicht von Teilzeitarbeit ab der ersten Arbeitsstunde,
- ein den Leistungen für Erwerbstätige entsprechendes System von Sozial- und Krankenversicherung, auch für Hausfrauen und Frauen, die in „ungesicherten Beschäftigungsverhältnissen" ihrer Erwerbsarbeit nachgehen müssen,
- gleicher Anspruch der Teilzeitbeschäftigten auf alle Umschulungs-, Förderungs- und Ausbildungsmaßnahmen wie für Vollzeitbeschäftigte.

Für Menschen, die Kinder erziehen:
- Erziehungsgeld und Garantie des Erwerbsarbeitsplatzes für diejenigen, die ein Kind in den ersten Jahren nach der Geburt betreuen,
- genügend Kindergärten, Kindertagesstätten und Kinderhorte und deren qualitative Verbesserung,
- Finanzierung von selbstverwalteten Elterninitiativen,
- Finanzierung von Tagesvätern oder -müttern,
- bezahlte Freistellung, wenn Kinder erkranken, für die gesamte Dauer der Krankheit,
- Mindestabsicherung im Alter für alle, und Anrechnung von Erziehungszeiten in der Rentenversicherung.

Wir GRÜNEN wollen die gleichberechtigte Anerkennung aller Lebensformen. Frauen wie Männer sollen frei entscheiden können, wie und mit wem sie leben wollen.

(aus: DAS PARLAMENT, 17. 1.. 1987, S. 6)

CDU/CSU

Wir treten für die Gleichberechtigung von Mann und Frau im Erwerbsleben ein, aber wir kämpfen ebenso gegen jede Benachteiligung der Frauen, die sich für die Aufgaben in der Familie und die Erziehung der Kinder entschieden haben.

Durch flexible und maßgerechte Arbeitsbedingungen müssen Männer und Frauen die Wahrnehmung familiärer Aufgaben neben der Berufstätigkeit erleichtert werden. Familienfreundliche Arbeitszeiten und Arbeitsabläufe für Erwerbstätige, die kleine Kinder haben, ein vermehrtes Angebot von Arbeitsplatzteilung und Teilzeitarbeit sind ebenso unverzichtbar wie flexible Öffnungszeiten der Kindergärten und der öffentlichen Ämter.

Frauen, die nach längerer Berufsunterbrechnung zugunsten der Familie wieder in den Beruf zurückkehren wollen, werden wir den Anschluß an ihre erlernte berufliche Tätigkeit erleichtern oder die Aufnahme einer neuen Tätigkeit fördern, in der sie auch die in der Familie gewonnenen Erfahrungen nutzen können.

Wirtschaft und Öffentlicher Dienst müssen Frauen gleiche Chancen bei der Einstellung und Beförderung geben. Teilzeitarbeit darf nicht die Abkoppelung von jedem beruflichen Aufstieg zur Folge haben. Wir werden dafür eintreten, daß bei der Besetzung von Gremien und leitenden Positionen in Wirtschaft und Gesellschaft Frauen in einem Maße berücksichtigt werden, das sich an ihrem Anteil, ihrem Einsatz und ihrer Leistung orientiert.

Bei der Einführung neuer Technologien werden wir dafür sorgen, daß sich gerade für Frauen auch neue Chancen ergeben: Eine qualifizierte Ausbildung ist für Frauen unabdingbare Voraussetzung dafür, daß sich ihre Berufschancen bei der Einführung neuer Technologien nicht verschlechtern.

(aus: DAS PARLAMENT, 17. 1. 1987, S. 6)

F.D.P.

Eine aktive Gleichberechtigungspolitik muß offene und versteckte Diskriminierung in Politik, Wirtschaft und Alltag beseitigen.

Die FDP fordert eine „Konzertierte Aktion für Frauen". Gemeinsame Maßnahmen von Arbeitgebern, Gewerkschaften und Staat sollen die Rahmenbedingungen für gleiche Chancen am Arbeitsmarkt schaffen.

Immer mehr Frauen und Männer möchten Kindererziehung und Erwerbstätigkeit miteinander vereinbaren. Dies ist nur zu verwirklichen, wenn Arbeitgeber und Arbeitnehmer zu Absprachen über flexible Arbeitszeiten, Job-Sharing und Mischarbeitsformen bereit sind. Moderne Technologien, die Schaffung ausreichender Kinderbetreuungseinrichtungen und ein verstärktes Angebot von Ganztagsschulen können diese neue Aufgabenverteilung erleichtern.

Frauen und Männer, die zugunsten der Kinder ihre Berufstätigkeit unterbrochen haben, erwarten zu Recht, daß ihnen der erneute Zugang zum Arbeitsmarkt erleichtert wird. Das setzt eine Wiedereinstiegsausbildung voraus, die die veränderten beruflichen Anforderungen berücksichtigt. Der Öffentliche Dienst hat hier eine Vorreiterrolle. Dies gilt auch für die Schaffung von Teilzeitarbeitsplätzen für Mitarbeiter, die z. B. aus familiären Gründen nicht den ganzen Tag arbeiten wollen.

Die Forderung nach stärkerer Beteiligung der Frauen am politischen Leben ist vielfach Lippenbekenntnis. Wir lehnen aber Quotenregelungen als Scheinlösung ab.

Politische Erfolge aller Art müssen organisiert werden. Die FDP fordert auf allen politischen Ebenen die Schaffung unabhängiger Frauenbeauftragter mit Informations- und Mitspracherechten. Die Amtszeit der Frauenbeauftragten kann entsprechend der Aufgabenstellung zeitlich befristet werden.

(aus: DAS PARLAMENT, 17. 1. 1987, S. 6)

1. Welche Aufgabe haben Wahlprogramme?
2. Welche wichtigen Aussagen kannst du den Grafiken auf Seite 42 entnehmen?
3. Welche Lösungsmöglichkeiten bieten die Parteien in ihren Wahlaussagen an, um für Frauen die Vereinbarkeit von Familie und Beruf zu erleichtern?
   Liste die einzelnen Vorschläge – getrennt nach Parteien – auf.
4. Prüfe, welche Unterschiede es zwischen den Parteien gibt.
5. Wie beurteilst du die Vorschläge der Parteien? Sind sie durchführbar? Bedenke dabei auch den Aspekt der Finanzierbarkeit. Beziehe in deine Beurteilung die Aussagen der Grafiken auf Seite 42 mit ein.

Wahlkampf – um wen geht es?

In den letzten Wochen vor einer Wahl, der sogenannten heißen Phase, bieten die Parteien alle nur denkbaren Wahlkampfmittel auf, um die wahlberechtigten Bürger für sich zu gewinnen. Diese Mittel sind meistens sehr aufwendig, kostenintensiv und werbepsychologisch gut aufbereitet. Wahlkämpfe werden nicht nur geführt, um die Stammwähler, die Anhänger einer Partei zu mobilisieren, ihre Treue zur Partei zu erhalten. Sie werden vor allem auch geführt, um die Nichtwähler, die Unentschlossenen und Meinungslosen, zu gewinnen. Des weiteren stellen die Wechselwähler eine wichtige Zielgruppe für die Wahlkampfmanager dar. Diese Gruppe ist nicht auf eine bestimmte Partei festgelegt. Sie treffen aufgrund konkreter politischer Ereignisse, oftmals erst kurz vor der Wahl, ihre politische Entscheidung. Für den Ausgang einer Wahl kommt ihnen daher eine besondere Bedeutung zu.

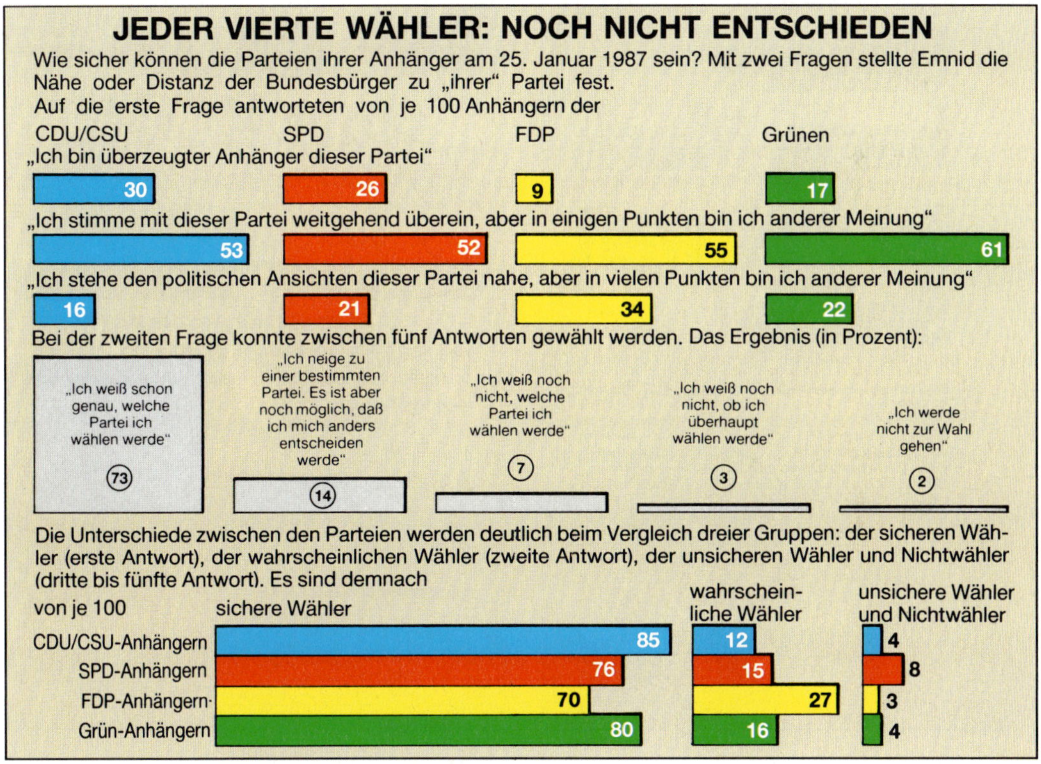

(nach: DER SPIEGEL, 19. 1. 1987, S. 64)

1. Welche Bedeutung spielen die Wechselwähler für die Parteien? Nenne Mittel, die die Parteien einsetzen, um diese Wählergruppe für sich zu gewinnen.
2. Erläutere die Karikatur.
3. Das Emnid-Institut stellte den Bürgern 2 Fragen. Erläutere die Antworten. Welche Konsequenzen werden wohl Wahlkampfmanager daraus ziehen?

Wahlkampfmittel

Um Wähler für sich zu gewinnen, setzen die Parteien bei jeder Wahl eine Fülle von unterschiedlichsten Wahlkampfmitteln ein. Dazu gehören z. B. Sendungen der Parteien in Rundfunk und Fernsehen, Flugblätter und Aufkleber, Plakate, ins Haus gesandtes Werbematerial, hausbackene Wahlwerbung mit Luftballons und Kugelschreibern, großangelegte Telefonaktionen, Zielgruppenbriefe (z. B. an Erstwähler), Zielgruppenveranstaltungen (u. a. für Frauen, Landwirte, Mittelstand ...) und Fahrdienst für ältere Menschen zum Wahllokal. Ein besonders wichtiges Mittel für die Parteien im Kampf um die Wählergunst sind immer noch die großformatigen Anzeigen in Tages- und Wochenzeitungen. Anzeigen aus dem Bundestagswahlkampf 1987:

1

2

3

1. Beurteile die einzelnen Wahlkampfmittel.
2. Untersuche die fünf Anzeigen. Welche Aussagen enthalten sie?
3. Wie kann der Wähler die Aussagen auf ihren Wahrheitsgehalt hin überprüfen?
4. Sind diese Anzeigen ein Beitrag zu einem argumentativen Wahlkampf? Begründe.
5. Im Wahlkampf '87 verbreitete die CDU den Slogan: „Weiter so, Deutschland". Erläutere in Verbindung damit die Karikatur.

Wahlkämpfe kosten Geld

Wahlkämpfe gehören zu einer modernen parlamentarischen Demokratie. Die Kosten, die die Parteien für diese Wahlkämpfe aufzubringen haben, sind inzwischen jedoch beträchtlich. Es gibt nicht wenige Bürger, die erhebliche Kritik an dieser Entwicklung üben und die Parteien auffordern, die zukünftigen Wahlkämpfe mit bescheideneren finanziellen Mitteln zu führen. Nach eigenen Angaben haben die Parteien für die Bundestagswahlen 1980, 1983 und 1987 folgende Summen ausgegeben (in Mio. DM):

Partei	1980	1983	1987
CDU	36	30	49
CSU	9	9	9
FDP	8	16	6
SPD	40	30	50
Grüne	–	0,75	2,5

Diese enormen Beträge können die Parteien nicht allein aus eigenen Einnahmen (Mitgliederbeiträge/Spenden) decken. Da die Parteien aufgrund des Artikels 21 des Grundgesetzes in besonderer Weise an der politischen Willensbildung des Volkes mitwirken, ist es verfassungsrechtlich zulässig, den Parteien Zuschüsse aus Haushaltsmitteln zu den notwendigen Kosten eines angemessenen Wahlkampfes zu gewähren (Urteil des Bundesverfassungsgerichtes aus dem Jahre 1968).

Die staatlichen Zuschüsse werden den Parteien nicht in einer Summe ausgezahlt. Die Parteien bekommen vielmehr Abschlagszahlungen, die sich über die vier Jahre der Wahlperiode verteilen (§ 20 Parteiengesetz). Für jeden Wahlberechtigten erhalten sie fünf DM (Stand: 1987; 1967: 2,50 DM). Berechnet wird diese Pauschale nicht nach Wählern, sondern nach Wahlberechtigten, d. h., daß auch die Bürger mitgezählt werden, die nicht gewählt haben. Nicht in den Genuß der Wahlkampfkostenpauschale kommen die Parteien, die weniger als 0,5 Prozent der Stimmen erhalten haben. Aufgrund der Bundestagswahlergebnisse 1987 erhielten die SPD 83,8 Millionen DM, die CDU 78 Millionen DM, die CSU 22,2 Millionen DM, die FDP 20,6 Millionen DM und die Grünen 18,8 Millionen DM aus Steuermitteln.

Das Geld der Parteien

Drei wichtige Geldquellen haben die im Bundestag vertretenen Parteien: Beiträge, Spenden und Staatsmittel. Die Höhe der letzteren hängt von den bei Wahlen gewonnenen Stimmen ab. Wahljahr ist für die meisten Parteien auch Zahljahr. Die Kasse der CSU weist deshalb für 1986 dank der Landtagswahl in Bayern einen besonders hohen Staatsanteil von 42,4 Prozent aus. Auch die Grünen liegen mit 40,1 Prozent über dem Durchschnitt. Sie haben andererseits mit 14,8 Prozent den niedrigsten Beitragsanteil bei ihren Einnahmen. Überwiegend aus Beiträgen (54,6 Prozent) finanziert sich dagegen die SPD, während die FDP mit 42,9 Prozent den mit Abstand höchsten Spendenanteil hat.
(Statistische Angaben: Deutscher Bundestag)

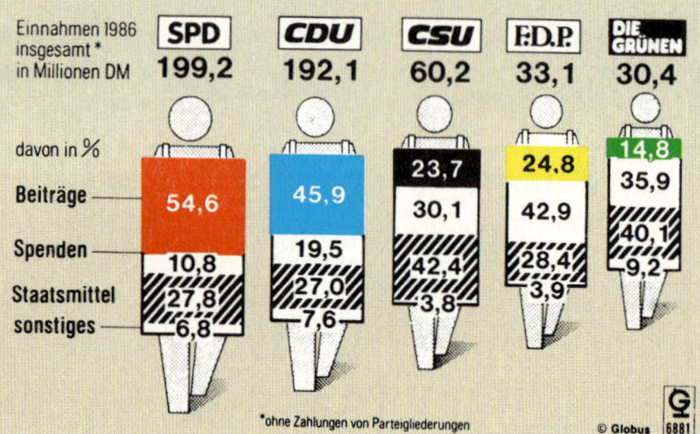

1. Wie setzen sich die Einnahmen der Parteien zusammen?
2. Welche Finanzierungsart (staatliche Zuschüsse, Spenden, Beiträge) wäre nach deiner Meinung für die Parteien die günstigste?
3. Nenne Argumente für und gegen die Wahlkampfkostenerstattung aus Steuermitteln.
4. Erörtert, ob es notwendig ist, für einen Bundestagswahlkampf Millionen DM auszugeben.
5. Müssen die Parteien über ihre Einnahmen und Ausgaben öffentlich Rechenschaft ablegen? Was sagen das Grundgesetz (Artikel 21) und das Parteiengesetz (§ 23) dazu?
6. Wie kann sich der Bürger über die Finanzlage der Parteien informieren?

Bundeskanzler, Bundesregierung, Bundestag

Unsere Verfassung schreibt vor, daß alle Staatsgewalt vom Volke auszugehen hat. Mit ihrer Stimme erteilen die Wähler den Politikern den Auftrag, über die Politik der nächsten Wahlperiode in unserem Lande zu bestimmen.
- *Wie wird die Bundesregierung gebildet?*
- *Welche Aufgaben hat der Bundestag?*
- *In welchem Verhältnis stehen Regierung und Parlament zueinander?*
- *Welche Rolle hat die Opposition?*
- *Kann die Regierung während der Wahlperiode abgelöst werden?*

Das Regierungsviertel in Bonn

1. Regierungsbildung

Nach der Wahl – wie geht es weiter?

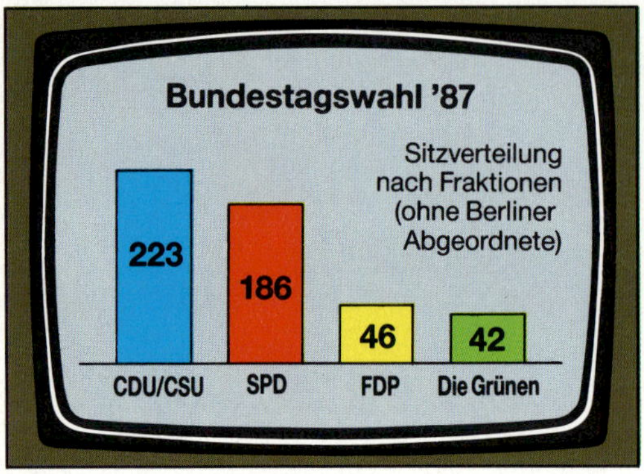

25. 1. 87: **Bundestagswahl** (Artikel 38 [1] GG)

18. 2. 87: **Konstituierende Sitzung des Bundestages** (Artikel 39 [2] und 40 [1] GG)

11. 3. 87: **Wahl und Ernennung des Bundeskanzlers** (Artikel 63 [1] [2] und 64 [2] GG)

12. 3. 87: **Vorschlag und Ernennung der Bundesminister** (Artikel 64 GG)

Sobald am Wahlsonntag die Wahllokale schließen, beginnen ARD und ZDF mit den ersten Hochrechnungen. Eine halbe Stunde später steht meistens fest, welche Parteien im nächsten Bundestag vertreten sind und wie viele Sitze sie gewonnen haben, wie stark also die jeweiligen Fraktionen sind.

Nach den Ankündigungen im Wahlkampf ist den Wählern meistens bekannt, welche Fraktionen sich zu einer Koalition zusammenschließen wollen. Abgesehen von einer Minderheitsregierung können Fraktionen die Regierung nur stellen, wenn sie mehr als die Hälfte der Sitze, d. h. die absolute Mehrheit erreichen.

Am Wahlabend ist meistens schon abzusehen, welcher Spitzenkandidat nächster Bundeskanzler wird. Aber von der Wahl der Abgeordneten bis zur Regierungsbildung ist noch ein weiter Weg.

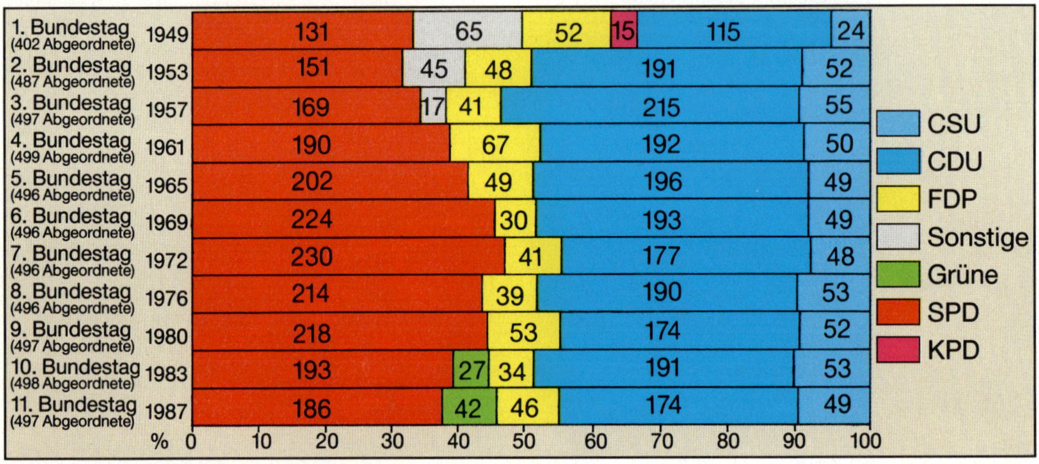

Zusammensetzung der Deutschen Bundestage seit 1949 (Stand: Beginn der jeweiligen Wahlperiode)

1. Erkläre die Begriffe „Fraktion" und „Koalition".
2. Welche Koalitionen waren 1987 aufgrund der Sitzverteilung rechnerisch möglich?
3. Erläutere mit Hilfe der genannten Grundgesetzartikel die kleine Zeittafel.
4. Welche Parteien sind seit 1949 ständig im Bundestag vertreten?

Koalitionsvereinbarungen – Kompromisse für die nächste Wahlperiode

Wenn keine der im Bundestag vertretenen Parteien allein über eine Regierungsmehrheit verfügt, beginnen bereits wenige Tage nach der Wahl die ersten Koalitionsgespräche. In der Regel wendet sich die Partei mit der stärksten Fraktion an die Parteien, die für den Fall eines Wahlsieges bereits im Wahlkampf ihre Koalitionsbereitschaft bekundet haben.

Jetzt gilt es für die Verhandlungsdelegationen, ihre gemeinsame Regierungspolitik für die nächste Wahlperiode abzusprechen. Dabei geht es einerseits um die Formulierung der Schwerpunkte ihres Sachprogramms, andererseits um die Einigung auf die Personen, die diese Politik umsetzen sollen, die Minister also. Dabei ist nicht immer nur entscheidend, wer für diese Aufgabe am besten geeignet ist. Oft geben ganz andere Gründe den Ausschlag, z. B. der Parteienproporz, die repräsentative Zusammensetzung nach Parteiflügeln und Regionen, nach Männern und Frauen, nach Konfessionen usw.

Jede Partei versucht, soviel wie möglich von ihren Wahlaussagen durchzusetzen, „ihr Gesicht gegenüber ihren Wählern nicht zu verlieren“ und ihr politisches Selbstverständnis zu bewahren. Manchmal droht sogar ein Abbruch der Koalitionsverhandlungen, weil die Unterhändler bei wesentlichen Punkten nicht zu den notwendigen Zugeständnissen bereit sind. Dann wird die Kompromißformel erst in letzter Minute gefunden – unter dem Zwang, entweder Abstriche von der eigenen Position zu machen oder die Regierungsmehrheit zu verlieren.

Nach der Bundestagswahl 1987 dauerten die Koalitionsverhandlungen zwischen der CDU/CSU und der FDP etwa fünf Wochen. Am 10. 3. 1987 – einen Tag vor der Kanzlerwahl – legten die Koalitionspartner ihre Koalitionsvereinbarungen für die 11. Legislaturperiode des Deutschen Bundestages vor. Das Papier umfaßte 44 Seiten. Hier ein Auszug aus der Koalitionsvereinbarung zur Innen- und Rechtspolitik:

Problem erledigt und zu Protokoll gegeben

> Die Koalitionspartner sind sich darüber einig, daß alles getan werden muß, um das von Gewalttätern bedrohte Recht auf friedliche Demonstration zu gewährleisten, gewalttätige Demonstrationen zu verhindern und den Terrorismus wirksam zu bekämpfen. [. . .] Im gesetzlichen Bereich kommen insbesondere folgende Maßnahmen in Betracht:
>
> a) Strafbewehrtes Verbot der Vermummung bei öffentlichen Versammlungen und sonstigen öffentlichen Menschenansammlungen, auch in geschlossenen Räumen. [. . .]
>
> (Anm.: Vor der Bundestagswahl sprach sich die FDP noch entschieden gegen eine Verschärfung des Vermummungsverbots aus.)

(aus: Koalitionsvereinbarungen, 10. 3. 1987, S. 36)

1. Welches Ziel haben Koalitionsverhandlungen, und welcher Zwang entsteht dadurch für die Unterhändler?
2. Worauf haben sich die Koalitionspartner beim Vermummungsverbot geeinigt, und worin besteht der Kompromiß?
3. Erläutere die Karikatur.
4. „Wenn Koalitionsverhandlungen nicht sorgfältig geführt werden, kann dadurch später das Regierungsbündnis gefährdet sein.“ Diskutiert diese Aussage.

Die Wahl des Bundeskanzlers

Vereidigung von Bundeskanzler Helmut Kohl am 11. 3. 1987

„Ich schwöre, daß ich meine Kraft dem Wohle des deutschen Volkes widmen, seinen Nutzen mehren, Schaden von ihm wenden, das Grundgesetz und die Gesetze des Bundes wahren und verteidigen, meine Pflichten gewissenhaft erfüllen und Gerechtigkeit gegen jedermann üben werde. So wahr mir Gott helfe."

Der Eid kann auch ohne religiöse Beteuerung geleistet werden.

Amtseid des Bundeskanzlers

Nach seiner Konstituierung muß der Bundestag den Bundeskanzler wählen. Zuvor führt der Bundespräsident mit den Vorsitzenden der im Bundestag vertretenen Parteien Gespräche und unterrichtet sich über die Aussichten der von ihnen benannten Kandidaten. Daraufhin macht er dem Parlament einen Vorschlag. Die Wahl findet ohne vorherige Aussprache und geheim statt.

Nach der Bundestagswahl 1987 und den anschließenden Koalitionsvereinbarungen zwischen CDU/CSU und FDP schlug der Bundespräsident den bisherigen Bundeskanzler Helmut Kohl zur Wiederwahl vor. Die erforderliche Mehrheit – mehr als die Hälfte der 497 Mitglieder des Bundestages – betrug 249 Stimmen. Der Vorgeschlagene erhielt 253 Stimmen. 225 Abgeordnete stimmten mit nein, sechs enthielten sich der Stimme, und drei Stimmen waren ungültig. Helmut Kohl nahm die Wahl an und leistete nach seiner Ernennung durch den Bundespräsidenten vor dem Bundestag den Amtseid.

Bei den bisherigen Abstimmungen genügte stets ein einziger Wahlgang zur Wahl des Bundeskanzlers. Im Grundgesetz ist aber vorgesorgt: Erreicht der Vorgeschlagene nicht die absolute Mehrheit, so kann der Bundestag innerhalb von 14 Tagen einen Bundeskanzler auf Vorschlag der Abgeordneten wählen. Dafür ist ebenfalls die absolute Mehrheit erforderlich. Kommt die Wahl dann immer noch nicht zustande, findet unverzüglich ein neuer Wahlgang statt. Jetzt ist der Kandidat gewählt, der die meisten Stimmen, d. h. die relative Mehrheit erhält. Einen mit absoluter Mehrheit gewählten Kandidaten hat der Bundespräsident innerhalb von sieben Tagen zu ernennen. Im anderen Falle kommt ihm eine Schlüsselrolle zu: er muß entscheiden, ob er den Gewählten ernennt oder den Bundestag auflöst.

Bisherige Bundeskanzler:	
1949 – 1963	Konrad Adenauer, CDU
1963 – 1966	Ludwig Erhard, CDU
1966 – 1969	Kurt Georg Kiesinger, CDU
1969 – 1974	Willy Brandt, SPD
1974 – 1982	Helmut Schmidt, SPD
seit 1982	Helmut Kohl, CDU

1. Beschreibe die Wahl des Bundeskanzlers. Nimm dazu auch Artikel 63 GG zur Hilfe.
2. Worin unterscheiden sich absolute und relative Mehrheit? Erkläre am Beispiel der Kanzlerwahl.
3. Warum gehörten wohl die bisherigen Bundeskanzler immer den großen Parteien an?
4. Welche Rolle spielt der Bundespräsident bei der Kanzlerwahl?

Das neue Bundeskabinett nimmt seine Arbeit auf

Von links nach rechts:
Bundesminister des Innern:
Dr. Friedrich Zimmermann (CSU)
Bundesminister für Wirtschaft:
Dr. Martin Bangemann (FDP)
Bundesminister des Auswärtigen:
Hans-Dietrich Genscher (FDP)
Bundesminister der Justiz:
Hans A. Engelhard (FDP)
Bundesminister der Verteidigung:
Dr. Manfred Wörner (CDU)
Bundesminister für Bildung und Wissenschaft:
Jürgen W. Möllemann (FDP)
Bundesminister für Forschung und Technologie:
Dr. Heinz Riesenhuber (CDU)
Bundesminister für Ernährung, Landwirtschaft und Forsten:
Ignaz Kiechle (CSU)
Bundesminister für Jugend, Familie, Frauen und Gesundheit:
Prof. Dr. Rita Süssmuth (CDU)
Bundesminister für Verkehr:
Dr. Jürgen Warnke (CSU)

Bundesminister für Raumordnung, Bauwesen und Städtebau:
Dr. Oscar Schneider (CSU)
Bundesminister für wirtschaftliche Zusammenarbeit:
Hans Klein (CSU)
Bundesminister für Arbeit und Sozialordnung:
Dr. Norbert Blüm (CDU)
Bundesminister für innerdeutsche Beziehungen:
Dr. Dorothee Wilms (CDU)
Bundesminister für das Post- und Fernmeldewesen:
Dr. Christian Schwarz-Schilling (CDU)
Bundesminister für besondere Aufgaben:
Dr. Wolfgang Schäuble (CDU)
Bundesminister für Umwelt, Naturschutz u. Reaktorsicherheit:
Dr. Walter Wallmann (CDU)
Bundesminister der Finanzen:
Dr. Gerhard Stoltenberg (CDU)

Nach der Ernennung durch den Bundespräsidenten stellt sich das neue Kabinett den Fotografen

Kanzlerprinzip

Der Bundeskanzler bestimmt die Richtlinien der Politik und trägt dafür die Verantwortung. Man spricht hier auch von „Richtlinienkompetenz“. Er hat den Bundespräsidenten laufend über seine Politik zu unterrichten, und er muß sie gegenüber dem Parlament rechtfertigen. Gibt es Meinungsverschiedenheiten zwischen dem Kanzler und einem Minister, entscheidet der Regierungschef. Der Minister muß diese Entscheidung akzeptieren. Kann er es nicht, bleibt ihm nur der Rücktritt oder die Entlassung. Das Recht, dem Bundespräsidenten die Entlassung eines Ministers vorzuschlagen, hat – wie bei dessen Ernennung – nur der Kanzler.

Ressortprinzip

Innerhalb der vom Kanzler vorgegebenen Richtlinien leitet jeder Minister seinen Geschäftsbereich (Ressort) selbständig und unter eigener Verantwortung. Gleichzeitig nimmt er für sein Ministerium die Aufgaben des Behördenchefs wahr. Außerdem hat er die seinem Ressort nachgeordneten Verwaltungsbehörden, z.B. das Bundesgesundheitsamt, das Bundeskriminalamt oder das Kraftfahrt-Bundesamt, zu leiten und zu beaufsichtigen. Ein Minister muß also gleichzeitig regieren und verwalten. Dabei hat er den Bundeskanzler über alle wichtigen Maßnahmen und Vorhaben seines Ministeriums zu unterrichten.

Kollegialprinzip

Die Bundesregierung tagt regelmäßig einmal in der Woche unter der Leitung des Bundeskanzlers. Ist dieser verhindert, so vertritt ihn hier – wie in den anderen Aufgaben – der gemäß Artikel 69 des Grundgesetzes zu seinem Stellvertreter ernannte Bundesminister.

In den Kabinettssitzungen werden alle wichtigen Angelegenheiten von allgemeiner Bedeutung beraten und mit Mehrheit beschlossen, z.B. die Einbringung eines Gesetzentwurfes. Zunächst kann jeder Minister seine Ansicht dazu äußern. Ist aber ein Kabinettsbeschluß gefaßt, müssen ihn alle Bundesminister wie ihre eigene Meinung vertreten.

1. Erläutere die folgenden Begriffe: Kanzlerprinzip, Ressortprinzip, Kollegialprinzip.
2. Es ist üblich, daß der Bundeskanzler einen Minister des kleineren Koalitionspartners zum Vizekanzler ernennt. Warum wohl?
3. Die Regierungsform der Bundesrepublik Deutschland wird manchmal als „Kanzlerdemokratie“ bezeichnet. Inwieweit findest du diesen Begriff zutreffend?

2. Regierung und Parlament

Einblicke in den Bundestag

Medien verfälschen

Mich stört, daß im Bundestag so viele Fensterreden gehalten werden. Und obendrein wird das Geschehen in Bonn durch die Medien noch ziemlich verfälscht.

Anja, 16 Jahre

Um den Brei herum

Warum reden manche Abgeordnete um den „heißen Brei“ herum und sagen nicht sofort, was sie zum Ausdruck bringen wollen?

Martin, 15 Jahre

Sachliche Arbeit

Also, an den Abgeordneten stört mich, daß sie viel um Themen und Fragen drumherumreden. Nicht gut finde ich, daß man sich im Bundestag anmacht, obwohl man im Ausschuß oft sachlich über dieses Thema diskutiert hat und so in etwa auch die gleiche Meinung hatte.

Dörte, 18 Jahre

MdB's sind aggressiv

Die Aggressivität der Abgeordneten im Bundestag hat mich ziemlich schockiert.

Marc, 17 Jahre

Opposition als Selbstzweck

Ich habe das Gefühl, daß die Opposition nur deshalb eine andere Meinung als die regierende Partei hat, weil sie eben in der Opposition steht.

Nicole, 16 Jahre

Theoretiker

Ich finde, daß die ganzen Politiker nur Theoretiker sind. Von der wirklichen Praxis haben sie doch kaum Ahnung. Theoretisch ist fast alles möglich, nur in der Praxis? Die Politiker können sich einfach nicht so gut vorstellen, wie das in einer normalen Arbeiterfamilie aussieht. Sie können sich nur vorstellen, wie es bei den ganz Armen oder den ganz Reichen ist.

Ulrike, 17 Jahre

MdB – ein gut bezahlter Job

Ein Abgeordneter bekommt im Monat fast 9 000 Mark Diäten und auch noch über 5 000 Mark als steuerfreie Pauschale. 14 000 Mark für diesen Job.

Volker, 19 Jahre

Ich weiß zu wenig

Ich stelle fest, daß ich doch sehr wenig über Politik weiß und deshalb leicht zu beeinflussen bin. Wenn einer eindringlich und mit verständlicher Sprache spricht, bin ich schnell dazu geneigt, ihm alles zu glauben.

Bernd, 16 Jahre

Benehmen gleich Null

Viele Abgeordnete nehmen die Arbeit im Plenum gar nicht ernst. Manche lesen Zeitung, andere passen nicht auf. Sie unterhalten sich, lachen, laufen herum oder schwänzen einfach. In der Schule durften wir uns so nicht benehmen.

Britt, 18 Jahre

(nach: PZ Nr. 39, Hrsg.: Bundeszentrale für politische Bildung, Bonn, Dez. 1984, S. 21)

Der Deutsche Bundestag in einer ganz normalen Sitzungswoche

Immer am Mittwoch einer Sitzungswoche basteln die Parlamentarischen Geschäftsführer der Bundestagsfraktionen am vorläufigen Fahrplan der nächsten Sitzungswoche. [. . .]

Fraktionen legen operative Linie fest

Manövriermasse gibt es für sie kaum. Am Montag, so auch in jener Woche, reisen die Abgeordneten aus den Wahlkreisen an. Es tagen die Präsidien der Parteien sowie die Fraktionsvorstände. Redner werden bestimmt, die operative Linie der Fraktion für die Debatten wird festgelegt.

Am Dienstag tagen die Fraktionen. [. . .]

Sich stapelnde Post, klingelnde Telefone

Was an diesem Tag noch an freien Minuten bleibt, beanspruchen die zahlreichen Arbeitsgruppen in den Fraktionen, in denen spezielle Fachthemen diskutiert und bearbeitet werden. Und die sich stapelnde Bürgerpost, die Anfragen von Verbänden, die Anrufe der Journalisten – es will auch noch schnell erledigt sein. In Bonner Sitzungswochen ist man immer in Zeitnot, steht man ständig unter Druck.

Für Donnerstag, zur Regierungserklärung, ist von den Fraktionen volle Präsenz angeordnet. Es gilt, die eigenen Leute mit gebührendem Beifall zu belohnen. Außerdem hat das Regierungslager bei der namentlichen Abstimmung seiner Entschließung eine Mehrheit zu verschaffen.

Aus langen Debattenstunden werden in den Medien Minuten

Doch ehe der Kanzler für seine Regierungserklärung das Wort erhält, muß schnell noch der neue Bundesumweltminister Klaus Töpfer vereidigt werden. Dann beginnt Helmut Kohl mit dem Satz: „Die Bundesregierung begrüßt die heutige Aussprache über den Stand der Genfer Abrüstungsgespräche . . .“

In den Medien schrumpfen die langen Debattenstunden zu Minutenbeiträgen auf der Mattscheibe. In den Tageszeitungen kehren Wortgefechte, die sich über einen Vormittag hinzogen, nur noch als dürre Meldungen wieder. [. . .]

Mittwoch – Tag der Ausschüsse

[. . .] Der Mittwoch ist traditionell der wichtigste Arbeitstag der Ausschüsse. In dieser Woche erläutert Bundesverkehrsminister Warnke dem Verkehrsausschuß die Schwerpunkte der Verkehrspolitik der kommenden Jahre. [. . .]

Im Ernährungsausschuß ereignet sich unterdessen der vergleichsweise seltene Fall, daß die FDP nicht mit ihrem Partner, sondern mit SPD und den Grünen stimmt. [. . .]

Im Innenausschuß hingegen, wo der Innenminister seine künftigen politischen Projekte an diesem Tage darlegt, stimmen dann die „Fronten“ wieder. Als die Vertreter der Grünen versuchen, Friedrich Zimmermann in eine Art Kreuzverhör wegen der Volkszählung zu nehmen, votieren die Liberalen mit der Union gegen dieses Vorgehen. [. . .]

Die meisten Abgeordneten gehören mehreren Ausschüssen an, zumindest sind sie außer in ihrem „Spezialausschuß“ in mindestens einem Ausschuß noch stellvertretendes Mitglied. Vor allem die Abgeordneten der kleinen Fraktionen von FDP und Grünen sind zur unfreiwilligen „Ämterhäufung“ gezwungen. Die Konsequenz: Man rast von Sitzung zu Sitzung.

Brütende MdBs um Mitternacht

Draußen im Lande zürnen die Bürger oft über die dünn besetzten Stuhlreihen im Bonner Parlament. Daß in den Sitzungswochen in vielen Zimmern der Abgeordnetenhochhäuser auch um Mitternacht noch die Lichter brennen, sehen diese Kritiker nicht.

Da brüten die Abgeordneten dann über den Problemen, denen sie sich in jener parlamentarischen Woche, die eine ganz und gar gewöhnliche war, tagsüber nicht zuwenden konnten. [. . .]

Wenn Peripheres Schlagzeilen macht

Der Großteil der parlamentarischen Arbeit einer Sitzungswoche findet außerhalb des Plenarsaals statt. Die Akteure geben Max Weber seufzend recht: Politik besteht im Bohren dicker Bretter.

Die Schlagzeilen einer Woche bleiben auf einige wenige der Handelnden im Bonner Politikbetrieb beschränkt. [. . .]

(aus: BUNDESTAG-REPORT 4/87, 5. 6. 1987)

1. Setze dich mit den Statements der Jugendlichen auseinander. Welcher Aussage kannst du zustimmen, welcher nicht? Begründe.
2. Stelle aktuelle Presseberichte über die Arbeit des Bundestages zusammen.
3. Beschreibe die Arbeitsweise und die Arbeitsbelastung der Abgeordneten.
4. Inwieweit entsprechen die Aussagen den Äußerungen der Jugendlichen?

So arbeitet das Parlament

F.D.P.
48 Sitze

CDU
185 Sitze

CSU
49 Sitze

DIE GRÜNEN
44 Sitze

SPD
193 Sitze

Bundestag
11. Wahlperiode

Sitzung des Bundestages

Der Bundestag ist vor allem zuständig für die Gesetzgebung, die Einsetzung und Kontrolle der Regierung und den Beschluß über den Staatshaushalt.

In der Wahl seiner Themen ist der Bundestag völlig frei. „Ein Abgeordneter darf zu keiner Zeit wegen seiner Abstimmung oder wegen einer Äußerung, die er im Bundestage oder in einem seiner Ausschüsse getan hat, gerichtlich oder dienstlich verfolgt [. . .] werden. Dies gilt nicht für verleumderische Beleidigungen“ (Artikel 46 [1] GG). Damit sind kontrovers geführte Debatten gewährleistet. Der eigentliche Prozeß der Willensbildung findet fast immer vorher innerhalb der jeweiligen Fraktionen statt. Dort und in den Ausschüssen werden die politischen Entscheidungen vorbereitet.

Im **Plenum** (lat.: „das Volle“, „das Ganze“) tagt die Vollversammlung der Abgeordneten des Deutschen Bundestages. Hier finden der parlamentarische Wettstreit der Ideen und Argumente, das Gegeneinander von Regierungsmehrheit und Opposition sowie die Beschlußfassung nach dem Mehrheitsprinzip statt.

Zum **Präsidium** gehören der Bundestagspräsident und seine vier Stellvertreter. Bei der Leitung der Plenarsitzungen lösen sie sich im regelmäßigen Wechsel ab. Sie haben darauf zu achten, daß die Geschäftsordnung eingehalten wird. Dabei sind sie zu unparteiischer Amtsführung verpflichtet.

Der **Ältestenrat** entwirft die Zeit- und Arbeitspläne des Parlaments und legt die Tagesordnungen für die Sitzungen im Plenum fest. Dem Ältestenrat gehören der Bundestagspräsident, seine vier Stellvertreter und 23 weitere erfahrene Abgeordnete an.

In den **Ausschüssen** des Bundestages wird die meiste Arbeit geleistet, denn hier bereiten die Abgeordneten alle Gesetzentwürfe und sonstigen Beschlüsse des Parlaments intensiv vor. In den Ausschüssen fallen unter den Experten der Fraktionen in der Regel schon die Vorentscheidungen, denen das Plenum bei seinen Abstimmungen folgt. Im 11. Bundestag gibt es 21 ständige Ausschüsse. Für besondere Anlässe können auch Sonder- und Untersuchungsausschüsse (vgl. S. 60/61) eingesetzt werden.

1. Erläutere kurz die Hauptaufgaben des Parlaments.
2. Wie wirken die beschriebenen Gremien und Institutionen im Bundestag mit?
3. Kläre mit Hilfe des Artikels 46 (1 – 4) GG, welchen besonderen Schutz die Abgeordneten genießen. Warum wurde dieser Artikel wohl in das Grundgesetz aufgenommen?

Wettstreit im Parlament – Opposition gegen Regierungsmehrheit

Das klassische Gewaltenteilungsmodell – hier Regierung (Exekutive), dort Parlament (Legislative) – gehört der Vergangenheit an. Mit der Kanzlerwahl spaltet sich das Parlament in zwei politische Lager: in die Regierungsmehrheit, die die Regierung bildet und unterstützt, und in die Minderheit, die in Opposition zu ihr steht.

Wenn die Regierung ihre Politik durchsetzen will, muß sie ständig dafür sorgen, daß ihr die Mehrheit im Parlament nicht verlorengeht. Das bedeutet – vor allem für den Kanzler: die Koalitionsfraktionen müssen früh über alle Vorhaben informiert und in die Vorbereitungen mit einbezogen werden. Dazu gehört auch, daß die Regierung Kritik und Anregungen ihrer politischen Freunde aufgreift und bei ihren Entscheidungen berücksichtigt.

Hauptuntersuchung

Dieser Meinungsaustausch muß sowohl in der eigenen Fraktion als auch mit dem Koalitionspartner geführt werden. Dafür sind zahlreiche Gespräche und Fraktionssitzungen, ein ständiges Geben und Entgegennehmen von Informationen, Argumenten und Bewertungen erforderlich. Das führt zu einer ständigen Beeinflussung der Regierung – allerdings im Vorfeld der Entscheidungen und meist hinter verschlossenen Türen. Nach außen schützen und stützen die Mehrheitsfraktionen ihre Regierung.

Tritt Streit in der eigenen Fraktion oder zwischen den Koalitionspartnern auf, der nicht beigelegt werden kann, ist die Mehrheit gefährdet, und die anstehenden Probleme können nicht gelöst werden. Manchmal ist sogar das Ende der Regierung nicht auszuschließen.

Das Grundgesetz regelt die Rechtsstellung der Opposition nicht, es enthält nicht einmal diesen Begriff. Das Bundesverfassungsgericht hat aber ihre Existenz „als ein grundlegendes Prinzip der freiheitlichen demokratischen Grundordnung" hervorgehoben. Die Fraktionen der Opposition bilden keine Koalition, arbeiten aber von Fall zu Fall zusammen.

Die Opposition übt Kritik an den Maßnahmen der Regierung. Sie will damit die öffentliche Meinung auf ihre Seite bringen. Natürlich ist sie nicht verpflichtet, jede Entscheidung der Regierung zu mißbilligen. Das würden die Wähler auch nicht honorieren. So wurden z. B. in der 9. Wahlperiode von den insgesamt 139 beschlossenen Gesetzen nur 13 eindeutig kontrovers zwischen den Mehrheitsfraktionen und der Opposition verabschiedet.

Das Parlament besitzt ein vielfältiges Instrumentarium, um die Tätigkeit der Regierung zu kontrollieren (s. S. 59 ff.). Verständlicherweise macht davon vor allem die Opposition Gebrauch. Der Großteil der Kontrollrechte bleibt aber folgenlos, denn die Opposition kann bei Abstimmungen kaum eine Mehrheitsentscheidung verhindern bzw. erreichen.

Die Oppositionsfraktionen müssen auch versuchen, ihre Alternativen gegenüber der Regierungsmehrheit deutlich zu machen – sowohl in der Sache als auch den Personen. Zu den wichtigen Themen will die Öffentlichkeit die Gegenvorstellungen der Opposition erfahren. So können sich die Bürger für die nächste Wahl ein Urteil bilden.

1. Was muß die Regierung tun, damit die Parlamentsmehrheit ihren Vorhaben zustimmt?
2. Stelle die parlamentarischen Aufgaben der Regierungsmehrheit und der Opposition gegenüber, und begründe die Unterschiede.
3. Erläutere die Karikatur.

Einfluß der Verbände – Mitwirkung oder Manipulation?

Die schmucke Villa in Bonns Friedrich-Wilhelm-Straße, unweit des alten Bundestags und direkt neben der Residenz des Wiener Botschafters, gehört zu den besseren Adressen der Hauptstadt. Ein kleines Messingschild an der Haustür weist gekürzelt auf die Bewohner hin: „VdC – Bonner Büro".

Die drei Buchstaben stehen für den in Hamburg ansässigen Verband der Cigarettenindustrie. [. . .]

Doch seit ein paar Wochen ist Leben in das Lobby-Büro gekommen. Von hier aus, am Rande des Regierungsviertels, wirkt jetzt der Anwalt Axel Heim, 44, hauptberuflich als Anwalt in Sachen Zigaretten. Im Zentrum der politischen Macht soll der Zigarettenagent die Gegner des blauen Dunstes ausspähen. [. . .]

Den größten Teil ihrer Einnahmen, und darauf verweisen die Zigarettenmanager nur zu gern, reicht die Branche allerdings gleich an den Staat weiter. Bis zu 15 Milliarden Mark führen die Firmen Jahr für Jahr via Tabaksteuern an das Bonner Finanzministerium ab.

„Der Staat ist bei uns Mehrheitsgesellschafter", sagt Philip-Morris-Chef Wille. Und, griffig aufbereitet: „Von Januar bis September arbeiten wir allein für Bonns Kassen." Nur in den verbleibenden drei Monaten eines Jahres gehen die Einnahmen aufs Firmen-Konto.

Wohl auch deshalb scheint die Aufgabe, in Bonn drastische Gesetze gegen die Raucher abzublocken, nicht unlösbar.

Die Raucherlobby hat unter den Bonner Politikern durchaus Ansprechpartner.

[. . .]

(aus: DER SPIEGEL, Nr. 27/1987, S. 72 ff.)

Ob Zigarettenindustrie, Bauernverband, Ärztekammer, Autoindustrie oder Gewerkschaften – es gibt kaum einen Verband, der nicht in Bonn vertreten ist. Alle wollen Einfluß nehmen und ihre Interessen durchsetzen. Man spricht hier auch von „Lobbyismus". Beim Bundestag wird eine Liste geführt, in die sich die Verbände eintragen müssen. Sie umfaßt z. Z. etwa 1200 Verbände. Deren Einfluß wird nicht etwa nur stillschweigend geduldet, die Geschäftsordnungen der Regierung und des Parlaments sehen Erörterungen mit den Verbandsvertretern ausdrücklich vor. Die Lobbyisten tragen schon beim Entwurf eines Gesetzes ihre Ansichten und Bedenken vor.

Manche sehen die Sache so:

- Die Verbände verfügen über den erforderlichen Sachverstand und stützen die Arbeit des Parlaments. Sie helfen so, Fehlentscheidungen zu vermeiden und den Steuerzahler vor unnötigen Ausgaben zu bewahren.
- Bei ein und demselben Problem gehen von verschiedenen Verbänden oft gegensätzliche Stellungnahmen ein. Das bedeutet Klärung und Ausgleich.
- Abgeordnete sollen sich für die Bürger und deren Interessen einsetzen. Verbände artikulieren diese Interessen.
- Viele Verbände sind parteipolitisch neutral. Sie wissen: Wer politische Entscheidungen zu seinen Gunsten manipuliert, wird bald nicht mehr gehört und verliert seinen Einfluß.
- Mit ihrer Existenz sind die Verbände ein Spiegelbild für Vielfalt und Freiheit in unserem Staat.

Andere meinen dagegen:

- Lobbyismus ist ein feinmaschiges und undurchschaubares Netz aus gegenseitigen Verpflichtungen und Versprechen. Steuergelder werden immer wieder vergeudet, weil bestimmte Verbände ihre Interessen auf Kosten der Allgemeinheit durchsetzen.
- Die wirtschaftlich Mächtigen können durch den Einfluß ihrer starken Lobbys die Chancen am besten nutzen.
- Jede Partei steht bestimmten Wirtschaftskreisen und Gesellschaftsschichten näher als anderen. Deshalb sind deren Verbände immer im Vorteil.
- Viele Bürger (z. B. Schüler, Rentner, Obdachlose, Kranke, Asylanten) haben keine Lobby und damit keinen Einfluß.
- Auch Politiker sind nur Menschen. Es gibt immer wieder welche, die sich manipulieren oder bestechen lassen.

1. Erläutere den Satz: „Im Zentrum der politischen Macht soll der Zigarettenagent die Gegner des blauen Dunstes ausspähen".
2. Diskutiert die Argumente für und gegen Lobbyismus.

3. Kontrollinstanzen für besondere Angelegenheiten

Frage- und Auskunftsrechte der Abgeordneten

Die **Große Anfrage** ist „das schwerste Geschütz aus der Waffenkammer der Fragerechte". Sie muß von mindestens 26 Abgeordneten beantragt werden. Damit ist sie das Frage- und Kontrollinstrument der Fraktionen. Sie soll die Regierung veranlassen, über einen geschlossenen Bereich ihrer Politik Auskunft zu geben, z. B. Abrüstung oder Umweltschutz.

Die meisten Großen Anfragen kommen von der Opposition. Sie wollen damit die Regierung zwingen, ihre Ansichten und Entscheidungen öffentlich darzulegen. In der anschließenden Plenardebatte wird die Regierungspolitik kritisch unter die Lupe genommen. Die Oppositionssprecher versuchen, die Schwachstellen und Lücken aufzudecken und empfehlen die eigene Politik als geeignetere Alternative.

Manchmal beantragen auch die Koalitionsfraktionen eine Große Anfrage. In der Regel ist das mit der Regierung abgesprochen und dient dem Ziel, die Regierungspolitik öffentlich darzustellen.

In der 10. Wahlperiode mußte die Regierung 175 Große Anfragen beantworten. Davon kamen 147 von den Oppositionsparteien (SPD: 60, DIE GRÜNEN: 87); der größte Teil (22) richtete sich an das Bundesministerium für Jugend, Familie, Frauen und Gesundheit.

Auf eine **Kleine Anfrage** soll der zuständige Minister gezielte Detailauskünfte geben, z. B. über das militärische Kräfteverhältnis. Die Antwort erfolgt schriftlich, eine Debatte findet nicht statt.

Fragestunden finden zu Beginn der Plenarsitzungen statt. Jeder Abgeordnete darf wöchentlich zwei Fragen zu konkreten Sachverhalten an die Regierung richten. Sie werden mündlich beantwortet und kurz erörtert.

Aktuelle Stunden sind als Diskussionsstunden zu konkreten Themen der Tagespolitik gedacht. Ein Redebeitrag darf 5 Minuten nicht überschreiten. Durch gezielte Rede und Gegenrede sollen die politischen Tagesfragen anschaulich debattiert werden.

Deutscher Bundestag
11. Wahlperiode

Drucksache 11/515 (neu)

23. 06. 87

Große Anfrage des Abgeordneten Wetzel und der Fraktion DIE GRÜNEN

Zivile und militärische Ziele bundesdeutscher Weltraumpolitik

Im Herbst 1987 stehen für die Bundesrepublik Deutschland einige fundamentale Weichenstellungen ihrer Weltraumpolitik – und damit zugleich auch außen-, technologie-, friedens- und wirtschaftspolitische Entscheidungen – an. Entschieden werden muß nicht nur über Einzelprojekte, [. . .] sondern über Grundsatzfragen von langfristiger, konzeptionell wie finanziell schwerwiegender Bedeutung: [. . .]

Wir fragen daher die Bundesregierung:

[. . .]

19. Was verspricht sich die Bundesregierung davon, wenn sie bei der beginnenden kommerziellen Nutzung des Weltraums eine „gewaltige nationale Anstrengung, die der Bundesrepublik Deutschland im Wettlauf der Nationen zur friedlichen Eroberung des Alls einen der vorderen Plätze sichern soll" ankündigt, und welche Untersuchungen und Studien liegen der Annahme der Bundesregierung zugrunde, daß eine kommerzielle Nutzung des Weltraums zur Erforschung und Herstellung neuer Materialien und Produkte betriebs- und volkswirtschaftlich sinnvoll ist?

[. . .]

1. Vergleiche die Frage- und Auskunftsrechte der Abgeordneten miteinander.
2. Warum wird die Große Anfrage wohl als „das schwerste Geschütz . . ." bezeichnet?
3. Was bedeutet die Große Anfrage der Grünen für die Arbeit im Parlament?

Der Untersuchungsausschuß soll Mißstände aufdecken

Deutscher Bundestag
11. Wahlperiode

Drucksache 11/50

11. 03. 87

Antrag der Fraktion der SPD

Einsetzung eines Untersuchungsausschusses

Der Bundestag wolle beschließen:

Es wird ein Untersuchungsausschuß gemäß Artikel 44 des Grundgesetzes eingesetzt. Ihm sollen elf Mitglieder angehören.

Der Ausschuß soll klären:

I.

In welcher Weise haben sich Bundeskanzler Dr. Helmut Kohl, andere Mitglieder der Bundesregierung, Ministerpräsidenten von Bundesländern, Mitarbeiter von Ministerien oder anderen staatlichen Stellen und der bayerische Ministerpräsident Dr. h. c. Franz Josef Strauß mit der beabsichtigten Lieferung von Unterseebooten oder Konstruktionsunterlagen für den Unterseebootsbau an die Republik Südafrika befaßt, obwohl derartige Lieferungen nach internationalem und deutschen Recht verboten sind? [. . .]

Grundgesetz, Artikel 44 (Untersuchungsausschüsse)

(1) Der Bundestag hat das Recht und auf Antrag eines Viertels seiner Mitglieder die Pflicht, einen Untersuchungsausschuß einzusetzen, der in öffentlicher Verhandlung die erforderlichen Beweise erhebt. Die Öffentlichkeit kann ausgeschlossen werden.

(2) Auf Beweiserhebungen finden die Vorschriften über den Strafprozeß sinngemäß Anwendung. Das Brief-, Post- und Fernmeldegeheimnis bleibt unberührt.

(3) Gerichte und Verwaltungsbehörden sind zur Rechts- und Amtshilfe verpflichtet.

(4) . . .

Untersuchungsausschüsse sollen Mißstände vor allem im Bereich von Regierung und Verwaltung, aber auch im Parlament selbst aufdecken und untersuchen. Zu diesem Zweck werden sie von Fall zu Fall vom Bundestag eingesetzt. Seit der Gründung der Bundesrepublik Deutschland im Jahre 1949 gab es in jeder Wahlperiode mehrere Untersuchungsausschüsse, die meisten im 1. Bundestag, nämlich neun. Antragsteller war meistens die jeweilige Opposition.

Die Ausschußbesetzung erfolgt entsprechend den Fraktionsstärken. Die Regierungsmehrheit ist also auch in den Untersuchungsausschüssen in der Überzahl. Politisches Eigeninteresse beeinflußt sehr oft stark die Arbeit der Untersuchungsausschüsse. So werden die Verhandlungen in vielen Fällen zum Schauplatz von Auseinandersetzungen zwischen Regierung und Opposition.

Für das Untersuchungsverfahren sind die Vorschriften des Strafprozesses sinngemäß anzuwenden. Zeugen werden geladen und Sachverständige gehört. So können die Vorgeladenen in Frage, Gegenfrage, Rück- und Fangfrage auf den Untersuchungsgegenstand hin „abgeklopft" werden. Nach Abschluß der Beweisaufnahme erstellt der Untersuchungsausschuß einen Bericht für das Parlament. Häufig gibt es bis dahin keine Einigung, so daß Mehrheit und Minderheit getrennte Berichte abliefern – genug Zündstoff für die Debatte im Plenum. Hier werden zum Abschluß die Fronten vor der Öffentlichkeit noch einmal deutlich gemacht.

1. Welche Aufgaben hat ein Untersuchungsausschuß?
2. Weshalb gelingt es dem Untersuchungsausschuß oft nicht, seinem Auftrag voll gerecht zu werden?
3. Über den Sinn der parlamentarischen Kontrolle meint der Philosoph und Physiker C. F. v. Weizsäcker: „Seien wir dankbar, wenn unser System die Skandale wenigstens ans Licht bringt, anderswo werden sie unter den Teppich gekehrt." Nimm dazu Stellung.

Der Petitionsausschuß für Bürgerbeschwerden

Hörer falsch aufgelegt – Post wollte 2800 Mark

Bonn (dpa) Einen gehörigen Schrecken bekam eine 86jährige Rentnerin, als ihr die Telefonrechnung ins Haus flatterte: Die Post verlangte den stolzen Betrag von 2822 Mark und 93 Pfennig. Dabei hatte die alte Dame, so versicherte sie glaubhaft, lediglich fünf Minuten mit ihrem Pflegesohn in der kenianischen Hauptstadt Nairobi gesprochen. Fachleute der Post stellten auf ihre Beschwerde hin fest, daß die 86jährige nach dem Gespräch den Hörer nicht richtig auf die Gabel gelegt hatte. Auf Grund eines technischen Fehlers im Ortsnetz von Nairobi wurde die Verbindung nach Ende des Gesprächs nicht automatisch unterbrochen.

Obwohl der Sachverhalt klar war, erklärte sich die Bundespost aber nur bereit, der Kundin rund 890 Mark zu erlassen. Erst als sie sich an den Petitionsausschuß des Bundestags wandte, lenkte die Post ein: Von dem ursprünglich geforderten Betrag wurden, wie der Ausschuß am Dienstag mitteilte, jetzt 1782 Mark erlassen.

(aus: Hannoversche Allgemeine Zeitung, 11. 11. 1987, S. 14)

Ob sich die Rentnerin damit von ihrem Schrekken erholt hat, darf bezweifelt werden ... Als sie ihre Petition (lat. petitio = bitten, ersuchen) schrieb, konnte sie sich aber darauf verlassen, daß ihre Eingabe in jedem Fall geprüft wird, denn das Grundgesetz bestimmt im Artikel 17 (Petitionsrecht):

„Jedermann hat das Recht, sich einzeln oder in Gemeinschaft mit anderen schriftlich mit Bitten oder Beschwerden an die zuständigen Stellen und an die Volksvertretung zu wenden."

Das Petitionsrecht ist somit als Grundrecht verbrieft und gilt für alle: für Erwachsene und Minderjährige, für Deutsche und Ausländer und natürlich auch für Strafgefangene.

Petitionen können an alle Ämter und Behörden der Gemeinden, Kreise, Länder und des Bundes gerichtet werden. Der Petitionsauschuß des Bundestages ist zuständig, soweit sich die Anliegen auf Einrichtungen des Bundes beziehen, z. B. auf alle Bundesministerien, die Bundesanstalt für Arbeit, die Bundespost und Bundesbahn, die Zollverwaltung und die Bundesversicherungsanstalt. Gerichtsurteile sind allerdings vom Eingaberecht ausgenommen.

Seit 1975 ist im Grundgesetz festgelegt, daß der Bundestag einen Petitionsausschuß einrichten muß (Artikel 45c). Für seine Nachforschungen haben ihm Regierung und Behörden auf Verlangen die Akten vorzulegen und Auskünfte zu erteilen. Er kann sogar Regierungsmitglieder zum Bericht vorladen.

Etwa 12 000 Petitionen erreichen jedes Jahr den Bundestag. Bei über einem Drittel der Eingaben von 1986 konnte der Ausschuß durch einen Rat oder eine Auskunft helfen. In 16% der Fälle hat er dem Anliegen der Einsender entsprochen, und knapp 12% sind der Bundesregierung zur Berücksichtigung, zur Erwägung oder als Material zugeleitet worden.

Petitionen, die in einer Wahlperiode nicht erledigt werden, sind in der nächsten auf jeden Fall weiterzuverfolgen. Außerdem hat der Petitionsausschuß dem Bundestag jedes Jahr einen schriftlichen Bericht über seine Tätigkeit vorzulegen. Er enthält jedesmal auch den Aufruf, daß die Bürger „den Kummerkasten der Nation" noch mehr in Anspruch nehmen sollten. Dadurch kann das Parlament nämlich sehen, „wo den Bürger der Schuh drückt".

1. Welche Bedeutung hatte der Petitionsausschuß für die Rentnerin?
2. Mit welchen Problemen kann man sich an den Petitionsausschuß wenden? Versucht, eine Reihe von Beispielen zu finden.
3. „Nur weil ein Bürger eine Bitte oder Beschwerde hat, wird die ganze teure Verwaltung in Gang gesetzt." Nimm zu dieser Aussage Stellung.

Wenn die Regierungsmehrheit bröckelt ...

Solange sich der Bundeskanzler auf die Mehrheit im Bundestag verlassen kann, hat er eine starke Position. Was geschieht aber, wenn diese Mehrheit bröckelt, wenn sich einzelne Abgeordnete von den Regierungsfraktionen lossagen oder gar zur Opposition überwechseln? Oder wenn ein Koalitionspartner geschlossen von den Vereinbarungen zurücktritt?

Die Opposition kann die Abwahl der Regierung erreichen. Es genügt aber nicht mehr wie in der Weimarer Republik, daß die Mehrheit der Abgeordneten gegen den Kanzler stimmt.

Weil sich mit der Abwahl gleichzeitig eine neue Mehrheit für einen anderen Kanzler zusammenfinden muß, wird dieses Vorgehen „konstruktives Mißtrauensvotum" genannt. Es ist für die Opposition die einzige Möglichkeit, während einer Wahlperiode einen Regierungswechsel herbeizuführen. In der Geschichte der Bundesrepublik Deutschland gab es diesen Versuch bisher zweimal: 1972 scheiterte der Antrag gegen Bundeskanzler Willy Brandt (SPD). 1982 wurde Bundeskanzler Helmut Schmidt (SPD) abgewählt. An seine Stelle trat Helmut Kohl (CDU).

Der Bundeskanzler kann durch die Vertrauensfrage auch selbst überprüfen, ob er sich noch auf die Abgeordnetenmehrheit stützen kann. Die Vertrauensfrage wurde bisher dreimal im Bundestag gestellt.

Dazu kamen noch drei Rücktritte von Kanzlern, die jeweils durch einen Regierungschef derselben Mehrheit ersetzt wurden. Eine Minderheitsregierung gab es bisher noch nicht.

Grundgesetz, Artikel 67
(Konstruktives Mißtrauensvotum)

(1) Der Bundestag kann dem Bundeskanzler das Mißtrauen nur dadurch aussprechen, daß er mit der Mehrheit seiner Mitglieder einen Nachfolger wählt und den Bundespräsidenten ersucht, den Bundeskanzler zu entlassen. Der Bundespräsident muß dem Ersuchen entsprechen und den Gewählten ernennen.
(2) Zwischen dem Antrage und der Wahl müssen achtundvierzig Stunden liegen.

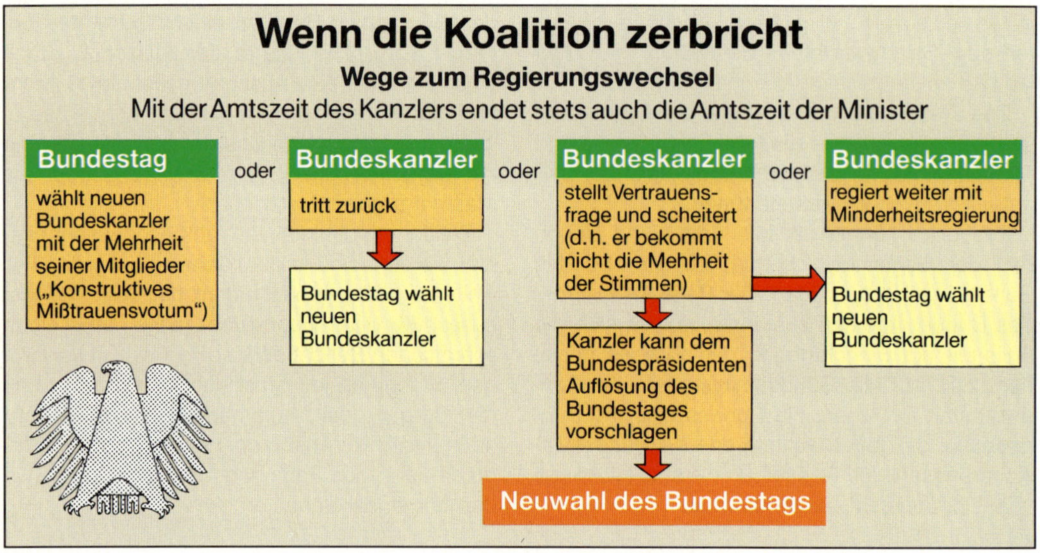

1. Was versteht man unter einem konstruktiven Mißtrauensvotum?
2. Erläutere anhand der Grafik die möglichen Wege zum Regierungswechsel.
3. Worin unterscheiden sich konstruktives Mißtrauensvotum und Vertrauensfrage?
4. Was spricht ganz allgemein gegen eine Minderheitsregierung?

Gesetze

Es gehört zu den wichtigsten Aufgaben eines Staates, für ein geregeltes Miteinander der Menschen zu sorgen. Um das zu erreichen, gibt es für alle verbindliche Vorschriften, Regeln und insbesondere Gesetze. Sie legen im einzelnen die Rechte und Pflichten des Bürgers fest.

- *Welche Verfassungsorgane können eine Gesetzesinitiative ergreifen?*
- *Warum muß es im Bundestag insgesamt drei Lesungen geben?*
- *Wann ist es notwendig, den Bundesrat einzuschalten?*
- *Welche Aufgabe obliegt dem Vermittlungsausschuß?*
- *Darf der Bundespräsident ein beschlossenes Gesetz ablehnen?*
- *Kann das Bundesverfassungsgericht ein Gesetz zu Fall bringen?*

1. Ein Paragraph im Strafgesetzbuch soll geändert werden

Vier Gesetzentwürfe im Parlament

Eine der am heftigsten umstrittenen Reformbestrebungen der 70er Jahre, und zwar die Änderung der Strafgesetzvorschriften über Abtreibung, ging im Juni 1976 zu Ende – vorläufig, wie wir heute wissen.

Bereits im Jahre 1970 wurde der § 218 des Strafgesetzbuchs (StGB) zusehends Gegenstand der öffentlichen Diskussion. Die Impulse dazu gingen nicht nur von politischen Parteien, sondern auch von zahlreichen gesellschaftlichen Gruppen außerhalb des Parlaments aus. Gesetzesinitiativen wurden schon während der 6. Wahlperiode des Deutschen Bundestages (1969–1972) von der sozial-liberalen Koalition aus SPD und FDP vorgelegt. Diese Vorschläge hatten das Ziel, „den Frauen in Not Hilfe und Beratung anzubieten, die hohe Zahl der illegalen Abbrüche mit ihren gesundheitlichen Gefährdungen und psychischen Belastungen zu verringern, den Schutz des ungeborenen Lebens zu verbessern sowie die Bemühungen um eine wirksame Familienplanung zur Vermeidung ungewollter Schwangerschaft zu verstärken." Eine parlamentarische Beratung der Initiativen fand jedoch wegen der vorzeitigen Auflösung des Deutschen Bundestages im September 1972 nicht mehr statt.

Die Wahl zum 7. Deutschen Bundestag am 19. 11. 1972 brachte der SPD und der FDP einen eindrucksvollen Sieg. Erstmals wurde die SPD stärkste Fraktion im Parlament. Die Regierungserklärung des Kanzlers Brandt enthielt klare Aussagen über den weiteren Fortgang der Reformbestrebungen. Nach den Vorstellungen des Kanzlers sollte diese Reform aufgrund von Vorschlägen aus der Mitte des Parlaments beraten und verabschiedet werden. Im März 1973 brachten SPD und FDP einen gemeinsamen Fraktionsentwurf in das Parlament ein, durch den die Fristenregelung Gesetz werden sollte. Eine Minderheitsgruppe von 27 SPD-Bundestagsabgeordneten sprach sich Anfang April 1973 hingegen für eine Indikationenregelung unter Einbeziehung der schwerwiegenden Notlage aus. Die Opposition legte ihren Fraktionsentwurf vor. Er sah eine Indikationenregelung unter Ausschluß der schwerwiegenden Notlage vor. Insgesamt 28 Abgeordnete der Unionsparteien veröffentlichten schließlich einen Entwurf, der nur die medizinische Indikation als einzige Ausnahme von der grundsätzlichen Strafbarkeit des Schwangerschaftsabbruches vorsah und somit über die bis dahin gültige Rechtslage nicht hinausging.

Fristenregelung

Eine Abtreibung bleibt innerhalb einer bestimmten Frist ohne Angabe von Gründen straffrei.

Indikationenregelung

Eine Abtreibung bleibt innerhalb einer bestimmten Frist nur unter bestimmten Voraussetzungen (Indikationen) straffrei.

Medizinische Indikation: Die Abtreibung ist angezeigt (indiziert), um eine ernste Gefahr für das Leben der Mutter oder einen schweren gesundheitlichen Schaden der Mutter abzuwenden.

Eugenische Indikation: Die Abtreibung ist angezeigt, um die Geburt eines geistig oder körperlich geschädigten Kindes zu verhindern.

Ethische Indikation: Die Abtreibung ist angezeigt, wenn der Frau die Schwangerschaft gegen ihren Willen durch ein Verbrechen aufgezwungen worden ist.

Notlagenindikation: Die Abtreibung ist angezeigt, wenn keine der vorgenannten Indikationen bejaht werden kann, aber eine so schwerwiegende Notlage vorliegt, daß die Rechtsordnung die Fortsetzung der Schwangerschaft nicht erzwingen sollte.

Frauen demonstrieren für die Abschaffung des § 218

Männer und Frauen demonstrieren für den Schutz des ungeborenen Lebens

1. Worin unterscheidet sich die Fristen- von der Indikationenregelung?
2. Erläutere die Zielvorstellungen der sozial-liberalen Koalition zur Reform der Abtreibungsbestimmungen.
3. Welches Verfassungsorgan sollte nach Auffassung des Kanzlers Brandt die Gesetzesinitiative ergreifen (siehe Schaubild Seite 78)?
4. Wie viele Gesetzentwürfe zur Reform des § 218 StGB gab es im Frühjahr 1973, und wo lagen die wesentlichen Unterschiede zwischen ihnen?

Erste Beratung der Gesetzentwürfe

Die erste Beratung im Parlament fand am 17. 5. 1973 statt. Sie sollte einer grundsätzlichen Debatte über die politische Bedeutung des Gesetzesvorhabens, über seine Notwendigkeit und seine Ziele dienen. In der Regel kommt es nur dann zu einer Parlamentsdebatte, wenn es um wichtige Vorhaben geht und zwischen der Regierungsmehrheit und der Opposition erhebliche Meinungsunterschiede bestehen. Sonst wird der Gesetzentwurf ohne eine allgemeine Aussprache gleich an die Ausschüsse überwiesen.

In der ersten Beratung (Lesung) wurden die vier Gesetzesentwürfe zur Reform des § 218 StGB im einzelnen begründet.

1 Entwurf der SPD-/FDP-Fraktionen
Auszug aus der Rede des Abgeordneten Dr. de With (SPD)

Erstens – und das scheint uns das Wesentliche des Fristenmodells überhaupt zu sein –: Den besten Schutz für das werdende Leben kann stets die Mutter leisten, an die es gekettet ist. Sie, die Mutter, muß letztlich immer entscheiden, auch nach geltendem Recht, wo sie vor der Frage steht: austragen oder illegaler Abbruch? Daß die bloße Strafdrohung nicht ausreicht, nicht genügenden Schutz für das werdende Leben vor seiner Mutter gewährleistet, beweisen Vergangenheit und Gegenwart. Alle Indikationenregelungen – alle! – leben in erster Linie von der Strafdrohung. Eine bloße Erweiterung der Indikationenregelung beließe es deshalb grundsätzlich bei dem alten System, das versagt hat. Deshalb erscheint es uns wirksamer – und hier kommen wir zum entscheidenden Punkt –, die bloße Strafdrohung durch eine Teilrücknahme der Strafdrohung zu ersetzen – nur wenn die Frau auch zur Beratung geht, ist sie straffrei – und durch eine damit eröffnete, nur bei der Fristenlösung in so hohem Maße zugängliche Beratung die ***Eigenverantwortung der Frau*** *für das werdende Leben zu stärken zu suchen.*

(Deutscher Bundestag, Plenarprotokoll, 7. Wahlperiode, 33. Sitzung, 17. 5. 1973, S. 1762)

2 Entwurf der CDU/CSU-Fraktion
Auszug aus der Rede des Abgeordneten Dr. Eyrich (CDU)

Keiner der zur Debatte stehenden Entwürfe versäumt es natürlich, darauf hinzuweisen, daß es sich beim ungeborenen Leben um ein hochwertiges ***Rechtsgut*** *handelt. Auch die Kollegen, die die Fristenlösung bejahen, stellen allen Überlegungen den Satz voran:* ***Werdendes Leben*** *ist grundsätzlich geborenem gleichzusetzen.*

[. . .] Aber können Sie mir, meine Damen und Herren von der Koalition, einmal sagen, wie es möglich sein soll, ungeborenes Leben wirksam zu schützen, indem man dieses ungeborene Leben in den ersten drei Monaten zur freien Disposition der Frau stellt? [. . .]

Wir haben die Begründung, Herr Kollege de With, die Sie gegeben haben, sehr wohl gehört. Sie haben immer wieder den Schutz des ungeborenen Lebens hervorgehoben. Es ist aber – ich möchte Ihnen das in aller Offenheit sagen – eine Illusion, mit der Freigabe der Abtreibung in den ersten drei Monaten eine Senkung der Zahl der Aborte zu erreichen und einen erhöhten Schutz des ungeborenen Lebens zu gewährleisten. Die Zahlen werden, wenn Ihr Entwurf Gesetz werden sollte, sprunghaft steigen. Es ist nicht möglich, den Schutz des ungeborenen Lebens mit einer teilweisen Freigabe zu erhöhen. Die einzige Veränderung wird die sein, daß von der illegalen Abtreibung der Weg zur legalen Abtreibung gegangen wird und wir an Stelle der bisher illegalen Abtreibungen, die im wesentlichen – das wissen wir alle – schon heute nicht mehr von Kurpfuschern durchgeführt werden, zur legalen Abtreibung kommen werden. Das kann doch nicht unter der Überschrift „Schutz des ungeborenen Lebens" laufen. Das ist für mich undenkbar.

(Ebenda, S. 1765 ff.)

3 Entwurf Gruppe SPD-Abgeordnete Auszug aus der Rede des Abgeordneten Dr. Müller-Emmert (SPD)

In dieser Ausgangsfrage, daß Leben und Gesundheit der Frau, ihre Entscheidungsfreiheit und das ungeborene Leben, jedes für sich, schützenswerte Rechtsgüter sind, wissen sich die Unterzeichner der Vorlage, die eine ***erweiterte Indikationenregelung*** *vorsieht, mit den Unterzeichnern der Vorlage, die die Fristenlösung beinhaltet, einig. Ich bin darüber hinaus davon überzeugt, daß alle Mitglieder dieses Hauses darin übereinstimmen, daß eine Auffassung, bei der nur das eine Interesse im Blickfeld steht, das andere aber überhaupt nicht zur Diskussion gestellt wird, keine Chance hat, sich durchzusetzen.*

Deshalb erachte ich es für überflüssig, auf die in unserer Gesellschaft von kleinen Minderheiten vertretenen ***Extrempositionen*** *einzugehen, von denen die eine fordert, daß die Frau auch im Falle von Gefahr für Leib oder Leben die Leibesfrucht austragen müsse, während die diametral entgegengesetzt stehende andere Gruppe, die mit dem Schlagwort „Mein Bauch gehört mir" hervorgetreten ist, die* ***ersatzlose Streichung des § 218*** *durchsetzen will. Auf jeden Fall ist festzustellen, daß die zuletzt genannte Forderung in unserem* ***Grundgesetz*** *keine Stütze finden kann.*

(Ebenda S. 1779)

4 Entwurf Gruppe CDU/CSU-Abgeordnete Auszug aus der Rede des Abgeordneten Dr. Heck (CDU)

Wir sind mit den Kolleginnen und Kollegen, die hinter dem Entwurf der Mehrheit meiner Fraktion stehen, der Überzeugung [. . .], daß das ungeborene menschliche Leben grundsätzlich ebenso seinen Anspruch auf das Recht zu leben hat wie das geborene menschliche Leben. Wir sind weiter der Überzeugung, daß der Staat die Pflicht hat, auch das ungeborene menschliche Leben in jeder Weise, auch strafrechtlich, zu schützen [. . .]

Ausnahmen von den Bestimmungen des § 218 sind nach dieser grundsätzlichen Entscheidung dann nur noch im Bereich der ***Güterabwägung*** *möglich, d. h. nur in den Fällen, in denen es darum geht, eine Gefahr für das Leben der Schwangeren oder die Gefahr eines schweren körperlichen oder psychischen Schadens abzuwenden, sofern diese Gefahr nicht auf eine andere, für sie zumutbare Weise abgewendet werden kann. Die Entstehung der Schwangerschaft, die Erwartung des Gesundheitsschadens eines Kindes, körperliche, psychische und soziale Umstände sollen nicht schon für sich allein, sondern nur dann Freiheit von Strafverfolgung begründen, wenn durch solche Umstände dem Lebensrecht des ungeborenen Kindes eine Gefahr für Leben oder Gesundheit der Mutter gegenübersteht.*

(Ebenda, S. 1797)

Grundgesetz

Artikel 1 (Menschenwürde, Grundrechtsbindung der staatlichen Gewalt)

(1) Die Würde des Menschen ist unantastbar. Sie zu achten und zu schützen ist Verpflichtung aller staatlichen Gewalt.

(2) [. . .]

(3) Die nachfolgenden Grundrechte binden Gesetzgebung, vollziehende Gewalt und Rechtsprechung als unmittelbar geltendes Recht.

Artikel 2 (Handlungsfreiheit, Freiheit der Person)

(1) Jeder hat das Recht auf die freie Entfaltung seiner Persönlichkeit, soweit er nicht die Rechte anderer verletzt und nicht gegen die verfassungsmäßige Ordnung oder das Sittengesetz verstößt.

(2) Jeder hat das Recht auf Leben und körperliche Unversehrtheit. Die Freiheit der Person ist unverletzlich. In diese Rechte darf nur auf Grund eines Gesetzes eingegriffen werden.

1. Wie begründen die vier Abgeordneten ihre Haltung zur Änderung des § 218 StGB?
2. Welche Bedeutung messen die einzelnen Abgeordneten dem Strafrecht bei?
3. Warum betont ein Abgeordneter in besonderer Weise die Eigenverantwortung der Frau?
4. Wie begründet ein Abgeordneter die Aussage, daß die ersatzlose Streichung des § 218 StGB mit dem Grundgesetz nicht zu vereinbaren sei?
5. Welcher Abgeordnete spricht von einer Güterabwägung, und wie ist diese zu verstehen?
6. Welche Bedeutung hat die erste Beratung eines Gesetzes?

Gesetzentwürfe im Ausschuß

Nach der ersten Beratung überweist das Parlament so gut wie alle Gesetzentwürfe an die Ausschüsse und bestimmt gleichzeitig, welcher Ausschuß federführend ist und welche weiteren Gremien mitberaten sollen. Die Abgeordneten haben in den Ausschüssen die Möglichkeit, sich umfassend zu informieren – etwa durch Berichte der einzelnen Ministerien – und durch intensives Fragen die Ziele und Motivationen der Gesetzentwürfe zu erforschen. Die Mehrheitsverhältnisse in den Ausschüssen sind die gleichen wie im Plenum. Sowohl den Abgeordneten der Regierungsmehrheit als auch denen der Opposition bietet sich in den Ausschüssen die Möglichkeit, detailliert komplizierte Einzelprobleme der Gesetzentwürfe darzulegen, sie zu diskutieren und nach Lösungsmöglichkeiten zu suchen. Nicht selten werden in den Ausschüssen Meinungsverschiedenheiten zwischen den Fraktionen beigelegt. Gute Ausschußarbeit bietet die beste Voraussetzung für sachbezogene Debatten in den nachfolgenden Beratungen im Parlament (2./3. Lesung).

Die Beratungen über die vier Gesetzentwürfe zur Reform des § 218 StGB begannen am 26. 9. 1973 in einem eigens dafür eingesetzten Strafrechtssonderausschuß. Sie wurden im April 1974 abgeschlossen. Erörtert wurden u. a. Fragen der Beratung betroffener Frauen vor und nach dem Abbruch, Fragen der Familienplanung, der Durchführung des Abbruchs und vorliegende Erkenntnisse über schwerwiegende physische und psychische Folgeschäden bei einem Abbruch. Auch die Situation des Arztes und der Krankenhäuser, das Recht, die Mitwirkung an einem Abbruch zu verweigern, Fragen der Meldepflicht und Erfahrungen im Ausland standen auf der Tagesordnung des Ausschusses.

1. Welche Bedeutung haben die Bundestagsausschüsse, die zwischen der 1. und 2. Beratung tagen?
2. Welche Ausschüsse sind dir bekannt?
3. Warum müssen zahlreiche Gesetzentwürfe mehrere Ausschüsse durchlaufen?
4. Welche Fragen wurden bei der Reform des § 218 StGB im Ausschuß erörtert?

Zweite und dritte Beratung

Die zweite und dritte Beratung der Gesetzentwürfe erfolgten am 25./26. 4. 1974. Sie veranschaulichten in prägnanter Weise die grundsätzlichen Meinungsunterschiede.

Auszug aus der Rede (2. Beratung) des Abgeordneten Dr. Maihofer (FDP), der für das Fristenmodell votierte:

Das bedeutet, klar gesagt, ein relatives, über die verschiedenen Stufen der Schwangerschaft immer mehr zurücktretendes Selbstbestimmungsrecht der Mutter auf der einen Seite wie ein relatives, in den verschiedenen Stufen der Schwangerschaft immer mehr überwiegendes Lebensrecht des Kindes. [. . .]

Diese aus der Verfassung selbst folgende Wertentscheidung für eine angemessene Berücksichtigung auch des Selbstbestimmungsrechts der Mutter im Wertkonflikt mit dem Lebensrecht des Kindes ist, wie ich meine, der tiefere Grund für das Eintreten aller derer, die in der sozial-liberalen Koalition der Fristenregelung anhängen, für diese Regelung. Sie entspricht damit nicht nur voll – auch das möchte ich so unverblümt wie geboten sagen – unserer Verfassung, sie ist mehr noch Ausdruck eben dieses in unserer Verfassung selbst angelegten Wertrangverhältnisses zwischen Menschenwürde hier und Lebensrecht dort. Sie ist zudem aber auch, wie ich meine, der tiefere Grund des Wandels der Wertüberzeugungen nicht nur in unserer eigenen Bevölkerung, sondern in allen vergleichbaren Kulturnationen.

Erst wenn wir so auf die Frage zurückgehen: welche Wertüberzeugungen, welche Wertentscheidungen im Rangverhältnis zwischen Selbstbestimmungsrecht und Lebensrecht liegen der einen oder anderen Lösung zugrunde, stehen wir recht eigentlich vor der Frage, um die es geht: ob der einzelne in seiner Gewissensentscheidung von dieser oder jener Werthaltung ausgeht.

[. . .] In eben dieser hier verdeutlichten Wertüberzeugung liegt für die Anhänger der Fristenregelung der tiefere Grund für ihre Entscheidung – auch ihre Gewissensentscheidung – für eine solche Lösung. Diese Lösung ist damit für uns von allen hier möglichen gesetzlichen Regelungen die am ehesten in allen diesen Hinsichten menschliche oder, nüchterner gesagt, am wenigsten unmenschliche Lösung.

(Deutscher Bundestag, Plenarprotokoll, 7. Wahlperiode, 95. Sitzung, 25. 4. 1974, S. 6357)

Die meisten Stimmen erhielt am Ende der 2. Beratung der Entwurf der Fraktionen der SPD/FDP. Dieser Entwurf bildete die Grundlage der 3. Beratung. In dieser Lesung setzte sich der Abgeordnete Dr. Mikat mit der Position Maihofers auseinander. Er bezeichnete das Leben als das elementarste Rechtsgut, weil es die notwendige Bedingung für die Entfaltung der Würde sei. Zum Selbstbestimmungsrecht sagte Mikat u. a.:

Und wo gibt es ein höheres Maß an Fremdbestimmung als im Töten?! Die Frage ist jetzt ganz einfach: Ist der noch nicht geborene Mensch ein anderer für die Mutter? Ich meine, ja. Es gehört wesentlich zu ihrer Menschenwürde, daß sie für einen gewissen Zeitraum ihres Lebens diejenige ist, der dieser andere dann auch zum Schutz anvertraut ist.

Man wird mir sagen können: Wieso redest du als Mann überhaupt über all diese Dinge? Ich glaube aber, wir rühren hier an eine tiefgreifende anthropologische Frage, nämlich die des Verhältnisses von Mensch zu Mensch. Die Mutter ist diejenige, die vielleicht doch diese Beziehung vom Ich zum Du, auch wenn das Du sich noch nicht artikulieren kann, erfährt. In dieser Feststellung, Herr Maihofer, beseitigen wir nicht alle Konfliktlagen, sagen aber nur: es handelt sich hier nicht um die Konkurrenz vom Selbstbestimmungsrecht und Menschenrecht, sondern um die Einbindung auch des Selbstbestimmungsrechts jedes Menschen in das allgemeine Lebensrecht. Mehr wollte ich dazu nicht sagen.

Der Dialog, Herr Maihofer, zwischen uns wird weitergehen müssen. Ich habe weder etwas ausgeblendet noch etwas verkürzt. Aber alleine das genannt zu haben, zeigt, wie schwer die Frage ist. Aber Rechte auf Kosten anderer Rechte? Selbstbestimmungsrecht auf Kosten des Lebensrechtes? – Nein, das ist nicht Humanität, sondern das hebt die Humanität auf.

(Deutscher Bundestag, Plenarprotokoll, 7. Wahlperiode, 96. Sitzung, 26. 4. 1974, S. 6496)

Zu Beginn der 3. Beratung brachte die CDU/CSU-Fraktion noch einen Änderungsantrag ein. Dieser wurde jedoch mit den Stimmen der SPD und FDP abgelehnt. Zur Schlußabstimmung wurde namentliche Abstimmung verlangt. Der Gesetzentwurf der Fraktionen von SPD und FDP, der die Fristenregelung vorsah, erreichte eine klare Mehrheit (Ja-Stimmen: 261, Nein-Stimmen: 240, Enthaltungen: 10).

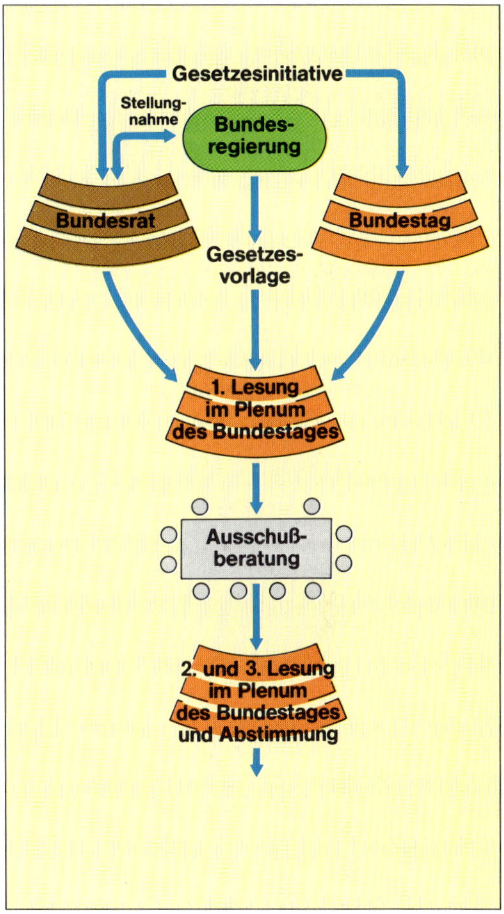

1. Vergleiche die Aussagen von Maihofer und Mikat unter folgenden Fragestellungen:
   - Wer spricht sich für eine Stufentheorie aus, und was wird darunter verstanden?
   - Wie sehen die Abgeordneten das Rangverhältnis zwischen dem Selbstbestimmungsrecht der Mutter und dem Lebensrecht des Kindes?
   - Welche Aussagen werden über Fremdbestimmung und Menschenwürde gemacht?
2. Warum lehnte keine Fraktion eine Neufassung des § 218 StGB grundsätzlich ab?
3. Erkläre an dem Beispiel der Reform des § 218 StGB den Weg eines Gesetzgebungsverfahrens im Parlament.

2. Das neue Gesetz wird beschlossen

Mitwirkung des Bundesrates

Entsprechend dem Artikel 77 des Grundgesetzes befaßte sich der Bundesrat am 10. Mai 1974 mit dem Gesetzesbeschluß des Deutschen Bundestages vom 26. April 1974.

„Durch den Bundesrat wirken die Länder bei der Gesetzgebung und Verwaltung des Bundes mit", sagt das Grundgesetz in Artikel 50.

Der Bundesrat setzt sich aus Vertretern der Länderregierungen zusammen, die ihrerseits in den Parlamenten der Bundesländer ihre demokratische Legitimation haben. Je nach ihrer Bevölkerungsstärke haben die Länder im Bundesrat drei (Bremen, Hamburg, Saarland), vier (Hessen, Rheinland-Pfalz, Schleswig-Holstein und Berlin, das aber nicht voll stimmberechtigt ist) oder fünf Stimmen (Bayern, Baden-Württemberg, Niedersachsen, Nordrhein-Westfalen). Insgesamt hat der Bundesrat demnach 45 Sitze, 41 davon mit vollem Stimmrecht. Die Stimmen eines Landes können nur geschlossen abgegeben werden.

Durch das Grundgesetz hat die Bundesrepublik Deutschland die Form eines Bundesstaates erhalten. Das bedeutet, daß nicht nur der Bund und seine Organe, sondern auch die Länder im Gesamtstaat eine wesentliche Rolle spielen. Im Bundesstaat behalten die Gliedstaaten (Länder) – im Gegensatz zum Einheitsstaat – ihre Eigenstaatlichkeit. Man spricht in diesem Falle auch von **Föderalismus.** Staatliche Funktionen sind zwischen dem Gesamtstaat (auch Bundesstaat) und den Gliedstaaten (auch Bundesländer) aufgeteilt. Sie wirken zusammen, kontrollieren und begrenzen sich gegenseitig. Alles, was im Interesse des Volkes einheitlich geordnet werden muß, wird vom Bund geregelt. In allen übrigen Angelegenheiten sind aber grundsätzlich die Länder zuständig.

Wahlperiode des Bundestages	Gesetzesvorlagen			
	der Bundesregierung, die dem Bundesrat zur Stellungnahme zugeleitet wurden	aus der Mitte des Bundestages	des Bundesrates	insgesamt
1. 1949–1953	486	302	29	817
2. 1953–1957	442	414	16	872
3. 1957–1961	391	207	5	603
4. 1961–1965	373	245	8	626
5. 1965–1969	415	225	14	654
6. 1969–1972	351	171	27	549
7. 1972–1976	470	136	75	681
8. 1976–1980	323	111	53	487
9. 1980–1983	155	58	38	251
10. 1983–1987	283	183	61	527
	3689	2052	326	6067

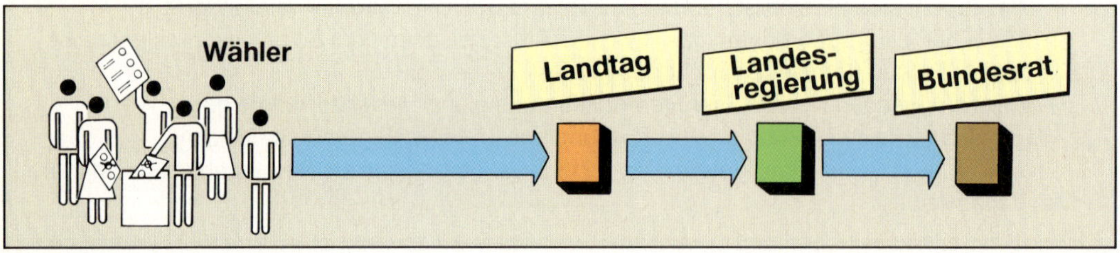

Der Bundesrat

das föderative Verfassungsorgan

Stimmenverteilung im Bundesrat

(insgesamt 45 Stimmen)

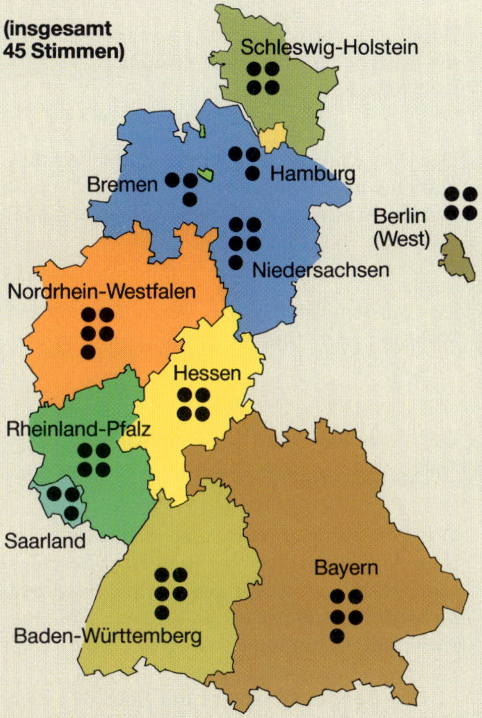

Wappen des Bundes und der Länder

Während der parlamentarischen Auseinandersetzung über die Reform des § 218 StGB sah die Stimmenverteilung im Bundesrat (ohne Berlin) wie folgt aus:

CDU-regierte Länder	21	SPD-regierte Länder	20
Baden-Württemberg	5	Bremen	3
Bayern (CSU)	5	Hamburg	3
Rheinland-Pfalz	4	Hessen (mit FDP)	4
Saarland (mit FDP)	3	Niedersachsen	5
Schleswig-Holstein	4	Nordrhein-Westfalen	5

Der Bundesrat debattierte am 10. 5. 1974 über die Reform des § 218 StGB. Die unüberbrückbare Kluft, wie sie schon in den Ausführungen der Abgeordneten Prof. Dr. Maihofer und Prof. Dr. Mikat in der 2./3. Beratung des Bundestages deutlich wurde, trat auch im Bundesrat hervor. Die CDU/CSU-regierten Bundesländer (Baden-Württemberg, Bayern, Rheinland-Pfalz, Saarland, Schleswig-Holstein) schlugen dem Bundesrat vor, den Vermittlungsausschuß anzurufen.

1. Erläutere den Begriff Föderalismus.
2. Wonach richtet sich die Stimmenverteilung im Bundesrat?
3. Wie sieht z. Z. die Stimmenverteilung im Bundesrat aus?
4. Wie läßt sich die Zunahme der Bundesratsinitiativen seit der 6. Wahlperiode erklären?
5. Welche Verfassungsorgane können Gesetzesvorlagen einbringen?
6. Erläutere die schematische Darstellung auf Seite 70 unten.

Der Vermittlungsausschuß – Brücke zwischen Bundestag und Bundesrat

Im Vermittlungsausschuß sind Bundestag und Bundesrat gleich stark vertreten. Jedes Bundesland (einschließlich Berlin) hat einen Sitz. Die andere Hälfte (11 Mitglieder) stellt der Bundestag, der seine Plätze nach dem Stärkeverhältnis der Fraktionen verteilt. Weder die in diesem Ausschuß tätigen Bundestagsabgeordneten noch die 11 Mitglieder des Bundesrates sind an Weisungen ihrer jeweiligen Landesregierung gebunden.

Mit den Stimmen der CDU/CSU-regierten Länder beschloß der Bundesrat, die Einberufung des Vermittlungsausschusses zu verlangen. Der Vermittlungsausschuß tagte am 21. Mai 1974. Ein Kompromiß kam nicht zustande. Der Ausschuß bestätigte mit seiner SPD/FDP-Mehrheit das Fristenmodell.

Anrufung des Vermittlungsausschusses durch

Wahlperiode des Bundestages	Bundesregierung	Bundestag	Bundesrat	insgesamt
1. 1949–1953	3	2	70	75
2. 1953–1957	3	3	59	65
3. 1957–1961	3	–	46	49
4. 1961–1965	3	2	33	38
5. 1965–1969	4	1	31	36
6. 1969–1972	2	–	31	33
7. 1972–1976	7	1	96	104
8. 1976–1980	7	1	69	77
9. 1980–1983	3	–	17	20
10. 1983–1987	–	–	6	6
	35	10	458	503

Die Geschäftsordnung des Vermittlungsausschusses (Auszüge)

§ 1

Bundestag und Bundesrat entsenden je 11 ihrer Mitglieder, die den ständigen Vermittlungsausschuß bilden.

§ 2

Der Ausschuß wählt je ein Mitglied des Bundestages und des Bundesrates, die im Vorsitz vierteljährlich sich abwechseln und einander vertreten.

§ 8

Der Ausschuß faßt seine Beschlüsse mit der Mehrheit der Stimmen seiner anwesenden Mitglieder.

§ 9

Der Ausschuß kann Unterausschüsse einsetzen.

§ 10

(1) Ein Einigungsvorschlag auf Änderung oder Aufhebung des vom Bundestag beschlossenen Gesetzes ist alsbald auf die Tagesordnung des Bundestages zu setzen. Ein vom Ausschuß bestimmtes Mitglied berichtet im Bundestag und im Bundesrat.

(2) Der Bundestag stimmt nur über den Einigungsvorschlag ab. Zu dem Vorschlag können vor der Abstimmung Erklärungen abgegeben werden. Ein anderer Antrag zur Sache ist nicht zulässig.

(3) Sieht der Einigungsvorschlag mehrere Änderungen des Gesetzbeschlusses vor, so ist in ihm zu bestimmen, ob und inwieweit im Bundestag über Änderungen gemeinsam abzustimmen ist. Erfolgt eine Einzelabstimmung über mehrere Änderungen, so ist eine Schlußabstimmung über den Einigungsvorschlag im ganzen erforderlich.

1. Wie setzt sich der Vermittlungsausschuß zusammen?
2. Wie sehen z. Z. die politischen Mehrheitsverhältnisse in diesem Ausschuß aus?
3. Zu welchen Ergebnissen kann dieser Ausschuß gelangen?
4. Verstärkt ist der Vorwurf zu hören, der Vermittlungsausschuß entwickele sich zu einer Art „Überparlament“. Was ist darunter zu verstehen? Ist dieser Vorwurf berechtigt?
5. Welche Aussagen lassen sich der Tabelle „Anrufung des Vermittlungsausschusses“ entnehmen?

Der Bundesrat erhebt Einspruch

Der Bundesrat beschäftigte sich am 31. 5. 1974 mit dem Ergebnis der Beratungen im Vermittlungsausschuß. Ein Kompromiß wurde nicht erreicht. Die Schlußabstimmung brachte das erwartete Ergebnis. Der Bundesrat hielt mehrheitlich an der bereits am 10. 5. 1974 dargelegten Auffassung fest, daß dieses Gesetz gemäß Artikel 84 (1) GG zustimmungsbedürftig sei. Da jedoch die Zustimmungsbedürftigkeit der Strafrechtsreform zum Schwangerschaftsabbruch weiterhin ungeklärt blieb, legte der Bundesrat mit den 21 Stimmen der CDU/CSU-regierten Länder vorsorglich Einspruch gemäß Artikel 77 (3) GG ein.

Zustimmungsgesetze:

- Gesetze, die die Verfassung ändern (2/3-Mehrheit erforderlich),
- Gesetze, die die Rechte der Länder auf dem Gebiet des Finanz- und Steuerwesens zum Gegenstand haben,
- Gesetze, die in die Verwaltungshoheit der Länder eingreifen.

Rund 50 Prozent aller Gesetze sind in der Praxis zustimmungsbedürftig. Solche Gesetze können am „Nein" des Bundesrates scheitern.

Grundgesetz, Artikel 77
(Gesetzgebungsverfahren)

(3) Soweit zu einem Gesetze die Zustimmung des Bundesrates nicht erforderlich ist, kann der Bundesrat, wenn das Verfahren nach Absatz 2 beendigt ist, gegen ein vom Bundestage beschlossenes Gesetz binnen zwei Wochen Einspruch einlegen. . . .

(4) Wird der Einspruch mit der Mehrheit der Stimmen des Bundesrates beschlossen, so kann er durch Beschluß der Mehrheit der Mitglieder des Bundestages zurückgewiesen werden. Hat der Bundesrat den Einspruch mit einer Mehrheit von mindestens zwei Dritteln seiner Stimmen beschlossen, so bedarf die Zurückweisung durch den Bundestag einer Mehrheit von zwei Dritteln, mindestens der Mehrheit der Mitglieder des Bundestages.

1. Warum wurde erneut der Bundesrat eingeschaltet? Beachte Artikel 77 GG.
2. Wann hat der Bundesrat das Recht, Zustimmungsgesetze scheitern zu lassen?

Der Bundestag weist ihn zurück

Der Einspruch des Bundesrates zwang das Parlament zu einer erneuten Abstimmung, und zwar am 5. 6. 1974. Paragraph 92 der Geschäftsordnung des Deutschen Bundestages schreibt vor, daß über Einsprüche des Bundesrates nach Artikel 77 (4) des Grundgesetzes ohne Aussprache abgestimmt wird. Vor der Abstimmung können lediglich noch Erklärungen zur Abstimmung abgegeben werden.

Um den Einspruch des Bundesrates, den dieser mit der Mehrheit seiner Stimmen beschlossen hatte, zurückzuweisen, bedurfte es nach Artikel 77 (4) des Grundgesetzes der Mehrheit der Mitglieder des Bundestages (Kanzlermehrheit). Das sind 249 Stimmen. Bei der Abstimmung über das neue Gesetz wurde namentliche Abstimmung verlangt. Der Einspruch des Bundesrates wurde mit der erforderlichen Mehrheit von SPD und FDP zurückgewiesen.

Von dem Recht, gegen Gesetze, die nicht zustimmungsbedürftig sind, nach Abschluß des Vermittlungsverfahrens Einspruch einzulegen, hat der Bundesrat bisher nur selten Gebrauch gemacht, wie die nachfolgende Tabelle „Einspruch vom Bundesrat" zeigt.

Einspruch vom Bundesrat

Wahlperiode des Bundestages	Anzahl der Einsprüche	Einspruch vom Bundestag zurückgewiesen	Einspruch vom Bundestag nicht zurückgewiesen
1. 1949–1953	1	–	1
2. 1953–1957	1	1	–
3. 1957–1961	3	1	2
4. 1961–1965	–	–	–
5. 1965–1969	–	–	–
6. 1969–1972	1	1	–
7. 1972–1976	5	4	1
8. 1976–1980	7	5	2
9. 1980–1983	7	6	1
10. 1983–1987	–	–	–
	25	18	7

1. Warum mußte der Bundestag erneut über den § 218 StGB abstimmen?
2. Was bedeutet Kanzlermehrheit? Lies dazu Artikel 63 GG.

Ausfertigung und Verkündung des Gesetzes

Mit der Zurückweisung des Einspruchs war die letzte parlamentarische Hürde genommen. Der zuständige Minister und der Bundeskanzler bescheinigten mit ihrer Unterschrift, daß das Fünfte Gesetz zur Reform des Strafrechts (Reform des § 218 StGB) nach den Vorschriften des Grundgesetzes zustande gekommen und der Bund für den Erlaß des Gesetzes zuständig ist, und sie übernahmen dafür die politische Verantwortung. Mit diesen Unterschriften wurde das Gesetz dem Bundespräsidenten vorgelegt.

Artikel 82 des Grundgesetzes schreibt vor, daß die nach den Vorschriften dieses Grundgesetzes zustande gekommenen Gesetze vom Bundespräsidenten ausgefertigt und im Bundesgesetzblatt verkündet werden. Der Bundespräsident hat abschließend die formelle und materielle Verfassungsmäßigkeit des Gesetzes zu prüfen, daß heißt zu untersuchen, ob das Gesetz nach den Regeln des Grundgesetzes zustande gekommen ist und ob es in seinem Inhalt mit dem Grundgesetz in Einklang steht.

Der damalige Bundespräsident Gustav Heinemann unterschrieb am 18. 6. 1974 das Fünfte Gesetz zur Reform des Strafrechts. In einer vom Bundespräsidialamt veröffentlichten Erklärung des Präsidenten hieß es, daß es dem Präsidenten nicht zustehe, „seine Unterschrift unter ein ordnungsgemäß zustande gekommenes Gesetz davon abhängig zu machen, ob es seinen persönlichen Vorstellungen entspricht". Dieses Gesetz, so führte der Präsident weiter aus, sei von ihm geprüft worden, und er habe nicht den Eindruck gewonnen, daß es gegen das Grundgesetz verstoße. Darüber müsse letztlich das Bundesverfassungsgericht entscheiden.

Die Bundespräsidenten der Bundesrepublik Deutschland seit 1949

1. „Der Bundespräsident prüft die formelle und materielle Verfassungsmäßigkeit eines Gesetzes". Erläutere diese Aussage.
2. Verfolge anhand des Schaubildes auf Seite 78, welchen Weg die parlamentarische Beratung des Gesetzes über die Reform des § 218 StGB bis hierher genommen hat.
3. Welche Abstimmungsregeln hast du in diesem Gesetzgebungsverfahren kennengelernt?

3. Das Bundesverfassungsgericht wird angerufen

Einstweilige Anordnung

Wirksam werden konnte das Fünfte Gesetz zur Reform des Strafrechts jedoch nicht, da das Bundesverfassungsgericht am 21. 6. 1974 einem Antrag der baden-württembergischen Landesregierung auf Erlaß einer einstweiligen Anordnung stattgab. Damit wurde der Vollzug der Fristenregelung vorerst ausgesetzt. Die Antragstellerin sah in der vom Bundestag beschlossenen Fristenregelung einen Verstoß gegen die im Grundgesetz garantierte Unantastbarkeit des Lebens. Der Antrag, die Verfassungsmäßigkeit des Gesetzes in einem Normenkontrollverfahren gemäß Artikel 93 (1) Ziffer 2 GG klären zu lassen, wurde von den Ländern Rheinland-Pfalz, Saarland, Baden-Württemberg sowie der CDU/CSU-Bundesfraktion am 21. 6. 1974 gestellt.

Mit dem Erlaß der einstweiligen Anordnung war eine Entscheidung in der Hauptsache noch nicht vorweggenommen. In der Begründung des Gerichtes hieß es u. a.: „Es sind allein die Folgen abzuwägen, die eintreten würden, wenn eine einstweilige Anordnung nicht erginge, der Hauptantrag aber Erfolg hätte, gegenüber den Nachteilen, die entstünden, wenn die begehrte einstweilige Anordnung erlassen würde, dem Hauptantrag aber der Erfolg zu versagen wäre."

Das Bundesverfassungsgericht ist das höchste Gericht und wird gern als „Hüter der Verfassung" gekennzeichnet. Es gibt zwei Senate mit je acht Richtern. Das Gericht wird nicht von sich aus initiativ, sondern nur auf Antrag hin tätig.

1. Das Bundesverfassungsgericht wird als „Hüter der Verfassung" gekennzeichnet. Erläutere diese Bezeichnung.
2. Von wem und warum wurde eine einstweilige Anordnung beantragt?
3. Welche Entscheidung wurde durch die einstweilige Anordnung nicht vorweggenommen?
4. Kläre anhand des Artikels 93 GG den Begriff Normenkontrolle. Welcher Grundsatzkonflikt mußte in diesem Fall vom höchsten Gericht geklärt werden?

Das Urteil

Am 25. 2. 1975 fällte das Bundesverfassungsgericht das Urteil. Die Fristenregelung wurde als Verstoß gegen die im Grundgesetz garantierte Unantastbarkeit des Lebens verworfen. Das Gesetz werde der verfassungsrechtlichen Verpflichtung, das werdende Leben zu schützen, nicht in dem gebotenen Umfang gerecht, da es das ungeborene Leben in den ersten drei Monaten einer Schwangerschaft der freien Verfügungsgewalt der Frau ausliefere. Die Entscheidung des Gerichts erging nicht einstimmig. Zwei der acht Richter legten ihre abweichende Meinung in einem Sondervotum nieder.

Leitsätze zum Urteil vom 25. 2. 1975

1. Das sich im Mutterleib entwickelnde Leben steht als selbständiges Rechtsgut unter dem Schutz der Verfassung (Art. 2 Abs. 2 Satz 1, Art. 1 Abs. 1 GG).

Die Schutzpflicht des Staates verbietet nicht nur unmittelbare staatliche Eingriffe in das sich entwickelnde Leben, sondern gebietet dem Staat auch, sich schützend und fördernd vor dieses Leben zu stellen.

2. Die Verpflichtung des Staates, das sich entwickelnde Leben in Schutz zu nehmen, besteht auch gegenüber der Mutter.

3. Der Lebensschutz der Leibesfrucht genießt grundsätzlich für die gesamte Dauer der Schwangerschaft Vorrang vor dem Selbstbestimmungsrecht der Schwangeren und darf nicht für eine bestimmte Frist in Frage gestellt werden.

4. Der Gesetzgeber kann die grundgesetzlich gebotene rechtliche Mißbilligung des Schwangerschaftsabbruchs auch auf andere Weise zum Ausdruck bringen als mit dem Mittel der Strafdrohung. Entscheidend ist, ob die Gesamtheit der dem Schutz des ungeborenen Lebens dienenden Maßnahmen einen der Bedeutung des zu sichernden Rechtsgutes entsprechenden tatsächlichen Schutz gewährleistet. Im äußersten Falle, wenn der von der Verfassung gebotene Schutz auf keine andere Weise erreicht werden kann, ist der Gesetzgeber verpflichtet, zur Sicherung des sich entwickelnden Lebens das Mittel des Strafrechts einzusetzen.

5. Eine Fortsetzung der Schwangerschaft ist unzumutbar, wenn der Abbruch erforderlich ist, um von der Schwangeren eine Gefahr für ihr Leben oder die Gefahr einer [2] schwerwiegenden Beeinträchtigung ihres Gesundheitszustandes abzuwenden. Darüber hinaus steht es dem Gesetzgeber frei, andere außergewöhnliche Belastungen für die Schwangere, die ähnlich schwer wiegen, als unzumutbar zu werten und in diesen Fällen den Schwangerschaftsabbruch straffrei zu lassen.

6. [. . .]

Zitate aus der Urteilsbegründung

Jeder hat das Recht auf Leben
Das Recht auf Leben wird jedem gewährleistet, der „lebt"; zwischen einzelnen Abschnitten des sich entwickelnden Lebens vor der Geburt oder zwischen ungeborenem und geborenem Leben kann hier kein Unterschied gemacht werden. „Jeder" im Sinne des Art. 2 Abs. 2 Satz 1 GG ist „jeder Lebende", anders ausgedrückt: jedes Leben besitzende menschliche Individuum; „jeder" ist daher auch das noch ungeborene menschliche Wesen.

Aufgabe des Strafrechts
Der Schwangerschaftsabbruch ist eine Tötungshandlung; [. . .] Keine rechtliche Regelung kann daran vorbeikommen, daß mit dieser Handlung gegen die in Art. 2 Abs. 2 Satz 1 GG verbürgte grundsätzliche Unantastbarkeit und Unverfügbarkeit des menschlichen Lebens verstoßen wird. Von hier aus gesehen ist der Einsatz des Strafrechts zur Ahndung von „Abtreibungshandlungen" ohne Zweifel legitim; [. . .]

Kriterium der Zumutbarkeit
Das Lebensrecht des Ungeborenen kann zu einer Belastung der Frau führen, die wesentlich über das normalerweise mit einer Schwangerschaft verbundene Maß hinausgeht. Es ergibt sich hier die Frage der Zumutbarkeit, mit anderen Worten die Frage, ob der Staat auch in solchen Fällen mit dem Mittel des Strafrechts die Austragung der Schwangerschaft erzwingen darf. Achtung vor dem ungeborenen Leben und Recht der Frau, nicht über das zumutbare Maß hinaus zur Aufopferung eigener Lebenswerte im Interesse der Respektierung dieses Rechtsgutes gezwungen zu werden, treffen aufeinander. In einer solchen Konfliktslage, [. . .], ist der Gesetzgeber zur besonderen Zurückhaltung verpflichtet. Wenn er in diesen Fällen das Verhalten der Schwangeren nicht als strafwürdig ansieht und auf das Mittel der Kriminalstrafe verzichtet, so ist das jedenfalls als Ergebnis einer dem Gesetzgeber obliegenden Abwägung auch verfassungsrechtlich hinzunehmen.

Schwerwiegende Notlage
Auch die Indikation der allgemeinen Notlage (soziale Indikation) kann hierher eingeordnet werden. Denn die allgemeine soziale Lage der Schwangeren und ihrer Familie kann Konflikte von solcher Schwere erzeugen, daß von der Schwangeren über ein bestimmtes Maß hinaus Opfer zugunsten des ungeborenen Lebens mit den Mitteln des Strafrechts nicht erzwungen werden können.

Das Bundesverfassungsgericht in Karlsruhe

Bearbeitet die Leitsätze und die Zitate aus der Urteilsbegründung:
- Wie muß die Schutzpflicht des Staates aussehen?
- Wie wurde der Grundsatzkonflikt zwischen dem Selbstbestimmungsrecht einerseits und dem Recht auf Leben andererseits entschieden? Welche Bedeutung kommt in dem Leitsatz 3 dem Wort „grundsätzlich" zu?
- Wie ist in Art. 2 Abs. 2 Satz 1 GG das Wort „jeder" zu verstehen?
- Unter welchen Voraussetzungen kann ein Schwangerschaftsabbruch straffrei bleiben?

4. Das neue Gesetz wird verabschiedet

Bundestag und Bundesrat verabschieden das Gesetz

Nur wenige Wochen nach dem Urteil begannen die Vorbereitungen für ein neues Gesetz. Es war erklärte Absicht der Koalitionsparteien, den Rahmen des Urteils so weit wie eben möglich auszuschöpfen.

SPD und FDP brachten ihren Entwurf, der von einer weitgefaßten Indikationenregelung (Vier-Indikationen) ausging, am 8. 10. 1975 in den Bundestag ein. Die CDU/CSU legte am 23. 10. 1975 ihren Entwurf vor. In der Oppositionsvorlage war im Gegensatz zum Koalitionsentwurf die Notlagenindikation nicht enthalten. Im Parlament erfolgte die 1. Beratung bereits am 7. 11. 1975. Eine Annäherung der Standpunkte erreichten SPD/FDP-Koalition und CDU/CSU-Fraktion in dieser Debatte nicht. Das galt auch für die anschließenden Beratungen im Strafrechtssonderausschuß, die bis Ende Januar 1976 liefen. In der 2./3. Beratung am 12. 2. 1976 verabschiedeten die Koalitionsparteien mit großer Mehrheit ihren Entwurf. Schon einen Monat später stand das vom Bundestag beschlossene Gesetz auf der Tagesordnung des Bundesrates, der mit der Mehrheit seiner Mitglieder die Einberufung des Vermittlungsausschusses verlangte. Die CDU/CSU-geführten Länder vertraten die Ansicht, daß nochmals mit den Koalitionsparteien u. a. ein Gespräch über die Frage nach einer näheren Bestimmung der Notlagenindikation und ein Gespräch über das Beratungsverfahren geführt werden müsse. Der Vermittlungsausschuß traf sich am 18. 3. 1976. Nach dem Regierungswechsel in Niedersachsen betrug das Stimmenverhältnis in diesem Ausschuß 11:11. Eine Annäherung der unterschiedlichen Standpunkte kam nicht zustande. Da Stimmengleichheit im Vermittlungsausschuß Ablehnung des Vermittlungsbegehrens der Länder bedeutete, war somit der von SPD und FDP im Bundestag beschlossene Entwurf bestätigt worden. Doch der Bundesrat hatte gleichzeitig mit der Anrufung des Vermittlungsausschusses Einspruch gegen das Gesetz erhoben. Deshalb mußte der Bundestag mit der Mehrheit seiner Mitglieder diesen Einspruch zurückweisen. Das geschah in der Sitzung am 6. Mai 1976. Am 18. Mai 1976 verkündete der Bundespräsident das Gesetz. Einen Monat später trat es in Kraft. Ein langwieriger Gesetzgebungsprozeß und die parlamentarischen Auseinandersetzungen über die Reform des § 218 StGB fanden damit ein Ende.

Aufgrund des heute gültigen Rechts ist demnach ein Schwangerschaftsabbruch grundsätzlich verboten und nur bei schweren Notsituationen straffrei. Als solche Notsituationen gelten insbesondere: Gefahr für Leben oder Gesundheit der Mutter, Gefahr einer körperlichen oder geistigen Schädigung des Kindes, Vergewaltigung, Gefahr einer sonstigen schwerwiegenden Notlage der Mutter.

Das Kriterium der Zumutbarkeit ist dabei sehr entscheidend. Vor jedem Eingriff ist nicht nur eine medizinische Beratung zwingend erforderlich; ebenso ist eine Beratung in sozialen Fragen verpflichtend vorgeschrieben, und zwar „über die zur Verfügung stehenden öffentlichen und privaten Hilfen für Schwangere, Mütter und Kinder, insbesondere über solche Hilfen, die die Fortsetzung der Schwangerschaft und die Lage von Mutter und Kind erleichtern" (§ 218b StGB).

1. Erörtert die Frage, warum die Verfassungsorgane des Bundes und der Länder an die Entscheidungen des höchsten Gerichtes gebunden sind (§ 31 Bundesverfassungsgerichtsgesetz).
2. Teilst du die oftmals vorgebrachte Kritik, daß das höchste Gericht sich zu sehr zum eigentlichen Gesetzgeber erhebt und somit das Parlament entmachtet? Begründe deine Meinung.
3. Wie sah der neue Gesetzentwurf der Koalition aus?
4. Welche Indikationen kennt das heute gültige Gesetz, und aus welcher Sicht müssen sie jeweils begründet werden?

Gang der Gesetzgebung – eine Übersicht

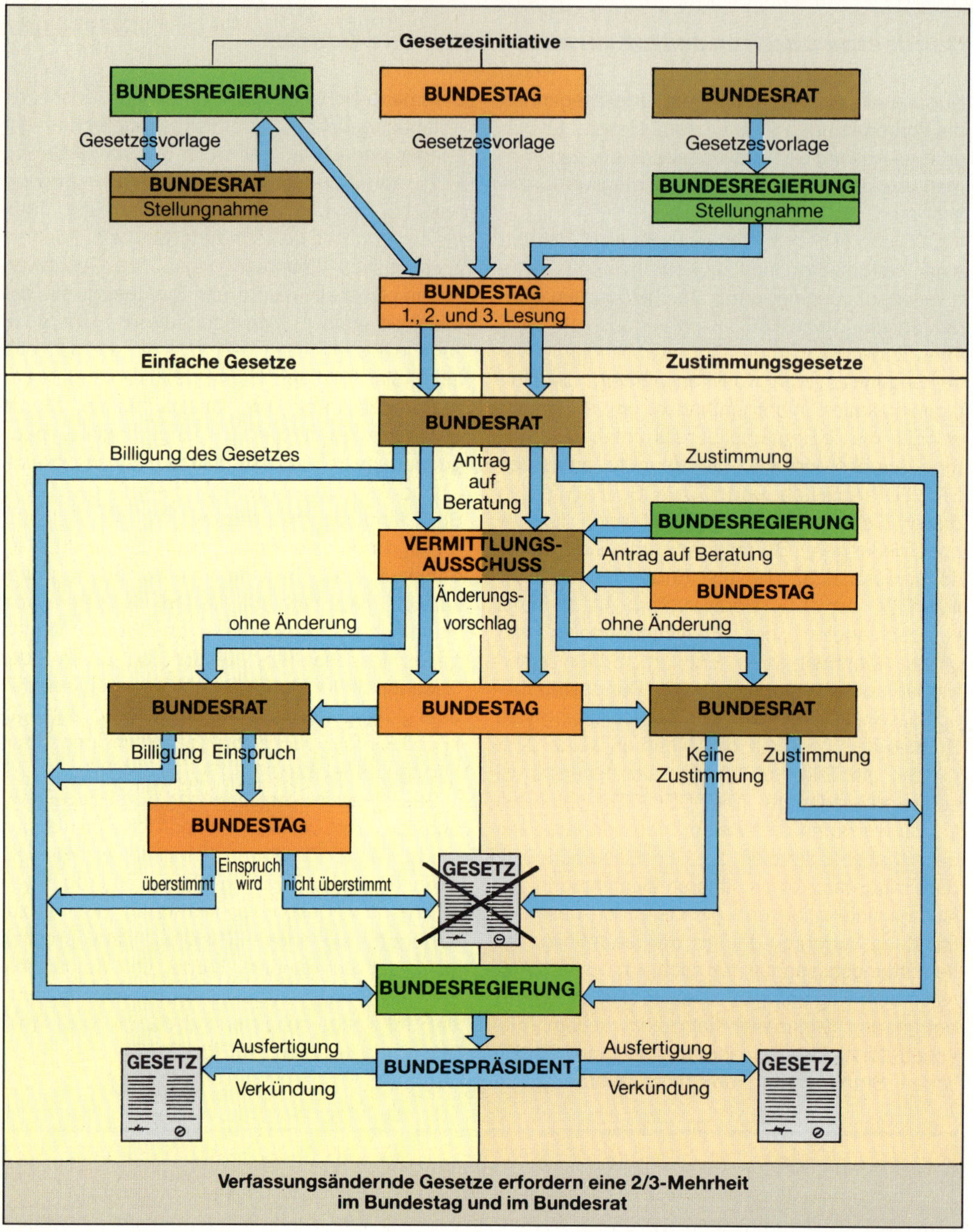

Versuche, anhand des Schemas den zweimaligen parlamentarischen Gesetzgebungsprozeß des Fünften Gesetzes zur Reform des Strafrechts nachzuvollziehen.

Leben in der DDR

Eine stark bewachte Grenze zerschneidet Deutschland in zwei Staaten: die Bundesrepublik Deutschland und die Deutsche Demokratische Republik. Viele Jugendliche wissen sehr wenig über die DDR und die Menschen, die dort leben. Es sind Deutsche wie wir, mit denen wir Sprache, Kultur und Geschichte teilen. Schon deshalb ist es wichtig, mehr über das Leben in der DDR zu erfahren.

- ***Wie leben die Jugendlichen in der DDR, und welche Probleme haben sie?***
- ***Welche Besonderheiten weisen Erziehung und Schulwesen auf?***
- ***Wie greift der Staat in das Leben der Menschen ein?***
- ***Wie sehen Staatsaufbau und Regierungssystem in der DDR aus?***
- ***Was können wir tun, um die Folgen der deutschen Teilung erträglicher zu machen?***

1. Schule und Schulwesen

Erziehung in der Schule

Die Schule in der Deutschen Demokratischen Republik (DDR) soll die Kinder und Jugendlichen für die Mitarbeit am Aufbau der DDR und für ihre Verteidigung ausbilden und erziehen. Die Schüler sollen zu „allseitig und harmonisch entwickelten sozialistischen Persönlichkeiten" herangebildet werden. Darin sehen Staat und Partei eine wichtige Aufgabe.

Das Jugendgesetz der DDR von 1974 schreibt vor, daß neben den Lehrern und Eltern auch die Freie Deutsche Jugend (FDJ), die einzige offiziell zugelassene Jugendorganisation in der DDR, für die schulische Arbeit mitverantwortlich ist.

Ordnung, Disziplin und Hygiene (Körperpflege, Sauberkeit) sind wichtige Ziele der Erziehung. Auf die Fächer Staatsbürgerkunde und Geschichte wird besonderer Wert gelegt. In ihnen vermitteln die Lehrer grundlegendes Wissen über den sozialistischen Staat, die Gesellschaft und die Verfassung der DDR. Daneben wird die Verbindung von theoretischem und praktischem Lernen betont. Dies geschieht u. a. im polytechnischen Unterricht.

Schon in der Vorschule beginnt die Wehrerziehung. Sie findet die gesamte Schulzeit hindurch statt. In den Klassen 9 und 10 gibt es dann gesonderten Wehrunterricht. Auch nachmittags oder in vierzehntägigen Ferienveranstaltungen werden die Schüler vormilitärisch ausgebildet.

In der polytechnischen Oberschule konnte ich an einer Deutschstunde teilnehmen. Gemeinsam mit dem Lehrer und einem Begleiter betreten wir die Klasse: Die Schüler springen auf, einer ruft „Achtung!" und „Klasse zum Unterricht bereit!", der Lehrer ruft „Freundschaft!", die Klasse antwortet mit „Freundschaft!". Man setzt sich. Die Übernahme militärischer Umgangsformen ist unverkennbar. Darüber entsteht auch im anschließenden Gespräch mit Lehrern der Schule keine Verlegenheit – im Gegenteil. Ordnung und Disziplin müsse es geben, wenn „das Kollektiv hochwertige Leistungen beim Aufbau unserer Volkswirtschaft" erbringen soll.

Der Unterricht ist vollständig auf den Lehrer fixiert, der militärisch knappe Fragen stellt, die ebenso knapp beantwortet werden. Die Bänke stehen hintereinander in Reih und Glied, der Lehrer steht vorn, der aufgerufene Schüler steht auf, und keiner sagt mehr als drei Sätze. Jede Schüleräußerung wird sofort bewertet: „Das ist richtig, Martin. Das ist eine Zwei." „Das ist sehr gut, dafür schreibe ich dir eine Eins auf."

(nach: Deutsches Allgemeines Sonntagsblatt vom 25. 6. 1978)

1. Welche Verhaltensweisen fallen dem Beobachter der Deutschstunde auf?
2. Wie wird die Übernahme militärischer Umgangsformen gerechtfertigt?
3. Wer wirkt an der Erziehung der Schüler in der DDR mit?
4. Zähle einige Erziehungsziele in der DDR auf.
5. Betrachte die Zeichnung oben. Was meinst du zu der Aussage des Besuchers aus der Bundesrepublik Deutschland?

Das Schulwesen

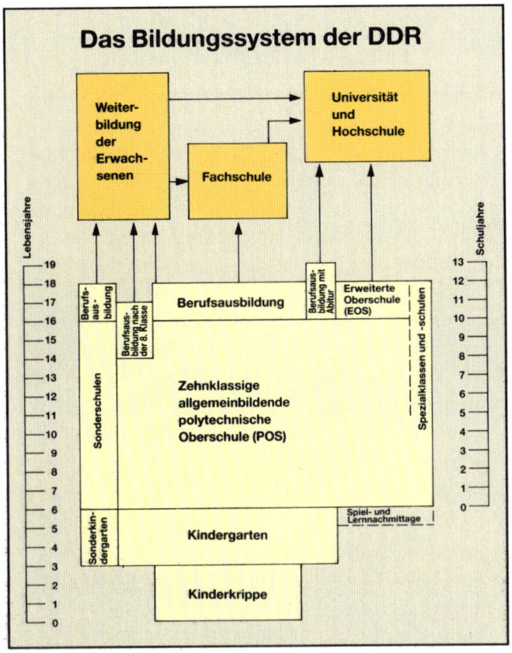

(aus: Aus erster Hand: Volksbildung im sozialistischen Staat, Panorama DDR, Berlin/Dresden 1977, S. 63)

Stundentafeln der Klassen 7–10 an der polytechnischen Oberschule

	7	8	9	10
Deutsch	5	4+1	3	3
Russisch	3	3	3	3
Mathematik	6	4	5	4
Physik	2	2	3	3
Astronomie	–	–	–	1
Chemie	2	4	2	2
Biologie	1	2	2	2
Geographie	2	2	1	2
Polytechnischer Unterricht, davon	4	4	5	5
– Einführung in die sozial. Produktion	(1)	(1)	(2)	(2)
– Technisches Zeichnen	(1)	(1)	(–)	(–)
– Produktive Arbeit	(2)	(2)	(3)	(3)
Geschichte	2	2	2	2
Staatsbürgerkunde	1	1	1	2
Zeichnen	1	1	1	–
Musik	1	1	1	1
Sport	2	2	2	2
Wochenstunden	32	32+1	31	32
2. Fremdsprache	3	3	3	2
Wochenstunden	35	35+1	34	34

(aus: Das Bildungswesen der DDR, Hrsg.: Akademie der Pädagogischen Wissenschaften, Berlin 1979, S. 64)

Alle Kinder in der DDR müssen die „Zehnklassige allgemeinbildende polytechnische Oberschule“ (POS) besuchen. Sie vermittelt u. a. technische, handwerkliche und wirtschaftliche Kenntnisse.

Gleichgültig, ob in Schwerin oder Schwedt, Dresden oder Suhl: Überall in der DDR gelten die gleichen Lehrpläne, überall gibt es die gleichen Schulbücher. Alle Lehrer unterrichten in einem Fach etwa zur selben Zeit dieselben Unterrichtsinhalte. Die Schüler können in der Regel keine Themen vorschlagen, die sie besonders interessieren. Auch die Lehrer dürfen kaum eigene Themen auswählen und im Unterricht behandeln. Vorschläge können nur über die FDJ gemacht werden.

Wer das Abitur ablegen will, muß nach der POS die „Erweiterte Oberschule“ (EOS) besuchen. Um in die Vorbereitungsklassen für die EOS aufgenommen zu werden, ist ein guter Zensurendurchschnitt erforderlich. Darüber hinaus muß man Mitglied der FDJ sein und aktiv an ihren Veranstaltungen teilnehmen. Auch die Herkunft spielt eine wichtige Rolle: Wer Eltern hat, die Arbeiter oder Bauern sind, hat es leichter als andere. Hauptamtliche Parteifunktionäre der SED gelten als „Parteiarbeiter“.

Wer die POS nicht schafft, beginnt nach der 8. Klasse eine dreijährige Lehre oder nimmt eine Arbeit als Ungelernter an. In der DDR sind alle Arbeitsfähigen verfassungsrechtlich zur Arbeit verpflichtet. Arbeitslos wird kaum jemand.

1. Vergleiche die Stundentafeln (Unterrichtsfächer, Stundenzahlen) der POS und deiner Schule. Welche Unterschiede fallen dir auf?
2. Worin unterscheidet sich das Bildungssystem in der DDR von unserem?
3. In der DDR ist das Schulwesen einheitlich geregelt. Welche Vorteile und welche Nachteile siehst du?
4. Diskutiert die Voraussetzungen für den Übergang in die EOS.

Polytechnischer Unterricht

Etwa 1 500 Schülerinnen und Schüler aus sieben Schulen in Eisenhüttenstadt werden jährlich im Polytechnischen Zentrum des Eisenhütten-Kombinates Ost ausgebildet.

Polytechnischer Unterricht im Fach Produktive Arbeit

Unterricht auf der Baustelle

Leipzig. 1800 Mädchen und Jungen aus sieben Leipziger Schulen machen sich im polytechnischen Unterricht mit der Arbeit der Bauleute vertraut und erwerben dabei verschiedene Fertigkeiten. Im Stammbetrieb des Leipziger Baukombinates stehen ihnen 40 hauptamtliche Ausbilder und Lehrfacharbeiter mit Rat und Tat zur Seite.

Die Mädchen und Jungen der 9. und 10. Klassen sind unmittelbar auf den Baustellen tätig. Auf der Großbaustelle, wo Wohnungen für 100 000 Menschen entstehen, erleben sie, mit welchen modernen Fertigungsmethoden ein Häuserblock entsteht. Nach und nach wirken sie selbst bei Beton-, Maler- oder Tischlerarbeiten mit.

„Es erweist sich, daß diese direkte Einbeziehung in den Bauprozeß außerordentlich wertvoll vor allem für die Persönlichkeitsentwicklung der Schüler ist", faßt Lehrobermeister Günter Lange seine langjährigen Erfahrungen zusammen.

(aus: Neues Deutschland vom 3./4. 11. 1979, S. 7, Auszüge)

Ein wesentlicher Bestandteil der Erziehung in der DDR ist die polytechnische Bildung. Sie beginnt bereits im Vorschulalter, wenn die Kinder basteln und bauen.

Von Anfang an sollen die Heranwachsenden zu Fleiß, Ordnungsliebe, Disziplin und Sparsamkeit erzogen werden. Sie werden als „Tugenden der sozialistischen Arbeitsmoral" bezeichnet.

In der Polytechnischen Oberschule gibt es in der Unterstufe (1. bis 3. Klasse) Werken und Schulgartenunterricht. Schon hier lernen die Schüler, nützliche Arbeit zu leisten. Der Ausbildungsplan fordert auch, daß sie Baustellen und Betriebe besichtigen und Arbeitsplätze kennenlernen.

Ab der 7. Klasse beginnt der berufsvorbereitende polytechnische Unterricht. Dieser ist in die Fächer „Einführung in die sozialistische Produktion", „Technisches Zeichnen" und „Produktive Arbeit" aufgegliedert. Die Schulen müssen mit Patenbetrieben aus Landwirtschaft, Industrie und Bauwirtschaft zusammenarbeiten. Alle vierzehn Tage gehen die Klassen in einen Patenbetrieb, wo sie einen Tag lang ohne Bezahlung mitarbeiten. Hier müssen die Schüler unter fachkundiger Anleitung unterschiedliche Arbeiten ausführen. Diese Arbeitstage sollen sie mit der Arbeitswelt vertraut machen.

Der „Unterrichtstag in der sozialistischen Produktion" ist ab Klasse 9 in zehn verschiedene Fachrichtungen aufgegliedert: Metallverarbeitung, Elektroindustrie, Chemische Industrie, Instandhaltung u. a. Jeder Schüler muß eine dieser Fachrichtungen wählen. So erfährt er, wie dort gearbeitet wird und erhält Hinweise und Hilfen für die eigene Berufswahl.

1. Was versteht man unter polytechnischem Unterricht?
2. Beschreibe Ziele des polytechnischen Unterrichts.
3. Vergleiche den polytechnischen Unterricht mit dem Fach Arbeit/Wirtschaft. Wo siehst du Übereinstimmungen, wo Unterschiede?

Berufsfindung – Berufslenkung

In der Verfassung der DDR steht im Artikel 25: „Alle Jugendlichen haben das Recht und die Pflicht, einen Beruf zu erlernen". Deshalb schließt sich an die POS in der Regel eine zweijährige Ausbildung im Betrieb und in der Berufsschule an, die mit einer Facharbeiterprüfung endet. Besonders qualifizierte Lehrlinge haben die Möglichkeit, nach der Lehre ein weiteres Jahr zu lernen und danach das Abitur abzulegen.

Der Bedarf an Ausbildungsplätzen wird von staatlichen Behörden für jeden Berufszweig langfristig geplant und festgelegt. Die Anzahl der Ausbildungsplätze ist den Berufsberatern schon bekannt, wenn sie in die Schulen kommen. Sie werben für **die** Ausbildungsberufe, für die Lehrlinge benötigt werden.

In der DDR gibt es für fast alle Schulabgänger eine Lehrstelle. Auch die Mädchen können ohne Einschränkung alle angebotenen Lehrberufe ergreifen. Schwierigkeiten bei der Berufswahl treten auf, weil es auch in der DDR Modeberufe gibt oder weil in bestimmten Regionen nur wenige Lehrberufe angeboten werden. Etwa zwei Drittel der Jugendlichen bekommen jedoch den Beruf, den sie sich wünschen. Die anderen werden beraten und müssen ihren Berufswunsch dem Lehrstellenangebot anpassen.

Abgänger der POS können aus ca. 220 Ausbildungsberufen wählen. Dabei spielt das Angebot der örtlich ansässigen Betriebe eine entscheidende Rolle. Es ist jedoch auch möglich, eine Lehre in einem entfernter liegenden Ort zu machen. Lehrlinge, die nicht zu Hause wohnen können, werden in Wohnheimen untergebracht, die von der FDJ beaufsichtigt und verwaltet werden.

In der 8. Klasse werden Lehrstellenverzeichnisse an die Schüler verteilt. Nur nach diesen Listen ist eine Bewerbung möglich. Bei der Zuteilung der einzelnen Stellen hat die FDJ ein Mitspracherecht. Zu Beginn der 10. Klasse bekommt dann jeder Schüler eine Bewerbungskarte. Er legt sie zusammen mit Zeugnissen und Lebenslauf einem Lehrbetrieb vor. Fast zwei Drittel aller Schüler können schon bei der ersten Bewerbung mit dem Abschluß eines Lehrvertrages rechnen. Die anderen erhalten eine neue Bewerbungskarte und Informationen über weitere freie Stellen durch ihre Schule. Am Ende des 10. Schuljahres haben dann in der Regel alle Schulabgänger eine Lehrstelle.

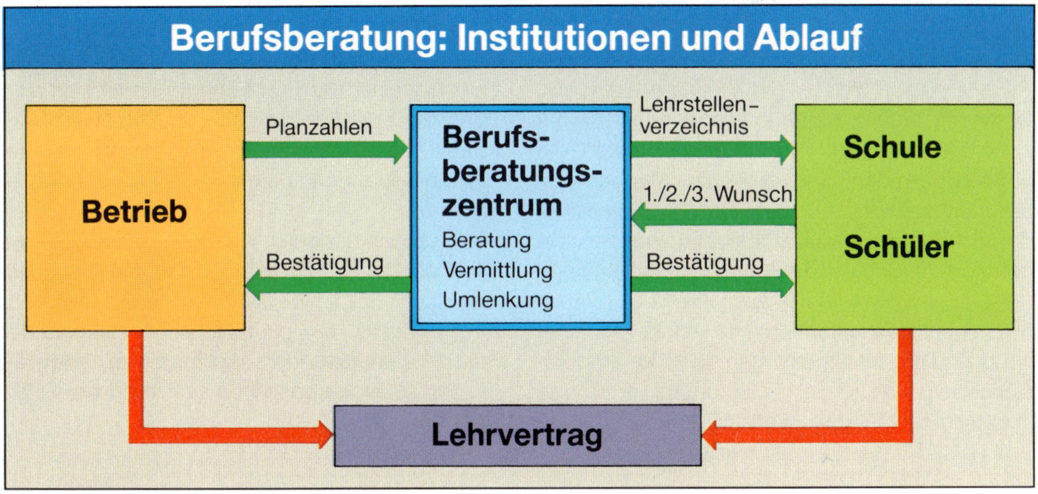

1. Welche Aufgaben hat das Berufsberatungszentrum? Werte dazu auch das Schaubild aus.
2. In der DDR teilt die Berufsberatung oft die Ausbildungsplätze zu. Vergleiche mit der Regelung bei uns in der Bundesrepublik Deutschland.
3. Wie beurteilst du die Lehrstellenplanung in der DDR?

2. Erziehung durch die Gruppe

Die Freie Deutsche Jugend

„Wenn du hinten hochkommen willst“, meint Willy, ein Lehrling aus Leipzig, „mußt du halt mitmachen.“ Mitmachen heißt für junge Leute in der DDR, FDJ-Mitglied zu sein, das blaue Hemd zu tragen, bei den Massenaufmärschen zum 1. Mai oder zum Jahrestag der Oktoberrevolution mitzumarschieren, Freizeit zu opfern für Schulungen und ähnliche Dinge. Freiwillig natürlich, aber wer nicht will, muß wissen, was er tut. Optimale Schulzeugnisse, eine attraktive Lehrstelle oder gar einen Studienplatz kann er sich abschminken.

Mitmachen dagegen lohnt sich, wie die Partei- und Staatskarrieren beweisen. Schon Erich Honecker hat seinen Weg zur Spitze als Vorsitzender der FDJ begonnen. [. . .]

(aus: PZ, Nr. 38, Bonn, Sept. 1984, S. 7)

Die „Hauptaufgabe der FDJ-Mitglieder und aller Schüler an der Oberschule besteht darin, jeden Tag schöpferisch, ehrlich und diszipliniert zu lernen.“ Deshalb sind auf den monatlichen Mitgliederversammlungen der Gruppen „regelmäßig ... die Lernergebnisse, Ordnung und Disziplin jedes einzelnen Schülers einzuschätzen“. „Wer Hilfe braucht, sollte sie auch bekommen; wer Hilfe leisten kann, sollte das als persönlichen FDJ-Auftrag verstehen.“ „Undiszipliniertheit, Bummelei oder schlechte Lernleistungen“ sollen nicht geduldet werden. Es ist die vorrangige Aufgabe der gewählten FDJ-Leitungen, auf Disziplin und gute schulische Leistungen ihres Klassen- bzw. Schulkollektives zu achten.

(aus: DDR-Handbuch, 3. Auflage, Bonn 1985, S. 455)

Die Einflußnahme des Staates auf die Jugendlichen erfolgt vor allem über die Freie Deutsche Jugend (FDJ). FDJ und Schule sind eng miteinander verflochten.

Kinder von 6 bis 14 Jahren (1. bis 7. Klasse) kommen zu den Jungen Pionieren, der Kinderorganisation der FDJ. Ab der 4. Klasse werden sie als Thälmann-Pioniere bezeichnet (Ernst Thälmann war der Führer der Kommunistischen Partei Deutschlands in der Weimarer Republik. Er wurde im Konzentrationslager Buchenwald ermordet). Im Alter von 14 Jahren treten die Jugendlichen dann in die FDJ ein. Wer sich weigert, Mitglied zu werden, muß mit Nachteilen in der Schule und Berufsausbildung rechnen. So gehören die Schüler der Klassenstufen 8 bis 12 fast ausnahmslos der FDJ an.

Ein wichtiges Instrument der kollektiven Erziehung sind die Versammlungen der FDJ-Gruppen („Grundorganisationen“). Sie organisieren u. a. Sportveranstaltungen, Wettbewerbe (z. B. Säuberung und Instandhaltung der Schule und ihrer Umgebung), Nachhilfestunden, Ferienlager und -programme, Sondereinsätze bei der Ernte, Arbeitsgemeinschaften im Rahmen der Wehrerziehung (Schießen, militärische Geländespiele) und des polytechnischen Unterrichtes. Daneben leitet die FDJ verantwortlich die Pionierorganisation „Ernst Thälmann“.

Für die Aufgaben „verpflichten“ sich Gruppen oder einzelne. Die FDJ-Führung kontrolliert und überwacht die Erfüllung solcher Selbstverpflichtungen. Werden die Ziele nicht erreicht, so müssen die Betroffenen Selbstkritik üben und Abhilfe schaffen.

Mit zunehmendem Alter verlieren viele Jugendliche mehr und mehr das Interesse an organisierter Freizeit. Vor allem, wenn die FDJ-Führung versucht, die Jugendlichen im Rahmen der Freizeitveranstaltungen politisch zu gängeln, bleiben sie weg und ziehen sich in private Gruppen zurück.

1. Stelle zusammen, welche Aufgaben die FDJ im Rahmen der Erziehung hat.
2. Auf den monatlichen Mitgliederversammlungen der FDJ-Gruppen sind „regelmäßig ... die Lernergebnisse ... jedes einzelnen Schülers einzuschätzen“. Welche Folgen kann das für den einzelnen haben?
3. Jugendliche in der DDR bezeichnen den Beitritt zur FDJ oft als „freiwilligen Zwang“. Was meinen sie damit wohl?

Die Jugendweihe: Bekenntnis zur DDR

Die Entwicklung und Festigung des sozialistischen Bewußtseins ist ein Grundziel der Erziehung in der DDR. Diesem Ziel dient auch die 1955 eingeführte Jugendweihe. In dieser sozialistischen Feier am Ende des 8. Schuljahres werden die Schüler in die „Reihe der Erwachsenen aufgenommen" und bekennen sich in einem Gelöbnis zum Sozialismus und zur DDR.

Im Jahre 1955 nahmen 17,7% aller 14jährigen an der Jugendweihe teil, 1960 waren es bereits 87,8% und 1983 über 98%. Diese Entwicklung wurde mit Hilfe gesellschaftlichen Drucks bewirkt. Die Beteiligung an den kirchlichen Feiern Konfirmation und Kommunion ist kontinuierlich zurückgegangen. So schätzt man, daß heute nur noch um die 10% der 14jährigen konfirmiert werden.

Die Jugendweihe wird in 10 Jugendstunden vorbereitet, in denen Themen wie „Unser sozialistisches Vaterland", „Freundschaft zum Lande Lenins – Herzenssache unseres Volkes" oder „Deine Arbeit wird gebraucht" behandelt werden. Im Mittelpunkt der abschließenden Jugendweihefeier steht dann das Gelöbnis.

Liebe junge Freunde!

Seid ihr bereit, als junge Bürger unserer Deutschen Demokratischen Republik mit uns gemeinsam, getreu der Verfassung, für die große und edle Sache des Sozialismus zu arbeiten und zu kämpfen und das revolutionäre Erbe des Volkes in Ehren zu halten, so antwortet:

Ja, das geloben wir!

Seid ihr bereit, als treue Söhne und Töchter unseres Arbeiter-und-Bauern-Staates nach hoher Bildung und Kultur zu streben, Meister eures Faches zu werden, unentwegt zu lernen und all euer Wissen und Können für die Verwirklichung unserer großen humanistischen Ideale einzusetzen, so antwortet:

Ja, das geloben wir!

[...]

Seid ihr bereit, als wahre Patrioten die feste Freundschaft mit der Sowjetunion weiter zu vertiefen, [...] den Frieden zu schützen und den Sozialismus gegen jeden imperialistischen Angriff zu verteidigen, so antwortet:

Ja, das geloben wir!

Wir haben euer Gelöbnis vernommen. Ihr habt euch ein hohes und edles Ziel gesetzt. Feierlich nehmen wir euch auf in die große Gemeinschaft des werktätigen Volkes. [...]

Auszüge aus dem Gelöbnis bei der Jugendweihe

Andreas S. berichtet:

„Ich wurde vierzehn. Der Zeitpunkt der endgültigen Entscheidung war da – ja oder nein zu sagen zum Staat. Mit der Jugendweihe und dem damit verbundenen automatischen Eintritt in die FDJ werden die Weichen gestellt fürs Leben. Sagt man ja, kann man zur EOS und danach zum Studium zugelassen werden. Ich aber sagte nein. Statt an der Jugendweihe teilzunehmen, ließ ich mich konfirmieren. Die Folgen bekam ich schnell zu spüren.

Ich mußte mich nun nach einer Arbeits- bzw. Lehrstelle umsehen. Ich bewarb mich im VEB (Volkseigener Betrieb) Verpackungsmittelwerk Crimmitschau, einer Druckerei, die für westliche Konsumgüter Verpackungen herstellt, als Lithographie-Lehrling.

Die Kaderleiterin empfing mich freudig, konnte sie doch meinem Zeugnis beste Noten entnehmen. Als ich aber auf ihre Frage, ob ich in der FDJ sei, wahrheitsgemäß mit Nein antwortete, zerriß sie sofort den bereits ausgefüllten Personalbogen, schrie mich auch gleich an, ich sei wohl „so ein Mitglied der Kirche", und als ich dies bejahte: „Dann verschwinde gefälligst! Wir beschäftigen keine christlichen Elemente!"

(nach: Die Welt vom 19. 3. 1983, Auszüge)

1. Wozu verpflichtet das Gelöbnis bei der Jugendweihe die Jugendlichen?
2. Welches Ziel verfolgt der Staat mit der Jugendweihe?
3. Warum wurde Andreas S. nicht eingestellt?
4. Diskutiert die Rolle der FDJ im Leben der Jugendlichen in der DDR.

Sozialistische Wehrerziehung

„Wenn ich groß bin, gehe ich zur Volksarmee.
Ich fahre einen Panzer, ra-ta-ta, ra-ta-ta,
ich fahre einen Panzer, ra-ta-ta, ra-ta-ta.
Ich lade die Kanone, rumbumbum, rumbumbum,
ich lade die Kanone, rumbumbum, rumbumbum.
Wenn ich groß bin, gehe ich zur Volksarmee . . .“

Dieses Lied singen Kinder in DDR-Kindergärten.

„Für unsere Kindergartengruppe suchen wir Paten von der Nationalen Volksarmee (NVA). Mit ihrer Hilfe wollen wir den Kindern das Leben und die Aufgaben der Soldaten anschaulicher und interessanter vermitteln.“

Solche Anzeigen kann man in DDR-Zeitungen lesen, weil alle Kindergärten Freundschaft zu den eigenen Soldaten und denen der Sowjetarmee vermitteln müssen. In der Schule werden dann in den verschiedensten Fächern vormilitärische Kenntnisse vermittelt. So werden z. B. im Sportunterricht militärische Ordnungsformen eingeübt und im Geographieunterricht Kartenlesen und -zeichnen geübt.

Seit 1978 ist als gesonderte, zusätzliche wehrerzieherische Veranstaltung Wehrunterricht in den Klassen 9 und 10 vorgeschrieben. In beiden Schuljahren umfaßt er jeweils 4 Doppelstunden zu Fragen der sozialistischen Landesverteidigung für alle Schüler. In Klasse 9 findet außerdem eine zweiwöchige Wehrausbildung im Lager für Jungen statt, die daran freiwillig teilnehmen. Für die Mädchen gibt es den Lehrgang „Zivilverteidigung“. Daran müssen auch die Jungen teilnehmen, die nicht zur Wehrausbildung ins Lager gehen.

In der Wehrerziehung sollen den Teilnehmern vormilitärische Kenntnisse und Fähigkeiten vermittelt, Grundelemente der militärischen Disziplin und Ordnung anerzogen und ihr sportliches Leistungsvermögen gesteigert werden. Auf Antrag ihrer Eltern können Kinder von der Ausbildung an Waffen befreit werden.

In Klasse 10 umfaßt der Wehrunterricht neben den 4 Doppelstunden zu Fragen der sozialistischen Landesverteidigung 3 Tage Wehrbereitschaft, die in der Regel in den Winterferien stattfinden. Mit einem militärischen Großgeländespiel und einer sich anschließenden Abschlußfeier sollen sie den Abschluß des Wehrunterrichts und zugleich einen Höhepunkt der „Woche der Waffenbrüderschaft“ bilden.

In dem zum Lehrgang gehörenden Schulbuch wird auch das Ziel dieses Unterrichts genannt. Es lautet: „Gehorsam muß in Fleisch und Blut übergehen.“

Gesellschaft für Sport und Technik (GST):
Massenorganisation zur vormilitärischen und wehrsportlichen Erziehung und Ausbildung der Jugendlichen in der DDR.
[. . .]
Ihm Rahmen der sozialistischen Wehrerziehung bereitet die GST die Jugendlichen im vorwehrpflichtigen Alter ab 14 Jahren, und zwar insbesondere die 16–18jährigen, auf den Wehrdienst vor.
[. . .] Sie untersteht dem Ministerium für Nationale Verteidigung. Die Zuweisung von Verantwortungs- und Aufgabenbereichen an die GST ist abgestimmt mit den wehrerzieherischen Aufgaben der · Freien Deutschen Jugend (FDJ), der Schulen und anderer Träger der Wehrerziehung.

(aus: DDR-Handbuch, 3. Auflage, Bonn 1985, S. 547)

1. Beschreibe das Foto. Warum läßt man wohl Kinder in Mini-Panzern fahren?
2. Was sollen Kinder und Jugendliche durch die Wehrerziehung lernen?
3. Diskutiert, welche Folgen die Wehrerziehung für die Jugendlichen haben könnte.
4. Nenne Vorteile, die ein Jugendlicher in der DDR durch den Beitritt zur GST hat.
5. Welche Nachteile können ihm entstehen, wenn er der GST nicht beitritt?

3. Leben und Arbeiten

Leistung und Wettbewerb

Hohe Auszeichnung für Qualitätsarbeit

DRESDEN (SZ). Gestern war für den VEB Elbtal Lommatzsch ein großer Tag. Dem Betriebskollektiv konnte das Ehrendiplom für 15 Jahre ununterbrochene Anerkennung als „Betrieb der ausgezeichneten Qualitätsarbeit" verliehen werden. Dabei wurde betont, daß diese Auszeichnung dem VEB Elbtal Lommatzsch als erstem Betrieb im Wirtschaftszweig verliehen wurde und daß er damit Orientierungspunkte setzt, die als beispielhaft gelten.

Die Ergebnisse der wissenschaftlich-technischen Arbeit fanden in der Erfüllung des Qualitätsplanes auch 1985 ihren Niederschlag. So konnten Spitzenwerte bei Gemüsegefrierkonserven erreicht und die Pläne mit 100,7 Prozent erfüllt werden. Bei tischfertigen Gefriergerichten liegt eine Planerfüllung von 102,8 Prozent vor.

Außerordentlich wichtig sind die Kooperationsbeziehungen des Betriebes zur Landwirtschaft als ein weiteres Merkmal des sozialistischen Zusammenwirkens mit der Zielstellung, Erzeugnisse in hoher Qualität zu produzieren.

(nach: Sächsische Zeitung vom 14./15. 12. 1985, S. 2)

Frei von Ausbeutung und Unterdrückung ist die Arbeit im Sozialismus bewußte, schöpferische Tätigkeit. Die sozialistischen Arbeitsverhältnisse sind durch kameradschaftliche Zusammenarbeit und gegenseitige Hilfe zwischen den Werktätigen und den Arbeitskollektiven gekennzeichnet.

(Arbeitsgesetzbuch der DDR vom 16. 6. 1977)

In einem DDR-Kommentar dazu heißt es:

Die Arbeit ist die wichtigste Sphäre des gesellschaftlichen Lebens, in der sich der wesentliche Fortschritt der gesamten Gesellschaft vollzieht und die Voraussetzungen für die Erhöhung des materiellen und kulturellen Lebensniveaus geschaffen werden. **Gewissenhafte, ehrliche gesellschaftlich nützliche Arbeit wird immer mehr zum Herzstück unserer sozialistischen Lebensweise,** *sie ist für das weitere erfolgreiche Voranschreiten unserer Gesellschaft und für die Entwicklung jedes einzelnen ihrer Mitglieder von unschätzbarer Bedeutung.*

(aus: Unser Arbeitsgesetzbuch. Berlin (Ost) 1977, S.9)

Kollektive gibt es in allen gesellschaftlichen Bereichen der DDR. Ein Kollektiv ist eine Gruppe, die eine „nützliche Aufgabe beim Aufbau der sozialistischen Gesellschaft" erfüllen soll. Seine Mitglieder sollen sich gegenseitig helfen und unterstützen, kritisieren und erziehen. Von jedem Angehörigen eines Kollektivs werden höchste Anstrengungen gefordert, um das gemeinsame Ziel zu erreichen.

Als Leistungsanreiz für die Werktätigen in der DDR steht eine große Anzahl von Ehrungen und Prämien zur Verfügung. Für gute Leistungen gibt es u. a. Wimpel, Medaillen, Ehrentafeln und Trophäen. Die „Straße der Besten" ist eine besondere Form der Ehrung. In den Eingangshallen der Fabriken und öffentlichen Gebäuden sind Schaukästen angebracht, in denen Fotos von vorbildlichen Werktätigen oder Kollektiven mit dem Verzeichnis ihrer hervorragenden Leistungen ausgestellt sind. Veröffentlichungen in der Presse ehren diese Verdienste. Neben Ehrungen gibt es auch materielle Anreize wie Prämien, Umbau und Verbesserung von Wohnungen, Zuteilung von Urlaubsplätzen usw.

1. Werte den Zeitungsartikel aus. Warum werden wohl solche Ehrungen vorgenommen?
2. Stelle zusammen, mit welchen Mitteln die Werktätigen zu besseren Arbeitsleistungen motiviert werden sollen. Welche hältst du für besonders wirkungsvoll?
3. Erkläre die Definition von „Arbeit im Sozialismus". Nimm dazu Stellung.

Konsum und Versorgung

In der DDR kosten ein Kilo Roggenbrot 0,52 Mark, 1/2 l Milch 0,34 Mark, Schweinekotelett 8,– Mark pro Kilo. Auch einfaches Gemüse, Tee und Bier sind preiswert. Butter kostet etwa soviel wie bei uns. Im großen und ganzen kann sich der Bürger darauf verlassen, daß es diese Waren immer zu kaufen gibt. Höherwertige Nahrungsmittel sind oft erheblich teurer als bei uns. Sie finden sich nicht ständig in den Regalen. Das gilt vor allem für importierte Nahrungsmittel wie Südfrüchte, Kakao, Schokolade und Kaffee. Letzterer kostet 35,– bis 45,– Mark pro Pfund und wird auch viertelpfundweise verkauft.

Aus dem Tagebuch einer Hausfrau:

Freitag, 20. März:
„Wochen"-Einkaufstag!

Meine Freitagseinkaufstour beginnt regelmäßig beim besten Brotbäcker im übernächsten Dorf. Trotz der Warteschlange an der Landstraße komme ich als redelustiger und beliebter Abonnent vorzugsweise sofort dran. Es sagt auch keiner etwas, jeder will ja wiederkommen!

Anschließend der Standardeinkauf im Dorfkonsum: Milch, Bier, Butter, Käse, Zucker, Mehl, Marmelade, Nudeln, Reis, Seife, Zahnpasta, Waschpulver, Weichspüler, Haarwäsche ... Unter den abonnierten Milchtüten entdecke ich eine geschlossene Tüte (Preis 8,45 Mark) und bezahle sie, ohne nachzudenken. [. . .]

Zu Hause große Überraschung und Freude: Ein Glas Bienenhonig schlüpft aus der Tütenhülle. Letztmalig vor vier Monaten welchen bekommen. Schöner Erfolg meiner Kaffeespende an die drei Verkäuferinnen zum lieben Weihnachtsfeste! Aus Übermut fahre ich noch zur HO-Verkaufsstelle des nächsten Dorfes. Anderer Bezirk – „andere Warenstreuung"!

Dort gutes Wurstangebot. Auch frische Äpfel, Zwiebeln und einen ansehnlichen Rotkohlkopf bekommen! [. . .]

Nachmittags verteile ich die abonnierten frischen Landbrote im Ort: eines für Opa Kopmann, eines für Tante Rita. Beide sind wichtige „Beziehungen". Opa Kopmann ist Zimmerer und hat immer Bretter, Holz, Leisten oder Stangen für uns. Tante Rita ist Fleischverkäuferin in der einzigen Kaufhalle. Beide werden mit frischem Landbrot „dienstverpflichtet". [. . .]

(aus: W. Filmer/H. Schwan (Hrsg.): Alltag im anderen Deutschland, Düsseldorf/Wien 1985, S. 25–27, Auszüge)

Ursachen des Schlangestehens:

Es gibt drei Gründe für das Schlangestehen, das den Menschen in der DDR viel Zeit stiehlt und ihnen häufig das Leben vergällt: Erstens das Anstehen nach knappen oder seltenen Waren, zweitens das Anstehen wegen des Fehlens einer genügenden Zahl von Verkaufsstellen, drittens das Schlangestehen wegen organisatorischer Mängel im Einzelhandel.

Das Schlangestehen nach knappen und seltenen Waren ist eine Folge der ungleichmäßigen Versorgung mit bestimmten Produkten, die an sich ausreichend vorhanden sind, und der Unterversorgung mit anderen Produkten, die [. . .] nur in Abständen in die Geschäfte gelangen. [. . .]

Wer in einer solchen Schlange steht, hat nur das Ziel, noch rechtzeitig zum Zuge zu kommen, und er kauft so viel wie möglich ein, weil er ja nicht weiß, wann wieder eine Chance kommt, um das entsprechende Produkt zu erwerben. Das Ergebnis ist regelmäßig, daß sich die einen weit über den augenblicklichen Bedarf eingedeckt haben, während die anderen leer ausgehen. [. . .]

Planungsversäumnisse bei der Einrichtung von Neubauvierteln haben dazu geführt, daß die größeren Einheiten der staatlichen Handelsorganisation (HO) und der Konsumgenossenschaften eine solche Zahl von Kunden abzufertigen haben, daß Schlangestehen unausweichlich wird, [. . .]. Hinzu kommen noch organisatorische Mängel. Der staatliche und genossenschaftliche Einzelhandel in der DDR hat zu wenig Arbeitskräfte. Viele Selbstbedienungsläden lassen nur so viele Kunden ein, wie Einkaufswagen oder -körbe zur Verfügung stehen.

(aus: Der Alltag in der DDR, Hrsg.: Friedrich-Ebert-Stiftung, Bonn 1983, S. 11–13)

1. Beschreibe das Einkaufsverhalten der Hausfrau.
2. Was meint die Hausfrau, wenn sie von „dienstverpflichtet" spricht? Welche Erwartungen verknüpft sie damit?
3. Welche Gründe werden für das Schlangestehen beim Einkaufen genannt?

Anders sein, als der Staat es will

DDR-Gruppen wollen Ausstieg

LEIPZIG, 2. März (epd). Den Ausstieg aus der Atomenergie und einen sofortigen Baustopp für neue Atomkraftwerke haben Vertreter von mehr als 200 kirchlichen Basisgruppen in der DDR bei einem Treffen in Leipzig gefordert. Um eine umfassende Meinungsbildung zu den Problemen der Atomenergie in der Bevölkerung zu ermöglichen, sollte die DDR-Führung außerdem die entsprechenden energiepolitischen und energietechnischen Daten öffentlich zugänglich machen.

[...] Wie die Vertreter der kirchlichen Friedens-, Umwelt- und Dritte-Welt-Gruppen weiter betonen, sollte sich auch die diesjährige Friedensdekade in erster Linie mit den Problemen der Atomenergie befassen.

(aus: Frankfurter Rundschau vom 3. 3. 1987, S. 4)

Aussteiger

Der 19jährige Mike schied in Halle mit dem Notendurchschnitt 1,6 aus der Schule, wäre gern Fotograf geworden, arbeitet aber auf dem Bau. Einige Altersgenossen, so Mike, hatten bessere Zensuren und bekamen die Stelle als Fotograf – obwohl sie eigentlich Baufacharbeiter werden wollten.

Seither sieht Mike für sich no future mehr: als Punker lebt er „in einer Abrißbude", ein Kumpel wohnt bei ihm. Zusammen mit Freunden erzeugen sie auf Gitarren, einer Konzerttrommel, zwei Pauken und ein paar blechernen Gurkenfässern einen Lärm, den sie „Doof-Rock" nennen. „Diese ganze Erziehung zur Maschine", so Mike, „die ganze staatliche Jugendszene hat mich angekotzt. Es war nichts da. So langweilig. Wenn ich bloß an unsere Diskotheken denke . . ." Zum Speien finden Punker ihren mausgrauen Alltag im SED-Staat. Die Aussteiger unter den drei Millionen Jugendlichen zwischen 14 und 25 Jahren haben keinen Bock auf die überfüllten Staats-Diskotheken der FDJ, wo Musik und Kleidung zensiert werden: „kein Punk, keine Jeans."

Die Statussymbole im Wohlstandssozialismus, Schrankwand und Farbglotze, Auto und Datsche, gelten vielen Jugendlichen als „spießbürgerlich" (Mike), reizen nicht mehr zu Arbeit und Konsum . . .

(aus: DER SPIEGEL vom 14. 6. 1982, S. 59 ff., Auszüge)

Wer sich der – inzwischen verbotenen – Friedensbewegung in der DDR anschließt oder „aussteigt" wie Mike und sich kleidet wie ein Punk, muß damit rechnen, daß er sehr schnell in Konflikt mit der Staatsgewalt gerät. Zunächst wird er zu unangenehmen Aussprachen mit der FDJ vorgeladen. Er wird erklären müssen, warum er sich „gesellschaftlich nützlicher Arbeit" entzieht. Er kann nach dem Strafgesetzbuch u. a. zu einer „Bewährung am Arbeitsplatz" verpflichtet werden. Läßt er sich nicht überzeugen, kann er in einen Jugendwerkhof eingewiesen oder zu einer Jugendstrafe verurteilt werden. Der „Stasi" (DDR-Kürzel für Ministerium für Staatssicherheit bzw. Staatssicherheitsdienst) hat seine Spitzel überall. Das hält viele davon ab, ihre Meinung offen zu sagen. Die Menschen in der DDR tun dies nur im Kreis von echten Freunden, die sie gut kennen und zu denen sie Vertrauen haben.

1. Was steht hinter der Forderung „Schwerter zu Pflugscharen"?
2. Was forderten die kirchlichen Basisgruppen bei ihrem Treffen in Leipzig? Warum versucht die DDR-Führung wohl, solche Treffen zu unterbinden?
3. Warum ist Mike „ausgestiegen", was kritisiert er?

4. Staat und Regierungssystem

Parteien in der DDR

„Für politische Parteien und Gruppierungen [...], die zu den kommunistischen und Arbeiterparteien in Opposition stehen, ist im System der sozialistischen Länder kein Platz" (Marxistisch-leninistische allgemeine Theorie des Staates). Die SED ist die unangefochtene politische Führungskraft in der DDR. Alle Parteien fassen auf ihren Parteitagen Beschlüsse, die denen der SED gleichen.

Der Parteitag ist das höchste Organ der SED. Für die Ausführung seiner Beschlüsse wählt er das Zentralkomitee der SED (ZK), das rund 150 Mitglieder hat. Das ZK wählt zur politischen Leitung der Arbeit das Politbüro, das aus wenigen Mitgliedern besteht.

Das Politbüro tagt jede Woche. Vom ihm werden die Entscheidungen für die Außen-, Militär- und Sicherheitspolitik, für das Arbeitsprogramm der Partei und die Auswahl der Kandidaten für die Wahl des ZK getroffen. Parteitag und ZK sind nur Zustimmungs- und Verkündigungsgremien.

Das ZK wählt neben dem Politbüro auch das Sekretariat, das aus dem Generalsekretär und neun Sekretären besteht. Dieses Sekretariat sorgt dafür, daß die Entscheidungen des Politbüros durchgeführt werden. Die Sekretäre des ZK haben in der Regel auch einen Sitz im Politbüro. Der Generalsekretär, der an der Spitze des ZK-Sekretariats steht, nimmt eine beherrschende Rolle ein.

Über 80 000 „Grundorganisationen" der SED bestehen in Betrieben, Verwaltungen, Wohneinheiten, Schulen und Hochschulen. Sie sind die untersten Organisationseinheiten der SED und gelten als das „Fundament der Partei". Mit ihrer Hilfe durchdringt die Partei das gesamte Alltagsleben und kann praktisch jeden Bürger kontrollieren.

Parteien und ihre Mitgliederzahl	
Christliche-Demokratische Union (CDU)	125 000
Demokratische Bauernpartei Deutschlands (DBD)	103 000
Liberal-Demokratische Partei Deutschlands (LDPD)	82 000
National-Demokratische Partei Deutschlands (NDPD)	91 000
Sozialistische Einheitspartei Deutschlands (SED)	2 293 000

(Stand: 31. 12. 1983)

Die Grundorganisation der Partei läßt sich in ihrer gesamten Tätigkeit vom Programm, dem Statut, den Beschlüssen des Parteitages, des Zentralkomitees und seiner gewählten Organe leiten.

Sie schließt die Werktätigen eng um die Partei zusammen, organisiert die Massen für die Verwirklichung der Politik der Partei, für die Gestaltung der entwickelten sozialistischen Gesellschaft. Deshalb gehören zu den Aufgaben der Grundorganisation:

- [...] die Sicherung des politisch-ideologischen und organisatorischen Einflusses der Partei zur Verwirklichung ihrer führenden Rolle in allen gesellschaftlichen Bereichen, die Leitung der propagandistischen Tätigkeit und der politischen Massenarbeit im Sinne der Beschlüsse und Losungen der Partei, [...]
- die Mobilisierung und Organisierung der Massen zur Erfüllung der staatlichen, wirtschaftlichen und kulturellen Aufgaben, die Anleitung der Genossen und die Kontrollen über ihre Tätigkeit in den Massenorganisationen, den gesellschaftlichen Organen und im Wohngebiet, [...]
- Kampf gegen Bürokratismus, Schlamperei und Mißwirtschaft [...]
- die Entfaltung der Kritik und Selbstkritik und die Erziehung der Parteimitglieder zur Unversöhnlichkeit gegenüber Mängeln. [...]

(aus dem Programm und Statut der SED)

1. Beschreibe, wie die SED gegliedert ist:
   - Welche Parteiorgane treffen die Entscheidungen?
   - Wo ist die Machtbefugnis am größten?
2. Liste auf, welche Aufgaben die Grundorganisationen der SED wahrnehmen sollen.

Für die Nationale Front der DDR stimmten 99,94 Prozent

SED-Politbüro spricht von „Wahltag der Lebensfreude"

Berlin, 9. Juni. Mit 99,94 Prozent Zustimmung für den von der SED geführten „gemeinsamen Wahlvorschlag" der Nationalen Front endete das „vorläufige Gesamtergebnis" der Wahl zur DDR-Volkskammer. Wie der Vorsitzende des Wahlausschusses [. . .] Egon Krenz am späten Sonntagabend im DDR-Fernsehen mitteilte, hätten lediglich 7502 Wähler oder 0,06 Prozent gegen die Einheitsliste gestimmt. [. . .]

In der von der SED beherrschten Volkskammer sind 500 Abgeordnete vertreten. Die Zahl der Mandate für die SED, die Blockparteien CDU, LDPD, NDPD und Bauernorganisation sowie die Massenorganisationen, stand schon vor der Wahl fest. Die SED verfügt über 127 Abgeordnete, die vier Blockparteien über je 52, der Gewerkschaftsbund über 61, der Jugendverband über 37, der Frauenbund über 32, der Kulturbund über 21 und die Bauernhilfe über 14 Mandate. Die Abgeordneten der Massenorganisationen gehören in der Regel der SED an. [. . .]

(Karl-Heinz Baum, in: Frankfurter Rundschau, 10. 6. 1986)

„Die Volkskammer besteht aus 500 Abgeordneten, die vom Volk auf die Dauer von 5 Jahren in freier, allgemeiner, gleicher und geheimer Wahl gewählt werden." So steht es im Artikel 54 der Verfassung der DDR. Obwohl diese Bestimmung fast gleichlautend mit der des Art. 38 (1) des Grundgesetzes der Bundesrepublik Deutschland ist, sind die Wahlen in beiden Teilen Deutschlands nicht miteinander vergleichbar.

In der DDR gibt es nur einen einzigen Wahlvorschlag, die „Einheitsliste der Nationalen Front". Zur Nationalen Front gehören neben den Parteien die Massenorganisationen; die wichtigsten sind der Freie Deutsche Gewerkschaftsbund (FDGB), die FDJ, der Demokratische Frauenbund (DFD) und der Kulturbund (KB). Die SED entscheidet in der Nationalen Front über die Nominierung und die Reihenfolge aller Kandidaten auf dem Stimmzettel.

Die Einheitsliste enthält mehr Kandidaten, als Sitze zu vergeben sind. Der Wähler hat das Recht, auf dem Stimmzettel Kandidaten zu streichen. Durch die Streichung kann er einen gewissen Einfluß darauf ausüben, wer einen Sitz in der Volkskammer bekommt und wer Nachfolgekandidat wird. Eine politische Alternative zu der Einheitsliste hat der Wähler aber nicht.

Den Wählern steht es nicht frei, ob sie wählen gehen oder nicht. Außerdem besteht ein faktischer Zwang zur offenen Stimmabgabe, so daß eine Ablehnung des gesamten Wahlvorschlages fast unmöglich ist.

Volkskammerwahlen 1950–1981

Wahljahr	Wahlbeteiligung in %	Ja-Stimmen in %
1950	98,53	99,72
1954	98,51	99,46
1958	98,90	99,87
1963	99,25	99,95
1967	98,82	99,93
1971	98,48	99,85
1976	98,58	99,86
1981	99,21	99,86

1. Beschreibe, wie die Einheitsliste der Nationalen Front aufgestellt wird. Kann man die Aufstellung der Kandidaten als „demokratisch" bezeichnen? Begründe.
2. Wie lassen sich die in der Tabelle verzeichneten Wahlergebnisse erklären?
3. Im Zeitungsartikel wird das Wahlergebnis und die Sitzverteilung für 1986 genannt. Warum ist das Wahlergebnis ohne Bedeutung?
4. Welche Möglichkeiten haben die Menschen in der DDR, bei der Wahl der Volkskammer ihre Meinung kundzutun?

Das Regierungssystem

Die **Volkskammer** ist verfassungsmäßig das oberste staatliche Beschlußorgan der DDR. Sie verabschiedet die Gesetze und sorgt für ihre Durchführung. Auf den ersten Blick ist sie demokratisch zusammengesetzt: Die fünf Parteien der DDR sind in ihr ebenso vertreten wie die Massenorganisationen (FDGB, FDJ, DFD, KB). Dieser Eindruck einer demokratischen Zusammensetzung im westlichen Sinne täuscht jedoch. Fast alle Abgeordneten der Massenorganisationen gehören der SED an. Sie bilden zusammen mit den Parteiabgeordneten eine Fraktion. So erhält die SED die absolute Mehrheit in der Volkskammer.

In Wirklichkeit ist der **Staatsrat** das höchste staatliche Organ der DDR. Er vertritt die DDR völkerrechtlich, schließt Staatsverträge ab und organisiert die Landesverteidigung. Darüber hinaus entscheidet er über verfassungsrechtliche Probleme, ist also Judikative, Legislative und Exekutive in einem.

Das Zentrum der Macht bildet aber nicht der Staatsrat, sondern das **Politbüro** der SED unter der Leitung seines Generalsekretärs (z. Z. Erich Honecker). Das Politbüro fällt alle politischen Grundsatzentscheidungen und lenkt die Arbeit aller staatlichen und gesellschaftlichen Organisationen. Seine Entscheidungen gelten auch für die in der Nationalen Front zusammengeschlossenen Parteien und Massenorganisationen.

Die **SED** besetzt alle Schlüsselpositionen im Staat, in der Wirtschaftsverwaltung, in der Nationalen Volksarmee, in der Polizei, in den Massenorganisationen, im Bildungswesen und in den Medien. Diese personelle Verflechtung führt dazu, daß alle Fäden der Macht im Politbüro zusammenlaufen. Bei den wichtigen Entscheidungen gibt die Meinung des Generalsekretärs der SED, der gleichzeitig Vorsitzender des Staatsrates und des Nationalen Verteidigungsrates ist, den Ausschlag.

Personelle Verflechtung zwischen Partei- und Staatsapparat (Stand: 1. 9. 1987)	Politbüro	Sekretariat des ZK	Zentralkomitee (ZK)	Volkskammer	Staatsrat	Ministerrat
AXEN, Hermann	●	●	●	●		
BÖHME, Hans-J.	●		●	●		
DOHLUS, Horst	●	●	●	●		
EBERLEIN, Werner	●		●	●		
FELFE, Werner	●	●	●	●	●	
HAGER, Kurt	●	●	●	●	●	
HERRMANN, Joachim	●	●	●	●		
HONECKER, Erich	●	●[1]	●	●	●[3]	
JAROWINSKY, Werner	●	●	●	●		
KESSLER, Heinz	●		●	●		●
KLEIBER, Günther	●		●	●		●
KRENZ, Egon	●	●	●	●	●	
KROLIKOWSKI, Werner	●		●	●		●
LORENZ, Siegfried	●		●	●		
MIELKE, Erich	●		●	●		●
MITTAG, Günther	●	●	●	●	●	
MÜCKENBERGER, Erich	●		●	●		
NEUMANN, Alfred	●		●	●		●
SCHABOWSKI, Günter	●	●	●	●		
SINDERMANN, Horst	●		●	●[2]	●	
STOPH, Willi	●		●	●	●	●[4]
TISCH, Harry	●		●	●	●	

[1] Generalsekretär [2] Präsident [3] Vorsitzender [4] Vorsitzender

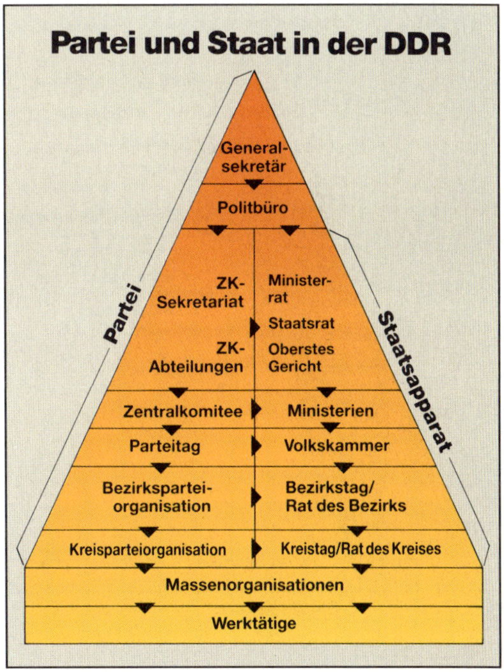

1. Welche Stellung hat die Volkskammer nach der Verfassung? Vergleiche mit der Realität.
2. Unterscheide Staatsrat und Politbüro: Welche Aufgaben haben sie?
3. Beschreibe kurz, wie die SED ihre führende Rolle im Staat sichert.

5. Die Folgen der Teilung mildern

Die innerdeutsche Grenze

Sperranlagen an der innerdeutschen Grenze

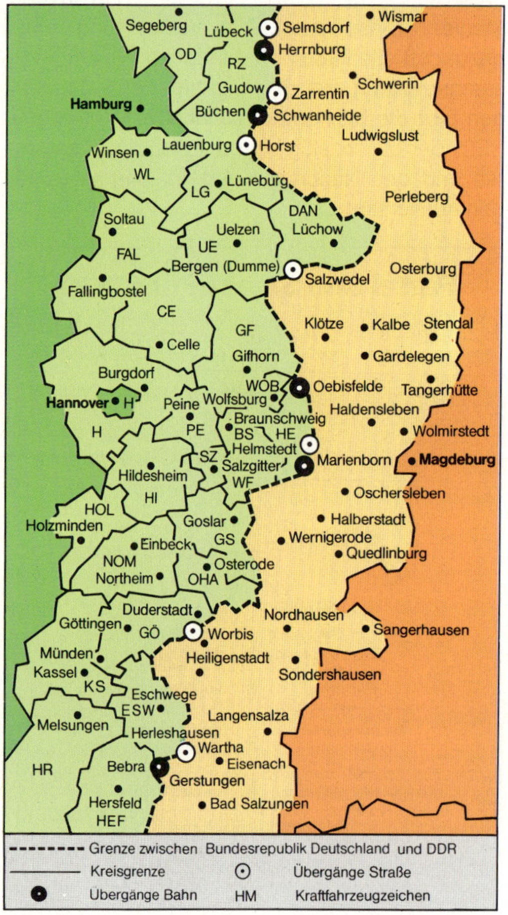

Seit der Gründung der beiden deutschen Staaten wird der Reiseverkehr von den Behörden der DDR behindert. Von 1949 bis 1961 flohen jährlich zwischen 140 000 und 330 000 Menschen aus der DDR in den Westen. Die meisten Flüchtlinge kamen über die damals noch offene Grenze zwischen Ost- und Westberlin. Der Bau der Mauer und die Schließung der gesamten Grenze unterband dann 1961 jeglichen privaten Reiseverkehr von DDR-Bewohnern in den Westen. Für mehr als ein Jahrzehnt waren gegenseitige Besuche von Verwandten zwischen Ost und West nur in wenigen Ausnahmefällen möglich. Die Sperranlagen wurden ausgebaut, und durch den Schießbefehl für die Grenztruppen kam es sogar immer wieder zur Erschießung von Flüchtlingen.

In den Jahren 1970 bis 1972 leiteten eine Reihe von Abkommen eine Entkrampfung der Ost-West-Beziehungen ein. 1970 wurde der Moskauer-Vertrag zwischen der UdSSR und der Bundesrepublik Deutschland unterzeichnet. 1971 folgten das Vier-Mächte-Abkommen über Berlin und das Transit-Abkommen zwischen dem Berliner Senat und der DDR-Regierung. 1972 schließlich konnte der Grundlagenvertrag zwischen den beiden deutschen Staaten ratifiziert werden, der unter anderem auch Reiseerleichterungen vorsah.

Im Jahr 1973 trat der Grundlagenvertrag in Kraft. Er ermöglichte den Bürgern der Bundesrepublik Deutschland Aufenthalte in der gesamten DDR. Mehrere Grenzübergänge wurden neu eingerichtet. Neu war auch, daß nun der Grenzübergang frei gewählt werden konnte, daß nicht nur Verwandte, sondern auch Bekannte in der DDR besucht werden durften, daß Touristenreisen möglich wurden und mehrmals im Jahr Besuche stattfinden konnten. Der grenznahe Verkehr wurde möglich und die Benutzung von privaten PKWs erlaubt.

1. Beschreibe die Sperranlagen an der innerdeutschen Grenze.
2. Warum hat die DDR wohl die Sperranlagen errichtet?
3. Nenne Landkreise, aus denen man im grenznahen Verkehr in die DDR reisen kann.

Politik für menschliche Begegnungen

Die Einheit unserer Nation gründet sich auf die gemeinsame Geschichte und den Willen von uns Deutschen, ein Volk zu sein. Um dieses Bewußtsein über die innerdeutsche Grenze hinweg zu erhalten, ist es notwendig, übereinander möglichst viel zu wissen. Es gehört dazu, daß man sich kennenlernt, daß man versteht, wie der andere lebt und warum er so lebt. Dieses Zusammengehörigkeitsgefühl zu stärken, ist praktische Aufgabe der Deutschlandpolitik.

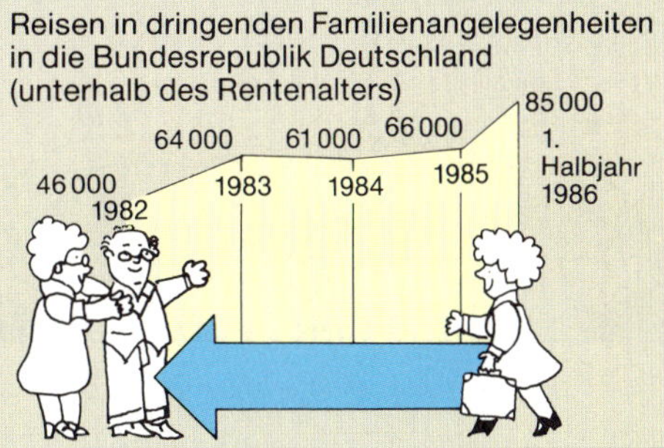

(aus: Deutschlandpolitik 1982 bis 1986, Hrsg.: Bundesministerium für innerdeutsche Beziehungen, Aug. 1986)

Bundeskanzler Helmut Kohl:

„Die Menschen in Deutschland wissen, daß hier zwei Staaten bestehen, die viele praktische Fragen miteinander regeln müssen. Aber sie wissen auch, dieser Besuch hat eine besondere menschliche und politische Dimension. Er unterscheidet sich von den üblichen Begegnungen in Ost und West. Das Bewußtsein für die Einheit der Nation ist wach wie eh und je, und ungebrochen ist der Wille, sie zu bewahren. Diese Einheit findet Ausdruck in gemeinsamer Sprache, im gemeinsamen kulturellen Erbe, in einer langen, fortdauernden gemeinsamen Geschichte.

[. . .] Die Präambel unseres Grundgesetzes steht nicht zur Disposition, weil sie unserer Überzeugung entspricht. Sie will das vereinte Europa, und sie fordert das gesamte deutsche Volk auf, in freier Selbstbestimmung die Einheit und Freiheit Deutschlands zu vollenden. Das ist unser Ziel."

Staatsratsvorsitzender Erich Honecker:

„Angesichts der Lage der Deutschen Demokratischen Republik und der Bundesrepublik Deutschland im Zentrum Europas und der Lehren der Geschichte reicht die Bedeutung ihres Verhältnisses über die Grenzen weit hinaus.

Bei alledem gehen wir davon aus, daß beiden deutschen Staaten, fest eingefügt in die mächtigsten Militärkoalitionen dieser Zeit, die Verpflichtung zukommt, besonders aktiv zu Frieden, Abrüstung und Entspannung beizutragen. Wir stimmen, trotz aller Unterschiede in der Bewertung aktueller politischer Fragen, darin überein, daß es in einem nuklearen Krieg weder Sieger noch Besiegte geben würde. [. . .]

Die Bewahrung des militärischen Gleichgewichts hat weiterhin entscheidende Bedeutung für die Erhaltung des Friedens. [. . .] Wir sind dafür, die These ‚Frieden schaffen mit immer weniger Waffen' zu verwirklichen."

Auszüge aus den Tischreden am 8. 9. 1987 anläßlich des Besuchs von Erich Honecker in der Bundesrepublik Deutschland

Ausgangspunkt für die Verbesserung der innerdeutschen Beziehungen ist der Grundlagenvertrag. Mittlerweile gibt es eine Reihe von Vereinbarungen über menschliche Erleichterungen. Rentner aus der DDR dürfen in den Westen reisen. Auch jüngere DDR-Bürger können in dringenden Familienangelegenheiten einen Besuch beantragen. Im Rahmen des Jugendaustausches dürfen seit 1988 auch wieder Jugendliche aus der DDR zu uns reisen. Unbefriedigend bleibt aber u. a., daß die DDR die Altersgrenze für Westreisende noch nicht generell gesenkt hat, daß Kadermitgliedern und Personen in leitenden Stellungen Westkontakte nach wie vor untersagt sind und daß viele ehemalige DDR-Bewohner keine Einreisegenehmigung für DDR-Besuche erhalten.

Bei der Diskussion der angerissenen Probleme ist zu bedenken, daß Entspannungspolitik in Deutschland immer auch von den Interessen der beiden Supermächte USA und UdSSR und deren Verhältnis zueinander abhängig ist.

1. Welches Ziel verfolgt die Bundesregierung mit ihrer Deutschlandpolitik?
2. Welche Schwerpunkte der deutsch-deutschen Beziehungen sprachen Kohl und Honecker an?
3. Hältst du eine „Politik für menschliche Begegnungen" für notwendig? Begründe.

Eine Klassenfahrt in die DDR?

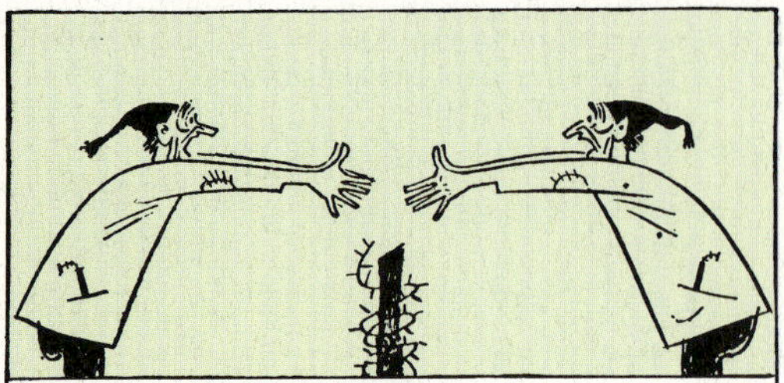

1945: „Bruder"

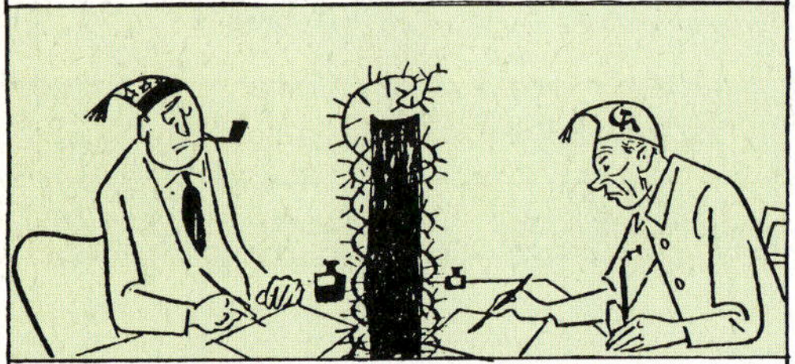

1955: „Mein lieber Vetter"

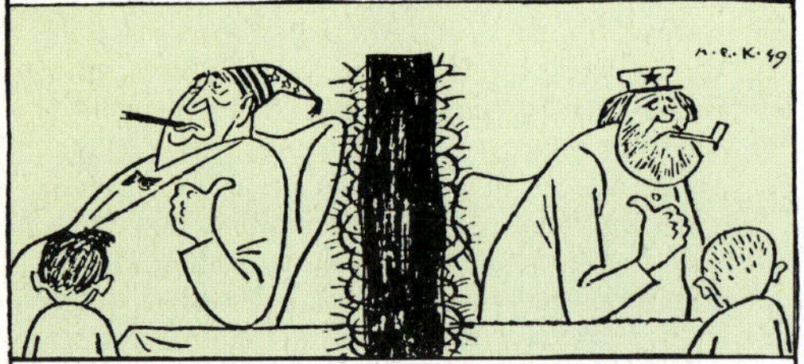

1965: „Ach ja – wir haben irgendeinen entfernten Verwandten im Ausland . . ."

Die Auswirkungen der Teilung können durch Kontakte, durch Reisen gemildert werden. Eine Klassenfahrt in die DDR ist eine Möglichkeit, Jugendliche dort kennenzulernen. Die Niedersächsische Landeszentrale für politische Bildung oder die Arbeitsgemeinschaft Staat und Gesellschaft in Hannover helfen bei den organisatorischen und pädagogischen Vorbereitungen von Klassenfahrten in die DDR.

Eine Schulklasse berichtet von ihren Eindrücken

„In [. . .] offiziell nicht geplanten Gesprächen hörten wir von den jungen DDR-Gästen des Jugendhotels, daß sie Verhaltensmaßregeln über den Umgang mit uns bekommen hätten. In diesen Unterhaltungen zeigte sich bald, daß die Jugendlichen dort im Grunde genauso sind wie wir, daß sie nur murrend ihre ‚freiwilligen Einsätze' ableisten und sich gern davor drücken; daß sie in Gegenwart des FDJ-Leiters die richtigen Sätze abspulen und zu Hause oder unter Freunden über ganz anderes reden, die Politik weglassen oder auch mal abweichende Meinungen haben [. . .]

Die Vorstellung, in den Westen zu flüchten oder – im Falle offener Grenzen – sofort auszuwandern, fanden sie meistens albern. Aber besuchen würden sie uns eben mal gern, sich mal umschauen, und wieder zurück [. . .]

Solche Unterhaltungen waren oft voller Mißverständnisse auf beiden Seiten. Wir fanden aber immer großes Interesse vor und sehr viel Aufgeschlossenheit und Gesprächsbereitschaft, die wir so eigentlich gar nicht erwartet hatten. Wir verstanden uns auf Anhieb gut – und uns wurde schmerzlich bewußt, daß wir eben nicht sagen können: Besuch mich mal!

Wir bekamen auf der Hinfahrt die Frage gestellt: Fühlt ihr euch mit den DDR-Bürgern als ein Volk? Wir wiesen die Frage ab, was sollte man antworten? Auf der Rückfahrt antworteten wir fast alle mit Ja.

(Juliane Köhler, in: DIE ZEIT vom 15. 1. 1982, S. 4)

1. Schreibe auf, was die Karikatur aussagen will.
2. Welche Erfahrungen werden von der Klassenfahrt in die DDR mitgeteilt? Begründe, warum sich die Jugendlichen dort manchmal anders verhalten als sie eigentlich möchten.
3. Erkundige dich bei der Landeszentrale für politische Bildung, wie eine Klassenfahrt in die DDR durchgeführt werden kann.

Das Gericht entscheidet

„Recht haben und Recht bekommen sind zwei verschiedene Dinge", hört man manchmal. Für viele Bürger ist die Justiz eine undurchschaubare Einrichtung und der Weg zu ihrem Recht ein angsteinflößendes Labyrinth. Dabei ist es wichtig und gar nicht so schwierig, ein wenig Durchblick zu gewinnen. Das gilt auch für Jugendliche.

- *Was geschieht, wenn Jugendliche straffällig werden?*
- *Welche Maßnahmen sieht das Jugendstrafrecht vor?*
- *Wie läuft eine Verhandlung vor dem Jugendrichter ab?*
- *Wie sieht es in einer modernen Jugendstrafanstalt aus?*
- *Was versteht man unter Resozialisierung?*
- *Worin unterscheiden sich Straf- und Zivilprozeß?*
- *Welches Gericht ist wann zuständig?*

1. Ein Fall aus dem Jugendstrafrecht

Ralf – einer auf der „schiefen Bahn"

Seit drei Wochen geht der siebzehnjährige Ralf mit der fünfzehnjährigen Britta. An diesem Freitag überredet er sie, mit ihm die Disco zu besuchen. Es kommt, wie es kommen muß: Ausgerechnet an diesem Abend kommen Mitarbeiter des Jugendamtes in Begleitung von zwei Polizeibeamten und machen eine Jugendschutzkontrolle. Die Beamten stellen fest: Britta ist noch nicht 16 Jahre alt und muß deshalb nach Hause. Ralf, der schon einige Bier getrunken hat, reagiert aufgebracht und wütend, so daß der Wirt ihn schließlich hinausschickt. Vor dem Haus sieht er den Streifenwagen stehen. Spontan nimmt er sein Taschenmesser und sticht damit in die beiden rechten Reifen. Dann kratzt er noch mit dem Korkenzieher von hinten bis vorn am Lack entlang. „Denen habe ich zu verdanken, daß ich den Abend jetzt alleine verbringen muß; und Krach mit Brittas Eltern, die mich sowieso nicht leiden können, gibt's bestimmt auch noch", denkt er. In diesem Moment kommen zwei Männer aus einem Hauseingang, die die Situation sofort erfassen. Sie stellen Ralf nach einer kurzen „Verfolgungsjagd" und halten ihn an beiden Armen fest. Ralf schlägt wild um sich und verletzt mit seinem Taschenmesser einen der Männer am Arm. Ein weiterer Passant holt die Polizei. Sie nimmt Ralf fest. Da er sich nicht ausweisen kann, wird er zum Revier gebracht und am nächsten Morgen dem Haftrichter vorgeführt. Als der Richter ihn wegen der „Messerstecherei" befragt, meint Ralf: „Die beiden Männer wollten mich mit Gewalt festhalten. Da habe ich mich gewehrt. Sie waren schließlich zu zweit." Der Richter antwortet ihm: „Wissen Sie, es gibt da den sogenannten ‚Jedermann-Paragraphen', den § 127 der Strafprozeßordnung . . ."

Grundgesetz, Artikel 104 (Rechtsgarantien bei Freiheitsentziehung)

(1) Die Freiheit der Person kann nur auf Grund eines förmlichen Gesetzes und nur unter Beachtung der darin vorgeschriebenen Formen beschränkt werden. Festgehaltene Personen dürfen weder seelisch noch körperlich mißhandelt werden.

(2) Über die Zulässigkeit und Fortdauer einer Freiheitsentziehung hat nur der Richter zu entscheiden. Bei jeder nicht auf richterlicher Anordnung beruhenden Freiheitsentziehung ist unverzüglich eine richterliche Entscheidung herbeizuführen. Die Polizei darf aus eigener Machtvollkommenheit niemanden länger als bis zum Ende des Tages nach dem Ergreifen in eigenem Gewahrsam halten. Das Nähere ist gesetzlich zu regeln.

(3) Jeder wegen des Verdachtes einer strafbaren Handlung vorläufig Festgenommene ist spätestens am Tage nach der Festnahme dem Richter vorzuführen, der ihm die Gründe der Festnahme mitzuteilen, ihn zu vernehmen und ihm Gelegenheit zu Einwendungen zu geben hat. Der Richter hat unverzüglich entweder einen mit Gründen versehenen schriftlichen Haftbefehl zu erlassen oder die Freilassung anzuordnen.

(4) Von jeder richterlichen Entscheidung über die Anordnung oder Fortdauer einer Freiheitsentziehung ist unverzüglich ein Angehöriger des Festgehaltenen oder eine Person seines Vertrauens zu benachrichtigen.

Strafprozeßordnung (StPO) § 127

Wird jemand auf frischer Tat betroffen oder verfolgt, so ist, wenn er der Flucht verdächtig ist oder seine Identität nicht sofort festgestellt werden kann, jedermann befugt, ihn auch ohne richterliche Anordnung vorläufig festzunehmen. [. . .]

1. Was meinst du: Hat sich Ralf strafbar gemacht? Begründe.
2. Diskutiert den § 127 der StPO. Welche Vorteile und welche Gefahren birgt er in sich?
3. Wer kann einen Haftbefehl ausstellen, und warum gibt es wohl diese Bestimmung? Inwiefern steht sie dem § 127 der StPO entgegen, inwiefern ergänzt sie ihn?

Maßnahmen des Jugendstrafrechts

Beim Jugendgericht ist Ralf kein „unbeschriebenes Blatt" mehr. Dem Jugendrichter und der Jugendstaatsanwältin, die sich mit dem Fall befassen müssen, liegt folgendes vor: Verwarnung wegen wiederholten Ladendiebstahls, Freizeitarrest (1 Wochenende) wegen Körperverletzung, 2 Wochen Dauerarrest wegen Beteiligung an mehreren Automatenaufbrüchen.

Das Jugendgericht hat bisher durch sogenannte Zuchtmittel versucht, auf Ralf einzuwirken. Im Gegensatz zum Erwachsenenstrafrecht ist das Jugendstrafrecht nicht auf Sühne und Abschreckung, sondern mehr auf Erziehung und Sozialisierung ausgerichtet.

Die verschiedenen Maßnahmen nach dem Jugendgerichtsgesetz

§ 9 ff., Erziehungsmaßregeln

- Der Richter erteilt dem Jugendlichen Weisungen, z. B. eine Lehr- oder Arbeitsstelle anzunehmen, in einem Heim zu wohnen, zeitweilig Arbeit in einer gemeinnützigen Einrichtung zu leisten.
- Er ordnet einen Erziehungsbeistand oder Fürsorgeerziehung an.

§ 13 ff., Zuchtmittel

- Der Jugendrichter erteilt eine Verwarnung.
- Er verpflichtet den Täter zur Wiedergutmachung des Schadens, zur Entschuldigung beim Geschädigten, zur Zahlung einer Geldbuße an eine gemeinnützige Einrichtung.
- Er verhängt Freizeitarrest, Kurzarrest (höchstens 6 Tage) oder Dauerarrest.

§ 17 ff., Jugendstrafen

- Der Jugendrichter kann Haftstrafen bis zu maximal einem Jahr,
- das Jugendschöffengericht bis zu fünf Jahren,
- die Jugendkammer bis zu zehn Jahren und
- das Jugendgericht Haftstrafen von unbestimmter Dauer verhängen.

Bei besonders schweren Verbrechen wird in der Regel vor dem Landgericht verhandelt.

1. Worin unterscheiden sich Erziehungsmaßregeln, Zuchtmittel und Jugendstrafen?
2. Welche Maßnahme bzw. Strafe hältst du für Ralfs Vergehen angebracht?

Das Vorverfahren

Bald danach kommt Frau Frisch von der Jugendgerichtshilfe zu Ralf. Die Jugendgerichtshilfe soll die erzieherischen, sozialen und fürsorgerischen Gesichtspunkte im Vorverfahren ermitteln und an das Jugendgericht weiterleiten. Sie unterstützt somit die beteiligten Behörden durch Erforschung der Persönlichkeit, der Entwicklung und des sozialen Umfeldes des Beschuldigten und äußert sich zu den Maßnahmen, die zu ergreifen sind.

In dem Gespräch mit Ralf und seiner Mutter erfährt Frau Frisch, daß Ralf von seiner Mutter, die ganztags arbeiten geht, allein erzogen wird. Der Vater kommt nur selten nach Hause und hat sich nie um Ralf gekümmert. Die Mutter hat ihren Einfluß auf Ralf mehr und mehr verloren, seit ihr Sohn Anschluß an eine Gruppe älterer Jugendlicher gefunden hat.

Frau Frisch erklärt den beiden, was im Prozeß auf Ralf zukommt. Auch die Kosten für einen Verteidiger spricht sie an: „Sie können zu einer öffentlichen Rechtsauskunftsstelle gehen und sich dort beraten lassen. Falls Sie eine Rechtsschutzversicherung abgeschlossen haben, übernimmt diese die Kosten nicht, weil die Tat als ‚vorsätzlich' eingestuft werden wird."

Einige Tage später muß Ralf noch bei der zuständigen Jugendstaatsanwältin, Frau Dr. Becker, erscheinen. Sie versucht, sich ein Bild von Ralf zu machen und erkundigt sich auch nach den Vorgängen am Tatabend.

Am Ende des Ermittlungsverfahrens muß die Jugendstaatsanwältin entscheiden, ob das Verfahren eingestellt oder Anklage erhoben werden soll. Das kann auch auf Antrag des Jugendrichters geschehen, wenn ein Urteil „für entbehrlich gehalten wird", der Richter dem Täter gewisse Auflagen macht, Arbeitsleistungen auferlegt oder ihn richterlich ermahnt.

„Die Jugendgerichtshilfe soll die erzieherischen, sozialen und fürsorgerischen Gesichtspunkte ... ermitteln". Was ist damit gemeint, und welchem Zweck soll das dienen?

Die Hauptverhandlung

Nachdem im Vorverfahren Persönlichkeit und familiäre Situation des jugendlichen Angeklagten beleuchtet wurden, gibt es, bevor das Hauptverfahren beginnen kann, erst noch ein Zwischenverfahren. Darin prüft der Jugendrichter, ob das Hauptverfahren zu eröffnen oder das Verfahren einzustellen ist. Damit ist eine weitere Möglichkeit geschaffen, Jugendliche, wenn irgend möglich, vor einer Verurteilung zu bewahren.

Im Mittelpunkt des Strafverfahrens steht die Hauptverhandlung. Der Jugendrichter setzt einen Termin fest und läßt die Beteiligten dazu laden. Neben den Eltern kann der Jugendrichter einen weiteren „Beistand" (z. B. Verwandter, Pfarrer) berufen.

Verhandlungen gegen Jugendliche (d. h. zur Tatzeit über 14 und unter 18 Jahre alt) sind nicht öffentlich, weil dem Recht auf Schutz des Jugendlichen vor dem allgemeinen Interesse Vorrang eingeräumt wird. Ansonsten ist das Prinzip der Öffentlichkeit von Verhandlungen ein wesentlicher Bestandteil unseres Rechtsstaates.

Der Jugendrichter, Herr Dr. Schröder, beginnt: „Ich eröffne hiermit die Hauptverhandlung in der Jugendsache Ralf Klages. Ich stelle fest, daß hier anwesend sind: Der Angeklagte Ralf Klages mit seinem Verteidiger und der Mutter als gesetzlicher Vertreterin. Ferner die Staatsanwaltschaft, vertreten durch Frau Staatsanwältin Dr. Becker, Frau Frisch von der Jugendgerichtshilfe und die folgenden Zeugen..." Bei Ralfs Vernehmung zur Person verliest der Richter u. a. auch die bisherigen erzieherischen Maßnahmen oder frühere Verurteilungen des Gerichts.

Als nächstes verliest die Jugendstaatsanwältin den Anklagesatz: „Der Auszubildende Ralf Klages wird angeklagt, in Hannover am 17. 3. 1989 als Jugendlicher mit strafrechtlicher Reife erstens eine fremde Sache beschädigt und zweitens einen anderen körperlich mittels einer Waffe mißhandelt zu haben, indem er erstens an dem Streifenwagen mit dem polizeilichen Kennzeichen... zwei Reifen zerstach sowie erhebliche Beschädigungen am Lack des Fahrzeuges vornahm und zweitens dem Discothekenbetreiber Warnecke mit dem Taschenmesser eine Stichverletzung am Oberarm zufügte."

Danach weist Herr Dr. Schröder Ralf darauf hin, er dürfe zur Sache die Aussage verweigern und brauche sich nicht selbst zu belasten. Falls Ralf möchte, darf er aber zunächst den Ablauf der Tat aus seiner Sicht schildern und wird vom Gericht zum Tatverlauf vernommen.

Es folgt als einer der wichtigsten Teile der Hauptverhandlung die Beweisaufnahme. Zunächst wird Ralf als Angeklagter angehört. Dann werden als Zeugen Ralfs Freundin Britta, der Inhaber der Discothek, die beiden Männer, die Ralf gesehen und festgehalten haben, sowie die beiden Polizeibeamten befragt. Alle, außer Britta, die noch nicht 16 Jahre alt ist, können auf Antrag der Staatsanwaltschaft, der Verteidigung oder wenn das Gericht es für nötig hält, vereidigt werden. Sie sind verpflichtet, die Wahrheit zu sagen und könnten sonst, insbesondere bei falscher Aussage unter Eid, wegen Meineids, streng bestraft werden. So werden Britta und der Discothekeninhaber u. a. gefragt, wieviel Bier Ralf an diesem Abend getrunken hat, wie er sich bei der Jugendschutzkontrolle verhalten hat usw.

Spätestens nachdem die Beweisaufnahme vom Richter abgeschlossen ist, werden die Zeugen entlassen, die bis zu ihrer Vernehmung außerhalb des Saales warten müssen, damit sie die Aussagen der anderen nicht hören können und so eventuell beeinflußt werden. Wenn keine der beteiligten Parteien – Verteidigung, Staatsanwaltschaft, Gericht – dagegen ist, kann ein Zeuge sofort nach seiner Aussage entlassen werden. Sodann wird die Jugendgerichtshilfe gehört, die über die persönlichen Verhältnisse berichtet und für den Fall einer Verurteilung dem Gericht zu ergreifende Maßnahmen empfiehlt.

Der nächste Schritt in der Hauptverhandlung sind die Plädoyers, wobei zunächst der Staatsanwalt und dann der Verteidiger die Erkenntnisse aus der Beweisaufnahme würdigen, d. h. werten, und jeder einen Vorschlag für ein Urteil vorträgt.

Die Staatsanwältin begründet die Anklage, indem sie u. a. ausführt: „Der vorgetragene Tatbestand ist in der Beweisaufnahme meines Erachtens eindeutig bewiesen worden. Auch die Tatsache, daß der Angeklagte schon mehrfach mit Zuchtmitteln seitens des Jugendgerichts belegt wurde, zeigt, daß es diesmal nicht ohne eine Jugendstrafe abgehen kann. Er braucht eine längere Zeit, um in einer Anstalt die Achtung vor fremdem Eigentum zu lernen. Vor allem sollte die

Tatsache hier berücksichtigt werden, daß wiederum ein Fall von Körperverletzung vorliegt. Ich halte deshalb eine Jugendstrafe von 18 Monaten für angebracht."

Anschließend ist Ralfs Verteidiger an der Reihe: „Herr Vorsitzender, hohes Gericht, meine Damen und Herren, ich möchte in meinen Ausführungen nicht versuchen, die Tat in Frage zu stellen. Wie alles an jenem Abend vor sich ging, ist uns allen durch die Beweisaufnahme deutlich geworden. Berücksichtigen und rechtlich würdigen müssen wir jedoch, wie es zu dem Verhalten meines Mandanten gekommen ist. Die familiäre Situation ist, wie aus dem Bericht der Jugendgerichtshilfe hervorgeht, alles andere als das, was man ein intaktes Zuhause nennt. Die Tatsache, daß der Vater auch heute hier nicht erschienen ist, spricht für sich. Praktisch ohne Vater aufgewachsen, geriet der Junge schnell unter den Einfluß einer Gruppe älterer Jugendlicher, in der er sich zum ersten Mal stark fühlen konnte und innerhalb der es auch zu den vorigen Straftaten gekommen ist. Er hat nun den festen Vorsatz gefaßt, eine Ausbildung zu beginnen. Das Gericht sollte ihm meines Erachtens diese Chance geben und auf eine Jugendstrafe verzichten. Ein weiteres Zuchtmittel sollte als ausreichend angesehen werden."

Als letzter vor der Urteilsberatung erhält Ralf als Angeklagter nach dem gesetzlichen Vertreter noch einmal die Möglichkeit, sich zu äußern. Er benutzt die Gelegenheit, ein mildes Urteil zu erbitten und führt seine Tat auf den Alkohol, seine Wut auf die Polizei und die allgemeine Aufregung zurück. Der Richter und die Schöffen ziehen sich nun zur Urteilsberatung zurück.

Als nach einiger Zeit der Wachtmeister zum Wiederbeginn der Verhandlung ruft, geht Ralf klopfenden Herzens in den Gerichtssaal. Der Richter beginnt:

„Im Namen des Volkes verkünde ich folgendes Urteil: Der Jugendliche Ralf Klages wird zu einer Jugendstrafe von 10 Monaten verurteilt. Die Strafe wird nicht zur Bewährung ausgesetzt, da nicht zu erwarten ist, daß der Jugendliche ohne die Einwirkung des Strafvollzugs zu einem ordentlichen Lebenswandel zurückkehren wird. Das Urteil wird wie folgt begründet..."

Es folgt die Belehrung darüber, daß Ralf gegen das Urteil Berufung bei der Jugendkammer am Landgericht einlegen kann.

Strafprozeß vor dem Amtsgericht (Jugendrichter)

① Richter ② Staatsanwalt ③ Protokollführer ④ Angeklagter ⑤ Verteidiger ⑥ Zeuge

1. Erkläre den Sinn des Zwischenverfahrens.
2. Nenne die an der Hauptverhandlung Beteiligten. Beschreibe ihre Funktionen.
3. Erläutere den Ablauf der Verhandlung.
4. Welche Argumente werden vom Staatsanwalt, welche vom Verteidiger vorgetragen?
5. Welches Urteil hältst du in Ralfs Fall für angemessen? Begründe.
6. Warum muß wohl jedes Urteil schriftlich begründet werden?

Ist das Urteil endgültig?

Am Tag nach der Urteilsverkündung spricht Ralf mit seinem Rechtsanwalt.

Anwalt: Wir haben noch einige Tage Zeit, gegen das Urteil ein Rechtsmittel einzulegen.

Ralf: Was ist das denn, ein Rechtsmittel?

Anwalt: Unter einem Rechtsmittel versteht man die Möglichkeit, die Sache noch einmal von einem höheren Gericht überprüfen zu lassen. Das erste Rechtsmittel nennt man Berufung, das weitere Revision. Da dein Fall vor dem Jugendrichter verhandelt wurde, wäre die Berufung bei der „kleinen" Jugendkammer beim Landgericht einzureichen. Hätte deine Verhandlung vor dem Jugendschöffengericht begonnen, so wäre die „große" Jugendkammer am Landgericht Berufungsinstanz.

Ralf: Was meinen Sie, bringt die Berufung was?

Anwalt: Ich halte das Urteil zwar für ziemlich hart, glaube aber kaum, daß die Jugendkammer das Strafmaß herabsetzen wird, da früher gegen Sie verhängte Zuchtmittel nicht den gewünschten Erfolg gezeigt haben.

Ralf: Dann haben wir noch die Revision...

Anwalt: Eine Revision kann grundsätzlich nur dann zum Erfolg führen, wenn man sich auf Rechtsfehler berufen kann, vor allem aber auch dann, wenn wichtige Grundsätze des Verfahrens mißachtet wurden. Eine Überprüfung von Tatsachen (wie bei der Berufung) findet in der Revisionsinstanz nicht mehr statt. Die Revision ist aber im Jugendstrafrecht nur dann möglich, wenn zuvor keine Berufung eingelegt wurde. Wir haben also nur die Möglichkeit entweder der Berufung oder der Revision. Das ist eine Besonderheit des Jugendstrafrechts. Wegen der erzieherischen Absicht, die mit dem Urteil verfolgt wird, möchte man keine Verfahren, die sich über lange Zeit hinziehen. Darum ist die Revision nach einer Berufung nicht mehr zulässig. Eine Revision müßte beim Oberlandesgericht eingelegt werden, wo drei Richter darüber zu entscheiden hätten, ob die vorinstanzlichen Entscheidungen rechtsfehlerhaft waren.

Warum gibt es wohl die Möglichkeit, Rechtsmittel einzulegen?

Wer denkt an die Opfer?

Bei der von Ralf begangenen Körperverletzung ging es glücklicherweise ohne Folgeschäden ab. Manchmal jedoch bleiben Verbrechensopfer ihr Leben lang Invaliden. Diese Opfer können Ansprüche (z. B. Schmerzensgeld, Rente) von den Tätern verlangen. Wie ist es jedoch, wenn der Täter selbst mittellos ist oder nicht ermittelt werden kann?

Am 16. Mai 1976 trat das Opferentschädigungsgesetz (OEG) in Kraft. Es regelt die soziale Entschädigung für Personen, die rechtswidrig angegriffen wurden und dadurch gesundheitliche Schäden erlitten haben.

Der WEISSE RING hat es sich als gemeinnütziger Verein zur Aufgabe gesetzt, Kriminalitätsopfer zu unterstützen und Straftaten zu verhüten. Die Organisation wurde 1976 gegründet. Sie hat mehr als 200 Außenstellen, 1000 ehrenamtliche Mitarbeiter und bundesweit über 30 000 Mitglieder.

Am 6. März 1976 wurden alle Zukunftspläne der 17jährigen Birgitta R. aus Berlin in einer einzigen Sekunde für immer zerstört. Sie stieg an diesem Abend aus der U-Bahn. Auf dem Heimweg war plötzlich ein fremder Mann hinter ihr. Birgitta bekam Angst und lief los. Kurz vor der Haustür hatte sie der Unbekannte eingeholt. Sie spürte einen Stich, der das Rückenmark traf und die Hälfte ihres Körpers für immer lähmte.

Fünf Monate lang lag Birgitta im Krankenhaus. Dann begann für sie das Leben im Rollstuhl – und die Probleme häuften sich: die bisherige Wohnung im 5. Stock mußte aufgegeben werden, die Behinderung erforderte neue Bekleidung, eine ihrem Zustand angepaßte Wohnungseinrichtung.

Der WEISSE RING half ihr. Da sie unter der Isolierung am meisten litt, erhielt sie ein Telefon, dessen Kosten so lange übernommen wurden, bis Birgitta nach der Umschulung als Bürokraft selbst wieder Geld verdiente. Bis dahin erhielt sie auch ein Taschengeld. Weiterhin wurden ihr die Kosten für den Erwerb des Behinderten-Führerscheins erstattet, außerdem hat sie noch einen Zuschuß zum Kauf eines behindertengerechten Kraftfahrzeuges erhalten.

(nach: WEISSER RING, Helfen, Beraten, Vorbeugen; Hrsg.: WEISSER RING e.V., Mainz, Juni 1987, S. 7 f.)

1. Welchen Sinn hat das Opferentschädigungsgesetz?
2. Welche Ziele verfolgt der WEISSE RING? Beschreibe am Beispiel Birgitta R.

In der Jugendanstalt

Nach langem Überlegen und einigen schlaflosen Nächten entschließt sich Ralf, das Urteil anzunehmen und keine Berufung einzulegen. So erhält er nach einiger Zeit die Aufforderung, seine Strafe anzutreten und sich dazu in der Jugendanstalt Hameln einzufinden. Außer in Hameln gibt es in Niedersachsen noch Jugendanstalten in Göttingen und Vechta.

Ralf erfährt sehr bald, daß zwischen geschlossenem und offenem Vollzug unterschieden wird. Ein Gefangener wird dann im offenen Vollzug untergebracht, wenn erwartet werden kann, daß er das ihm entgegengebrachte Vertrauen nicht mißbrauchen wird. Die Verhältnisse im offenen Vollzug sind den allgemeinen Lebensverhältnissen möglichst weit angeglichen. Er wird vor allem gegen Ende der Strafzeit gewährt, damit der Übergang in die Freiheit nach der Entlassung leichter zu bewältigen ist. Von dieser Möglichkeit wird insbesondere dann Gebrauch gemacht, wenn es sich um den ersten Strafvollzug des Jugendlichen handelt.

Ralf lernt auch, daß er sich der Ordnung in der Anstalt fügen muß. Wer das nicht tut, kann mit einer Disziplinarmaßnahme belegt werden, z. B. einem Verweis, Radio- oder Fernsehverbot für eine bestimmte Zeit, Entzug der Einkaufsmöglichkeit, Besuchsbeschränkung, in schweren Fällen Arrest bis zu vier Wochen (Einzelhaft in kärglich ausgestatteter Zelle und weitgehendem Wegfall der Freizeitgestaltung).

Ralfs normaler Tagesablauf im offenen Strafvollzug sieht in etwa so aus:

06.15 Uhr	Wecken durch akustische Signale
07.00 Uhr	Zellenaufschluß und Frühstücksausgabe
07.30 Uhr	Arbeit in der Ausbildungswerkstatt
11.30 Uhr	Essensausgabe
12.00 Uhr	Arbeit in der Ausbildungswerkstatt
16.00 Uhr	Rückkehr in die Zelle; Möglichkeit zum Duschen
16.30 Uhr	Essensausgabe; Aufenthalt im Freien
18.00 Uhr	Allgemeiner Einschluß; Teilnahme einzelner Gefangener an Freizeitveranstaltungen, z. B. Sport- und Hobbygruppen, Fernsehen
22.00 Uhr	Nachteinschluß

Die Jugendanstalt Hameln-Tündern gilt als die modernste in der Bundesrepublik Deutschland. Sie wurde zwischen 1975 und 1980 erbaut. Die Zahl der Haftplätze beträgt 510. In der Anstalt sind Lehrwerkstätten für die Ausbildung zum Maler, Maurer, Tischler, Elektriker, Klempner, Kfz-Mechaniker, Schweißer und Schlosser untergebracht. Daneben gibt es auch Unternehmerwerkstätten (3 Betriebe). Den Jugendlichen stehen Sporteinrichtungen (Sporthalle, Sportplätze), eine Bibliothek und eine Schule zur Verfügung. Ein modern ausgestatteter Krankenbereich ist ebenfalls vorhanden. Geschultes Personal (Psychologen, Lehrer, Pfarrer usw.) kümmert sich um die jugendlichen Strafgefangenen.

Jugendanstalt in Hameln-Tündern

Jugendstrafe wird heute in Stufen vollzogen. Am Anfang steht Einzelhaft in der Zugangsabteilung (Aufnahmevollzug). In dieser Zeit (bis zu 3 Monate) wird ein Vollzugsplan aufgestellt. Darin geht es um: Unterbringung im geschlossenen oder offenen Vollzug, Festlegung besonderer Maßnahmen, Lockerungen des Vollzugs usw. Der anschließende Regelvollzug bedeutet tagsüber Gemeinschaftshaft, wobei ein Ausbildungs- oder Arbeitsplatz zugeteilt wird. Als dritte Stufe folgt der Entlassungs- oder Übergangsvollzug, der weitgehend in halboffenen oder offenen Einrichtungen vollzogen wird.

In Hameln-Tündern sind im Regelvollzug in jedem der fünf Pavillons 48 Jugendliche in Wohngruppen zu je acht mit einem Betreuer untergebracht. Die Fenster sind nicht vergittert. Alle Jugendlichen wohnen in Einzelzimmern. Diese gewähren ihnen Schutz, ermöglichen individuelle Aktivitäten und bieten gute Voraussetzungen für die Entwicklung der Persönlichkeit. Auch der Gedanke der Resozialisierung kann in dieser Form am besten verwirklicht werden.

Die Jugendlichen können ihre Zimmer selbst abschließen, nur der Gruppenbetreuer hat einen Zweitschlüssel. Zur Gruppenwohnung gehören neben den einzelnen Zimmern eine Diele, eine Eßecke und ein Wohnzimmer mit Polstergarnitur und Fernsehapparat. Außerdem gibt es für jede Gruppe einen Duschraum, eine Teeküche mit Herd und Kühlschrank und das Gruppenleiterzimmer.

Obwohl diese Einrichtung auf persönliche Bedürfnisse der Häftlinge Rücksicht nimmt, gibt es im offenen Strafvollzug auch Schwierigkeiten, z. B. wenn Jugendliche weglaufen, von ihrem Heimaturlaub nicht zurückkommen oder neue Straftaten begehen. Zwischen den Jugendlichen kommt es außerdem öfter zu gewalttätigen Auseinandersetzungen. Trotz vieler Reformen im Jugendstrafvollzug in den letzten Jahrzehnten gibt es also immer noch viele Probleme.

1. Welchen Eindruck vermittelt dir das Foto von der Jugendanstalt in Hameln-Tündern auf Seite 103?
2. Beschreibe Merkmale und Ziele des modernen Jugendvollzugs.

Nach der Entlassung

Endlich kommt auch für Ralf der langersehnte Tag seiner Entlassung näher. Trotzdem denkt er nicht nur mit Freude daran . . .

> Britta hat schon lange nichts mehr von sich hören lassen ... Und meine alten Freunde – wie werden die sich mir gegenüber wohl verhalten?... An die Lehrstellensuche mag ich gar nicht denken – ob ich sagen muß, daß ich im Gefängnis war? Was soll nur werden? „Kohle" hab' ich auch nicht. Aber den Paule darf ich auf keinen Fall wiedertreffen ...

Nach seiner Entlassung wird Ralf einem Bewährungshelfer zugeteilt, da der Rest seiner Strafe zur Bewährung ausgesetzt wurde. Der Bewährungshelfer steht ihm helfend und betreuend zur Seite und berichtet dem Gericht in bestimmten Zeitabständen über Ralfs Lebensführung.

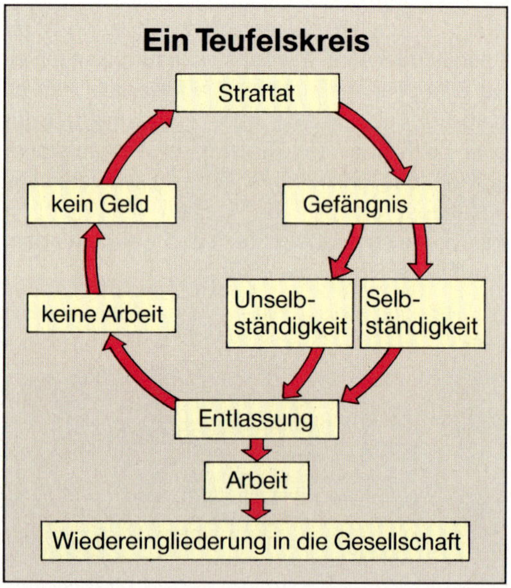

1. Welche Sorgen macht sich Ralf?
2. Die Rückfallquote jugendlicher Häftlinge betrug 1986 in Niedersachsen 48,1%. Erläutere in diesem Zusammenhang die Darstellung „Teufelskreis".

Aus dem Tagebuch eines jugendlichen Strafgefangenen

Die folgenden Auszüge entstammen der Selbstbiographie des Günter Machura (geb. 1951), der sich aus dem Teufelskreis der Kriminalität nicht zu befreien vermochte. Sie sind ein erschütterndes Dokument eines Menschen, der von seinem 15. Lebensjahr an fast ausschließlich in Jugendstrafanstalten und Gefängnissen einsitzt.

In der Einzelzelle

Meine Zelle war eine Einzelzelle, 4 m lang und 2 m breit. In der Ecke standen ein Krug mit Wasser, eine Waschschüssel, ein Eimer für das gebrauchte Wasser und die Abfälle. Ein Kübel, der in der Halterung stand, verriet durch seinen Gestank, daß er für die Notdurft vorgesehen war. Ein Geruch von Urin und Kot vermischte sich mit den Gerüchen von Desinfektionsmitteln und verfaulenden Speiseresten zu einem ekelhaften Gestank. Bett, Tisch, Stuhl und Schrank, die an der Wand befestigt und teilweise aus rohen, unpolierten Brettern hergestellt waren, bildeten das Inventar. Die Zelle wirkte noch trostloser auf mich, weil das Fenster aus undurchsichtigem Glas in einer Höhe von 2,5 Metern angebracht war. So wurde mir der letzte Rest von Freiheit, und wenn sie auch nur optisch gewesen wäre, entzogen. Auch die peinliche Sauberkeit, die sich auf dem Parkettfußboden widerspiegelte, konnte der Trostlosigkeit keinen Abbruch tun. Hier muß ich also bleiben, murmelte ich tränenerstickt.

Wie lange nur?, fragte ich mich ängstlich. In 10 Tagen ist Weihnachten, bis dahin bin ich bestimmt wieder draußen. Ist Weihnachten nicht das Fest der Nächstenliebe, wo man verzeiht und an seine Mitmenschen denkt?

Auf dem Flur klapperten jetzt Teller und Schüsseln, und Türen wurden auf- und zugeschlossen. Auch meine Tür ging auf, und ich holte mir, obwohl ich keinen Hunger hatte, einen Schlag Linsensuppe. [. . .]

Weihnachten in der Zelle

Dann kam der Tag, den ich nie in meinem Leben vergessen werde. Es war nach dem Mittagessen, das nicht verriet, was für ein Tag es war, als meine Zellentür aufging und ein Beamter mir eine Tüte in die Hand drückte. Als die Tür zu war, machte ich die Tüte auf und sah hinein. Es lagen zwei Apfelsinen, zwei Äpfel, eine Schachtel Zigaretten, etwas Gebäck und ein paar Bonbons in ihr.

Aber erst als ich die Weihnachtskarte von irgendeinem christlichen Verein sah, begriff ich. Im ersten Moment waren jeder Gedanke und jedes Gefühl in mir tot. So saß ich vielleicht eine Stunde da, dann merkte ich, daß es mir warm die Backen runterkullerte, ich weinte. Es war kein erlösendes Weinen. [. . .] Im Unterbewußtsein hörte ich, wie über den Lautsprecher auf dem Flur Weihnachtslieder leise in meine Zelle drangen. Plötzlich ging meine Zellentür noch einmal auf, der Beamte hielt eine Weihnachtskarte und einen Brief in der Hand. Nach 14 Tagen bekam ich den ersten Liebesbeweis von meiner Familie. Ob sie wußte, wie weh er tat?

20 Minuten später gab es Abendessen. Kartoffelsalat mit einem Würstchen, stellte ich ernüchtert fest. Bei dieser Gelegenheit fragte ich nach Feuer. Der Beamte wollte mir die Zigaretten, die man mir gegeben hatte, wieder wegnehmen. Man hatte nicht daran gedacht, daß ein 15jähriger im Gefängnis war. Laß ihm doch wenigstens Weihnachten mal eine Zigarette, mischte sich ein Kollege von ihm ein. Er gab mir Feuer.

Als die Tür wieder zu war, dachte ich an meine Eltern und Geschwister, an den Tannenbaum mit den Kerzen. Ob sie auch so an mich wie ich an sie dachte, fragte ich mich. Bestimmt war es so. Wie stand doch in großen Buchstaben im Brief geschrieben: Lieber Günter! Leider darfst und kannst Du diesmal Weihnachten nicht zu Hause sein. Aber wir denken an Dich und wünschen Dir zu Weihnachten alles Gute, denn eine fröhliche Weihnacht wagen wir nicht zu wünschen. [. . .] Als die Glocken dann anfingen zu läuten, warf ich meine Zigarette in die Ecke und heulte, das Gesicht im Bett vergraben, los. Ich fühlte mich vollkommen ausgehöhlt. Die Tränen lösten ein wenig die Spannung, die an meinen Nerven riß und zerrte. Erst jetzt glaubte ich daran, daß ich Weihnachten im Gefängnis verbringen mußte und daß man mich nicht holen kam. Was wußte ich damals denn schon von der unmenschlichen Bürokratie und dem damit verbundenen Papierkrieg, der einer Entlassung vorhergeht! An diesem Tag gab ich das Hoffen und Warten auf – und damit auch einen Teil von mir selbst. Ich nahm eine apathische Haltung ein, mich interessierte nichts mehr, ich ließ alles mit mir geschehen. Bloß nicht nachdenken, damit nicht die tatsächlich vorhandene Umwelt und ihr Bedingungen mir die grausame Wirklichkeit mit allen Einzelheiten vor Augen führten!

So vergingen die Tage auch wesentlich schneller, so schnell, daß ich zum Schluß jedes Gefühl für die Zeit verlor. [. . .]

Günter Machura

(aus: Günter Machura, Eine kriminelle Karriere; Akademische Verlagsanstalt, Wiesbaden 1978)

1. Vergleiche die von Günter Machura beschriebenen Haftbedingungen mit denen in der neuen Jugendanstalt in Hameln-Tündern.
2. Welche grundlegenden Probleme eines Strafgefangenen beschreibt Günter Machura?

Der Knast bleibt den Jugendlichen erspart

Uelzener Werkhalle wurde zum Modell für die Betreuung junger Straftäter

Uelzen. An den Abenden wird es laut in der Werkhalle der Uelzener Jugendhilfe: Motoren heulen auf, junge Leute schweißen emsig, hämmern und feilen. Die Monteure haben ihre Ärmel hochgekrempelt, um mehrere Motorräder für das nächste Geschicklichkeitsfahren in der Kiesgrube wieder in Schwung zu bringen. Alle Mitglieder der Gruppe standen bereits mehrfach vor dem Jugendrichter, der sie schließlich nicht bestrafte, sondern sozialpädagogische Betreuungen anordnete.

Was vor sechs Jahren in Uelzen als Versuch begann, wurde nicht nur dort zur festen Einrichtung. [...] Jahr für Jahr kamen andere Städte hinzu. In rund zwanzig niedersächsischen Städten werden Erzieher künftig dort pädagogisch arbeiten, wo Haftstrafen nichts bewirken: bei den Mängeln in der Persönlichkeitsentwicklung der jungen Menschen.

Statistiken zeigen inzwischen, daß die Rechnung aufging. Von den 455 Jugendlichen, die 1978 im Kreis Hameln vor den Jugendrichtern standen, wurden damals noch über hundert zu Arreststrafen verurteilt. Vier Jahre später, nach Beginn der neuen Jugendhilfe, wanderten nur noch 13 junge Leute hinter Gitter. Über hundert „jugendlichen Wiederholungstätern" blieben die bitteren Knasterfahrungen in der Arrestanstalt Bremervörde erspart.

Für mindestens 6 Monate müssen die Straffälligen im Landkreis Uelzen zweimal wöchentlich an Gruppenabenden teilnehmen. Zusätzliche pädagogische Einzelbetreuungen und Arbeitsleistungen sind häufig Auflagen, die hinzukommen.

Neben fünf Sozialpädagogen sind in der Werkhalle stundenweise einige Handwerker beschäftigt, die sich in verschiedenen Arbeitsgruppen um die speziellen Interessen der Jugendlichen kümmern. Beliebt sind vor allem die Motorrad- und Mofagruppen. In anderen Gruppen beschäftigen sich die Jugendlichen mit dem Bau von Kajakbooten, Sport, der Aufarbeitung von alten Möbeln und dem Ausbau der Werkhalle.

„Die Halle ist uns heilig", sagt der 17jährige Klaus, während er am Dienstagabend eine Werkzeugkiste durch die Montagehalle zieht. Klaus hat die ganze vergangene Woche in der Arrestanstalt verbracht. Bei der Arbeit an den Motorrädern erzählt er den anderen davon: „Das Licht wird schon um neun Uhr abgestellt", sagt er, und die Arbeit im Knast, „das blöde Lampenschrauben", habe ihn genervt ... und: „Ich will da nicht wieder rein."

„Wir betreuen größtenteils junge Menschen, die besonders gefährdet sind, ganz in die Gewohnheitskriminalität abzurutschen", betont der Sozialpädagoge Günter Gullatz, der das Projekt leitet. Rund 800 Jugendliche arbeiteten in den vergangenen sechs Jahren in der Werkhalle. 150 junge Menschen nehmen zur Zeit regelmäßig an den Treffen teil.

Nahezu alle Teilnehmer, so wissen die Pädagogen, sind in konfliktreichen sozialen Verhältnissen aufgewachsen. Viele verließen die Schule ohne Abschluß und sind schon längere Zeit arbeitslos. [...]

(Fritz Hansmann, in: Walsroder Zeitung, 6. 3. 1986)

Natürlich gibt es auch im Jugendstrafrecht Fälle, bei denen die Richter nach § 17 JGG Haftstrafen verhängen müssen. Die Haft muß aber das letzte Mittel sein, um jugendliche Straftäter wieder zur Besinnung zu bringen und an ein geordnetes Leben in der Gesellschaft zurückzugewöhnen. Diese Forderung an Haft erfüllen moderne Jugendvollzugsanstalten wie in Hameln.

Zu häufig mußten jugendliche Straftäter aufgrund ihrer Verfehlungen und Rechtsbrüche in Haft genommen werden. Damit war aber ihre „Besserung“ nicht gewährleistet, sondern eher die Gefahr der Verfestigung einer „kriminellen Karriere“ vorgezeichnet.

Eine engagierte Journalistin, ein Jugendrichter, Sozialarbeiter des Jugendamtes und Lehrer aus Uelzen gründeten deshalb den „Arbeitskreis Resozialisierung“. Er setzte sich zum Ziel, jugendlichen Untersuchungshäftlingen durch Unterricht und sinnvolle Freizeitangebote die U-Haft zu erleichtern und nach der Haftentlassung bei der Lebensgestaltung Hilfen zu geben. Oft war diese Arbeit sehr erfolgreich. Daraufhin wurde der „Verein Jugendhilfe“ in Uelzen gegründet. Hier wurde die begonnene Arbeit noch ausgeweitet und erfolgreich versucht, staatliche Stellen verstärkt in die Arbeit und die finanzielle Förderung einzubeziehen.

Erfahrungen und Überlegungen des Uelzener Projekts werden bei der Novellierung des Jugendgerichtsgesetzes berücksichtigt, weil die Ergebnisse überzeugten. Schließlich genehmigte der Niedersächsische Justizminister die Erprobung der Uelzener Pläne und stellte Geld zur Verfügung. Der Versuch wurde „Projekt zur ambulanten sozialpädagogischen Betreuung junger Straffälliger“ – kurz „Uelzener Modell“ – genannt.

Es sieht vor, kriminell gefährdete Jugendliche schon vor der Verurteilung zu einer Haftstrafe in Zusammenarbeit mit den Jugendrichtern pädagogisch aufzufangen und zu betreuen. Auch den nach § 17 Jugendgerichtsgesetz Verurteilten wird im Rahmen eines Nachsorgeprogramms geholfen: Es ist nicht sinnvoll, sie nach der Haftentlassung sich selbst zu überlassen.

Inzwischen ist die Arbeit nach dem Uelzener Modell für viele Jugendrichter zur festen Einrichtung geworden, sofern in ihren Städten oder Landkreisen ähnliche Einrichtungen existieren.

Leiter der Vollzugsanstalt Hameln-Tündern:

„Haft als das letzte Mittel“

[. . .] Eingeladen von Uelzens Jugendschöffen, wollte Dr. Gerhard Bulczak, Leiter der Jugendvollzugsanstalt Hameln-Tündern, aus seiner Arbeit berichten. [. . .]

Im Diskussionsteil waren es Lokalpolitiker, die eine Erörterung der finanziellen Situation des „Uelzener Modells“ wünschten. [. . .]

Dr. G. Bulczak mahnte, eine „so segensreiche Einrichtung“ wie das „Uelzener Modell“ dürfe einfach nicht Schaden nehmen, nur weil ein vergleichsweise geringer Betrag fehle.

Seine hohe Meinung über die im Kreis Uelzen geleistete ambulante Betreuungsarbeit brachte Dr. G. Bulczak zum Ausdruck. Zwar sei seine Anstalt nach den modernsten Erkenntnissen konzipiert, dennoch müsse die Einweisung in den Vollzug für Jugendrichter immer „das absolut letzte Mittel“ bleiben.

(aus: Allgemeine Zeitung Uelzen, 17. 5. 1986)

1. Aus welchen Gründen wurde das „Uelzener Modell“ ins Leben gerufen?
2. Beschreibe die Art und die Ziele der Betreuung.
3. Welche Erfolge der Betreuung werden besonders herausgestellt?
4. Auf welche Probleme könnte die Arbeit nach dem „Uelzener Modell“ in der Öffentlichkeit stoßen?
5. „Haftstrafen müssen das absolut letzte Mittel bleiben.“ Erläutere diese Aussage.

2. Bürger verlangen ihr Recht

Katja fühlt sich betrogen

Die neunzehnjährige Katja, die gerade ihre Ausbildung als Bankkauffrau beendet hat, möchte sich ihr erstes Auto kaufen. Sie denkt an einen gut erhaltenen Gebrauchtwagen, sieht sich Anzeigen in der Zeitung an und geht schließlich zu einem Gebrauchtwagenhändler. Dort gefällt ihr auf Anhieb ein signalroter XRZ, Fahrleistung 63 682 km, für 5800 DM.

Nach einer kurzen Probefahrt entschließt sich Katja sofort, den Wagen zu kaufen, zumal auch noch andere Kunden interessiert sind. Herr Becker, der Händler, füllt einen Vertrag aus, in dem unter anderem steht: „Der Wagen wird gekauft wie besichtigt und probegefahren, unter Ausschluß sämtlicher Gewährleistungsansprüche. Der Verkäufer versichert, daß das Fahrzeug keine schweren Sachmängel hat und unfallfrei ist." Beide unterschreiben, und Katja händigt Herrn Becker das Geld aus. Glücklich fährt sie mit ihrem neuen Auto nach Hause.

Am nächsten Wochenende testet sie den Wagen mit ihrem Freund auf der Autobahn. Nach ca. 100 km hören die beiden zunächst merkwürdige Geräusche, schließlich bleibt der Wagen stehen: Motorschaden! Es bleibt ihnen nichts übrig, als den Wagen in eine Werkstatt schleppen zu lassen. Nach gründlicher Untersuchung des Autos, und nachdem sie ihre Situation geschildert haben, wird ihnen erklärt, daß der Motor mindestens 150 000 km gelaufen hat, und „unfallfrei" sei der Wagen mit Sicherheit auch nicht, wie Schweißnähte am Rahmenblech beweisen würden.

Voller Wut geht Katja am nächsten Tag zum Händler und fordert ihr Geld zurück. Unter Hinweis auf den Gewährleistungsausschluß im Vertrag widerspricht der Händler energisch dieser Forderung. Katja will sich damit nicht zufriedengeben und überlegt, wie sie zu ihrem Recht kommen kann...

Rechtlich gesehen handelt es sich bei Katjas Vertrag um einen Kaufvertrag, zu dem das Bürgerliche Gesetzbuch (BGB) u. a. folgendes bestimmt:

§ 433 [Grundpflichten des Verkäufers und des Käufers]
(1) Durch den Kaufvertrag wird der Verkäufer einer Sache verpflichtet, dem Käufer die Sache zu übergeben und das Eigentum an der Sache zu verschaffen. [. . .]
(2) Der Käufer ist verpflichtet, dem Verkäufer den vereinbarten Kaufpreis zu zahlen und die gekaufte Sache abzunehmen.

Was Katja verlangt, ist eine Haftung des Verkäufers. Darüber steht im BGB:

§ 459 [Haftung für Sachmängel]
(1) Der Verkäufer einer Sache haftet dem Käufer dafür, daß sie zu der Zeit, zu welcher die Gefahr auf den Käufer übergeht, nicht mit Fehlern behaftet ist, die den Wert oder die Tauglichkeit zu dem gewöhnlichen oder dem nach dem Vertrage vorausgesetzten Gebrauch aufheben oder mindern. Eine unerhebliche Minderung des Wertes oder der Tauglichkeit kommt nicht in Betracht.
(2) Der Verkäufer haftet auch dafür, daß die Sache zur Zeit des Überganges der Gefahr die zugesicherten Eigenschaften hat.

1. Ist Katja betrogen worden? Begründe deine Meinung.
2. Erkläre, was man unter einem Kaufvertrag versteht.
3. Was bedeutet der Begriff „Haftung"? In welchen Fällen muß ein Verkäufer haften?

Der Fall gehört vor das Landgericht

Katja geht zur Polizei, um den Autohändler wegen des Betruges anzuzeigen. Gleichzeitig fragt sie, wie sie ihr Geld wiederbekommen könne. Die Polizei klärt sie darüber auf, daß ihr Rückzahlungsanspruch mit der Strafanzeige nicht verwechselt werden dürfe. Wegen ihres Anspruches müsse sie Herrn Becker vor dem Zivilgericht (in diesem Fall am Landgericht) verklagen. Vorher müsse sie sich allerdings an einen Rechtsanwalt wenden, da ein Zivilprozeß vor dem Landgericht nur mit Hilfe eines Anwalts geführt werden dürfe. In der vom Rechtsanwalt verfaßten Klageschrift an das Gericht müssen der genaue Umfang der Klage (d. h. die Höhe des strittigen Betrags) und der Grund des Anspruches angegeben werden. Gleichzeitig wird eine Vorschußzahlung auf die Gerichtskosten und -gebühren fällig. Diese Kosten haben u. a. den Sinn, „Prozeßhansln aus Leidenschaft" vom Prozessieren abzuschrecken und Gerichte von Bagatellsachen freizuhalten. Wenn Katja ihren Prozeß gewinnt, muß der Prozeßgegner Herr Becker ihr die Auslagen (auch für ihren Rechtsanwalt) erstatten.

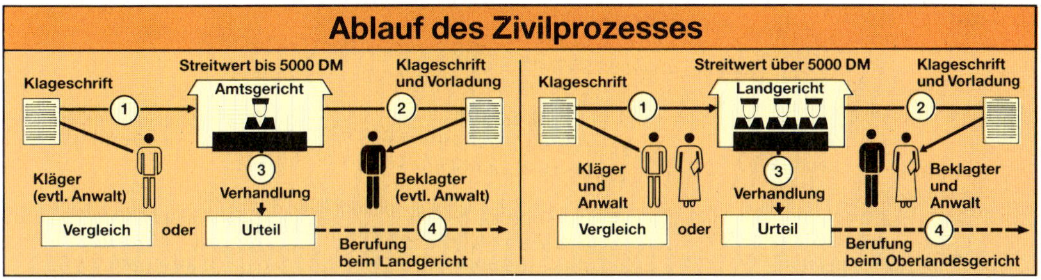

① Richterin/Richter ② Protokollführer ③ Rechtsanwältin/Rechtsanwalt ④ Klägerin ⑤ Beklagter ⑥ Zeuge ⑦ Zuhörer

1. Warum kommt Katjas Fall vor das Landgericht?
2. Beschreibe anhand der Grafik den Verlauf eines Zivilprozesses.
3. Worin unterscheiden sich Zivil- und Strafprozeß?

Das Urteil

URTEIL

Verkündet am 24. 7. 19 . .

Landgericht
7 C 352/. . .

IM NAMEN DES VOLKES!

In dem Rechtsstreit
der Bankkauffrau Katja Menzel in . . ., . . . Straße . ., Klägerin
gegen
den Kaufmann Richard Becker in . . ., . . . Platz . ., Beklagter
wegen Gewährleistung (Wandlung) wegen Mangels
hat das Landgericht
auf die mündliche Verhandlung vom 24. 7. 19 . .
für Recht erkannt:

Der Beklagte wird verurteilt, an die Klägerin DM 5800 nebst 4 % Zinsen seit dem 15. 4. 19 . . gegen Rückgabe des PKW zurückzuzahlen.
Die Kosten des Verfahrens werden dem Beklagten auferlegt. Das Urteil ist gegen eine Sicherheitsleistung von DM 7000 vorläufig vollstreckbar.

Tatbestand

Am 10. 4. 19 . . wurde im Geschäftslokal des Beklagten ein Kaufvertrag über einen Gebrauchtwagen Typ XRZ zum Preis von DM 5 800 abgeschlossen. Der Kaufpreis wurde laut vorliegender Quittung in bar bezahlt.
Laut ausdrücklichen Angaben im Kaufvertrag betrug die Fahrleistung ca. 60 000 km, der PKW wurde als „unfallfrei" bezeichnet. Etwaige Gewährleistungsansprüche wurden ausgeschlossen.
Nach Angaben der Klägerin und vorliegender Stellungnahme der Fa. Auto-Weber in . . . war das Fahrzeug bereits wenige Tage nach dem Kauf nicht mehr benutzbar. Die Klägerin behauptet, durch die Angaben im Kaufvertrag „Laufleistung 60 000 km" und „unfallfrei" arglistig getäuscht worden zu sein, da diese nicht den Tatsachen entsprächen. Der Kaufvertrag sei nichtig, da er unter falschen Annahmen geschlossen worden sei.
Der Beklagte beantragt,
die Klage abzuweisen.
Er bestreitet, von einem etwaigen Unfall gewußt zu haben. Die Laufleistung habe er vom Kilometerzähler des Fahrzeugs abgelesen. Im übrigen seien sämtliche Ansprüche ausdrücklich durch den Vertrag ausgeschlossen.

Entscheidungsgründe

Der Klage ist stattzugeben.
Die Beweisaufnahme hat ergeben, daß die im Kaufvertrag zugesicherten Eigenschaften des Kaufobjekts „unfallfrei" und „Fahrleistung 60 000 km" nicht den tatsächlichen Verhältnissen entsprechen. Wie der Sachverständige Schmid überzeugend ausgeführt hat, hat das Fahrzeug zumindest einen schweren Unfall erlitten und eine erheblich höhere Fahrleistung als angegeben.
Allein daraus ergibt sich ein Anspruch der Klägerin auf Aufhebung des Vertrages.
Der Beklagte kann sich nicht darauf berufen, selbst vom Vorbesitzer des Fahrzeugs getäuscht worden zu sein.
Das Urteil begründet sich auf § 459 Abs. 1 und 2 BGB. Die Entscheidung über die Kosten folgt aus § 91 ZPO. Die Entscheidung über die vorläufige Vollstreckbarkeit beruht auf § 709 ZPO.

gez. Dr. Köhne

Ausgefertigt:

(Scholz)
Justizhauptsekretärin
als Urkundsbeamtin der
Geschäftsstelle

1. Untersuche das Urteil. Wie ist es gegliedert?
2. Erläutere die Entscheidungsgründe des Gerichts.

3. Grundlagen der Rechtsprechung

Aufbau der Straf- und Zivilgerichtsbarkeit

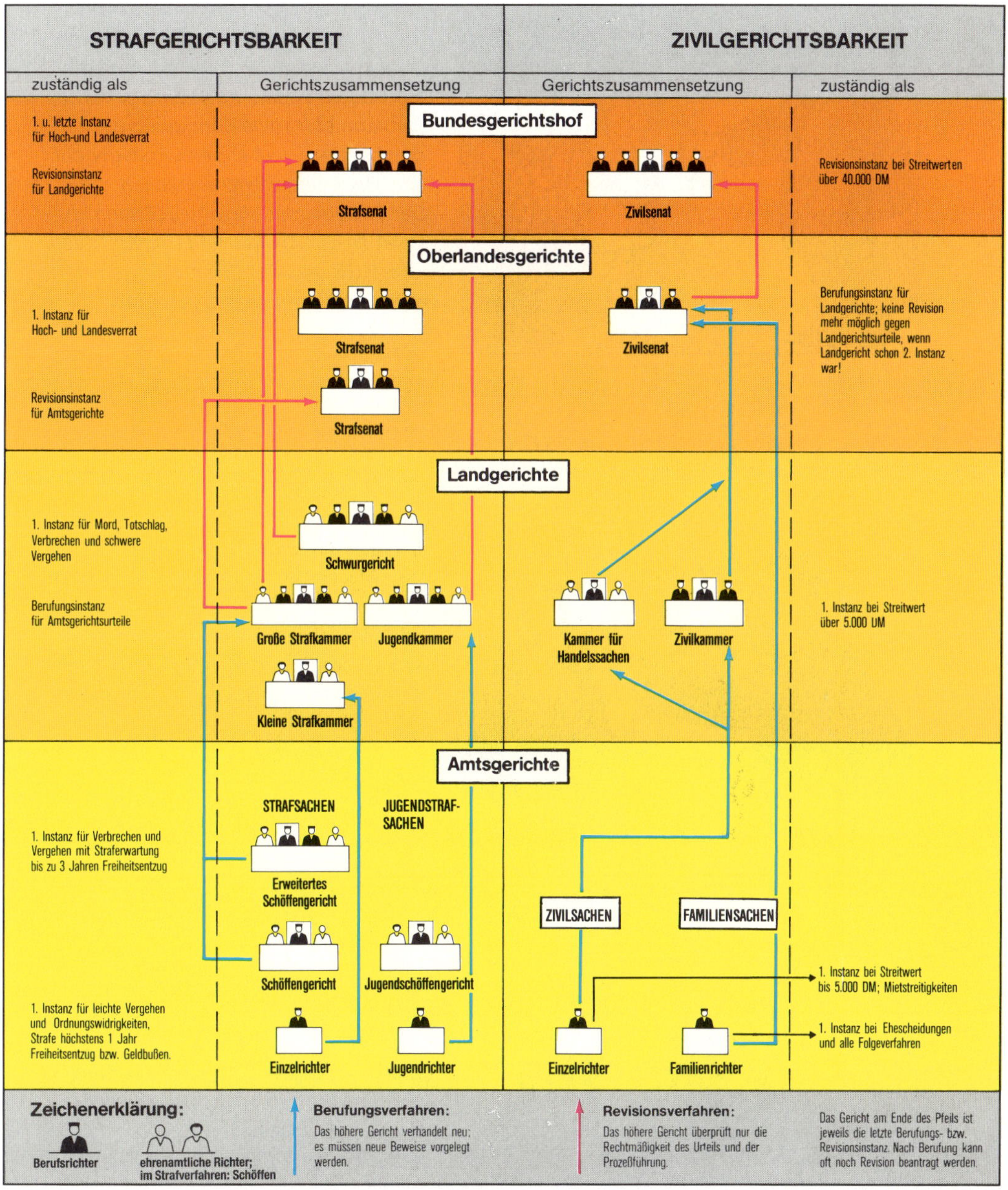

1. Nimm an, daß Ralfs Fall in die Revision geht. Beschreibe den Instanzenweg.
2. Vergleiche in der Grafik die Zusammensetzung der verschiedenen Gerichte.

Aufgaben der verschiedenen Gerichtsbarkeiten

1

Wenn der Sohn von Frau Meier weiter so laut Musik macht, daß sich die anderen Mieter beschweren, kann der Vermieter den Mietvertrag kündigen. Halten Meiers dieses Vorgehen für ungerechtfertigt, müssen sie Widerspruch einlegen. Will der Vermieter seine Kündigung dennoch durchsetzen, muß er beim Amtsgericht eine Räumungsklage einreichen.
Der Einzelrichter entscheidet dann im Rahmen der ***Zivilgerichtsbarkeit*** *nach dem BGB und den dazugehörigen Wohnraumkündigungsschutzgesetzen.*

2

Ist das wirklich ein Kündigungsgrund? Wenn hier trotz einer Vermittlung des Betriebsrates nichts hilft, kann sich der Verkäufer im Rahmen der ***Arbeitsgerichtsbarkeit*** *an das Arbeitsgericht wenden. Es entscheidet u. a. nach dem Kündigungsschutzgesetz, dem Betriebsverfassungsgesetz, dem Jugendarbeitsschutzgesetz und dem Arbeitsgerichtsgesetz.*

3

So einfach wird sich Herr Pech sicherlich nicht abspeisen lassen. Er muß gegenüber der Rentenversicherung Einspruch erheben oder sogar vor dem Sozialgericht nach den Gesetzen der ***Sozialgerichtsbarkeit*** *klagen. Sollte er an den Folgen des Unfalls sterben, können auch seine Hinterbliebenen dort Klage erheben und ihre Ansprüche geltend machen. Wichtige gesetzliche Grundlagen sind: Rentengesetze, Angestelltenversicherungsgesetz, Reichsversicherungsordnung und Bundessozialhilfegesetz.*

4

Wer meint, er müsse zuviel Steuern zahlen, kann dagegen beim Finanzamt Einspruch einlegen. Wenn das nichts hilft, kann er klagen. Dafür ist die ***Finanzgerichtsbarkeit*** *zuständig, die nach den Steuergesetzen entscheidet.*

Gegen jeden Bescheid einer staatlichen Behörde kann man Einspruch einlegen oder notfalls vor Gericht gehen.
Dann sind die Verwaltungsgerichte der ***Verwaltungsgerichtsbarkeit*** *zuständig.*

5

Wer Grundbesitz erwirbt, muß dies über einen Notar im Grundbuch beim Amtsgericht eintragen lassen. Das kostet eine Gebühr. Mit einem Gerichtsurteil hat das alles natürlich nichts zu tun. Meistens sind mit solchen Aufgaben Justizbeamte befaßt. Zu ihren Aufgaben gehört es z. B. auch, Testamente aufzubewahren und Erbschaften zu bescheinigen. Insgesamt spricht man hier von der ***Freiwilligen Gerichtsbarkeit.*** *Dazu gehört auch das Vormundschaftsgericht, das die Interessen von Unmündigen, Behinderten und Gebrechlichen regelt.*

„Nur wenigen ist offenbar bewußt, daß unsere Rechtsordnung das Gerüst unserer Gesellschaft ist. Ohne unsere Rechtsordnung würden wir in einem unvorstellbaren Chaos leben.“

„Die Erfahrung zeigt, daß viele Streitigkeiten nur deshalb entstehen, weil die Beteiligten aufgrund mangelnder Kenntnisse zu einer völlig falschen Beurteilung der Rechtslage kommen.“

„Die Schüler sollen ein Grundwissen über Recht und Gesetz erlangen, damit sie in ihrem späteren Leben mit den Problemen des Alltags besser fertig werden können.“

(aus: Die Justiz – was ist das eigentlich? Information des Niedersächsischen Ministers der Justiz, Hannover 1986, S. 9)

1. Sucht weitere „Fälle“, für die die genannten Gerichte zuständig sind.
2. Was ist mit dem Begriff „Rechtsordnung“ wohl gemeint?
3. Diskutiert die Aussagen aus der Broschüre „Die Justiz – was ist das eigentlich?“

Die unabhängige Rechtsprechung – eine Grundlage der Demokratie

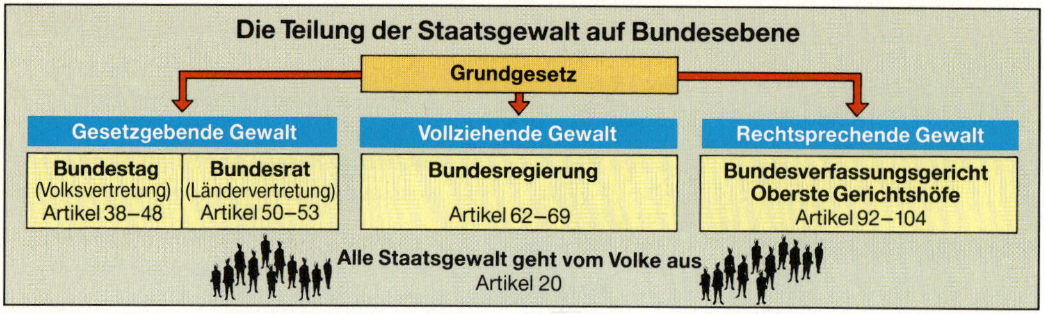

Jede freiheitliche Demokratie basiert auf dem Gedanken der Gewaltenteilung. Ausgangspunkt dieser Theorie ist die Überlegung, daß sich die drei Gewalten gegenseitig kontrollieren sollen.

Aufgabe der rechtsprechenden Gewalt, die durch die Gerichte ausgeübt wird, ist es, Gesetzesverletzungen zu ahnden und bei Streitigkeiten zwischen Bürgern (bzw. zwischen Bürgern und Behörden) Recht zu sprechen.

Bisheriger BGH-Präsident mahnt die Bonner Politiker

Pfeiffer befürchtet Entmündigung der Abgeordneten

Karlsruhe (do/ap). **Vor einer Entmündigung der Abgeordneten in der Gesetzgebung und einer Politisierung der Richterwahl hat der bisherige Präsident des Bundesgerichtshof (BGH), Prof. Gerd Pfeiffer, gewarnt. Der 68jährige wurde gestern in Karlsruhe nach 21jähriger Tätigkeit am BGH verabschiedet. [. . .]**

Pfeiffer, der zehn Jahre lang an der Spitze des BGH stand, kritisierte in seiner Abschiedsrede, daß der Kern wichtiger Gesetze immer häufiger in einem kleinen Führungskreis der Regierung „oft zudem unter Zeitdruck und überstürzt" ausgehandelt und dann von den Regierungsfraktionen nur noch bestätigt werde. Er sehe darin die Gefahr der politischen Entmündigung der Abgeordneten. In diesem Zusammenhang verwies Pfeiffer auch darauf, daß in Bonn mehr als 50 Abgeordnete als Minister oder Parlamentarische Staatssekretäre zur Regierung gehören. Die klassische Vorstellung, daß die Regierung vom Parlament kontrolliert werde, sei „eindeutig und sichtbar überholt". Praktisch werde die Kontrollfunktion nur von der Opposition wahrgenommen.

Als wichtige Voraussetzung für die Freiheit des einzelnen bezeichnete Pfeiffer die Unabhängigkeit der rechtsprechenden Gewalt. Das Vertrauen in die Unabhängigkeit der Justiz werde gestört, wenn bei der Berufung von Richtern auf Lebenszeit, bei Beförderungen und bei Wahlen zum Bundesrichter nicht allein Eignung, Befähigung und fachliche Leistungen ausschlaggebend seien. „Jeder Bundesrichter, der aus persönlichen, parteipolitischen oder sonstigen sachfremden Erwägungen nicht aus der objektiven Spitzengruppe gewählt wird, belastet die Senatskollegen in unerträglicher Weise und auch die Güte der Rechtsprechung."

Bundesjustizminister Engelhard sagte, daß in jüngster Zeit die Gerichte zunehmend rechtsschöpferisch tätig geworden seien, habe seine Ursachen in der Schnellebigkeit der Zeit. „Je komplizierter sich unser Leben gestaltet, je schneller sich die Verhältnisse verändern, desto schwieriger ist es für das Parlament, Gesetzesrecht zu schaffen, das ohne Auslegung und Fortbildung allen Lebenssachverhalten gerecht wird." Der Richter sei „Gestalter des Gesetzes, nicht selten auch Mahner und Vordenker des Gesetzgebers".

(aus: Walsroder Zeitung, 6. 1. 1988)

1. Erläutere die Rolle der rechtsprechenden Gewalt im Verbund der drei Gewalten.
2. Welche Probleme spricht der ehemalige BGH-Präsident an? Welche Lösungen sieht er?
3. Wie sieht der Bundesjustizminister die Aufgabe der Gerichte? Nimm dazu Stellung.

Friedenssicherung

Die Sicherung des Friedens ist ein zentrales Problem unserer Zeit, das jeden angeht. Es gibt unterschiedliche Meinungen darüber, wie Frieden am ehesten erreicht und erhalten werden kann. In der Diskussion um die notwendigen Maßnahmen werden auch Meinungen gegenüber Wehrdienst, Zivildienst und Rüstung deutlich.

- *Was bedeutet es, Wehrdienst leisten zu müssen?*
- *Ist das Engagement in Bundeswehr oder Zivildienst ein Beitrag zum Frieden?*
- *Wie gefährlich ist die Konfrontation militärischer Blöcke?*
- *Welche Folgen hat das Wettrüsten?*
- *Welche Bedeutung haben die Friedensbewegungen in Ost und West?*

1. Wehrdienst in der Bundeswehr

Der Grundwehrdienst – ein Einschnitt im Leben

1. Warum stellt der Grundwehrdienst ein Einschnitt im Leben dar?
2. Berichtet aus eurem Bekanntenkreis, wie junge Männer, ihre Familien und ihre Freunde die Einberufung zum Wehrdienst erlebt haben.
3. Welche Rolle spielen Bundeswehr und Wehrdienst in deiner Lebensplanung?

Wehrpflicht – ein Anspruch an die Bürger

Aussagen von Wehrpflichtigen:

Beim Bund mache ich den Führerschein.

Was soll ich beim Bund? Ich will erst meine Berufsausbildung fortsetzen.

Zum Bund muß jeder. Je eher die Zeit vorbei ist, desto besser.

Hauptsache, ich werde in der Nähe meines Heimatortes stationiert.

Wehrdienst ist für mich Ehrensache.

Wehrdienst ist Friedensdienst.

Ich verpflichte mich freiwillig länger – dann stimmt wenigstens das Geld.

Mein Gewissen verbietet mir, zur Bundeswehr zu gehen.

Junge Männer sehen die Wehrpflicht unterschiedlich. Ihre Einstellung dazu wird von ihrer grundsätzlichen Haltung zum Militärdienst, zu Gewissensfragen und den beruflichen Möglichkeiten bei der Bundeswehr geprägt. Der Grundwehrdienst bedeutet eine Unterbrechung des beruflichen Werdeganges und stellt einen gravierenden Einschnitt in die persönliche Lebensführung dar. Besonders diese beiden Tatsachen beeinflussen die Einstellung vieler Wehrpflichtiger zur Bundeswehr stark.

Meist rückt der Grundwehrdienst in den Mittelpunkt der allgemeinen Aufmerksamkeit. Die Wehrpflicht beinhaltet jedoch neben dem Grundwehrdienst noch andere Verpflichtungen. Wehrpflichtige müssen

- sich zur Erfassung melden,
- bei der Erfassung Auskunft über ihre Person geben,
- zur Musterung erscheinen und sich dabei auf ihre gesundheitliche Tauglichkeit untersuchen lassen,
- einen Auslandaufenthalt oder einen Berlinaufenthalt, der länger als drei Monate dauert, genehmigen lassen.

Mit dem Grundwehrdienst endet die Wehrpflicht nicht. Der Wehrpflichtige muß der Bundeswehr für Reserveübungen und den Spannungsfall weiterhin bei Bedarf zur Verfügung stehen. Es ist zu erwarten, daß in den nächsten Jahren mehr Reservisten als bisher zu Übungen eingezogen werden.

Grundgesetz, Artikel 12a (Wehr- und Dienstpflicht)

(1) Männer können vom vollendeten achtzehnten Lebensjahr an zum Dienst in den Streitkräften, im Bundesgrenzschutz oder in einem Zivilschutzverband verpflichtet werden.

1. Welche unterschiedlichen Einstellungen zur Bundeswehr werden in den Aussagen der Wehrpflichtigen oben deutlich?
2. Welchen Einstellungen würdest du mehr, welchen weniger zustimmen?
3. Beschreibe die mit der Wehrpflicht verbundenen Verpflichtungen. Warum gibt es sie?

Wehrpflicht – warum?

Nicht jeder Staat hat eine Wehrpflichtarmee. Einige westliche Staaten unterhalten in Friedenszeiten Armeen, die nur aus Berufssoldaten, aus Freiwilligen, bestehen. Der Artikel 12a des Grundgesetzes gibt dem Gesetzgeber zwar die Möglichkeit, eine Armee aus Wehrpflichtigen aufzubauen, er schließt aber eine Freiwilligenarmee, die aus Berufssoldaten besteht, nicht aus. Die Entscheidung für eine Wehrpflicht- oder eine Berufsarmee hängt von verschiedenen Faktoren ab:

- Wie wird das Verhältnis zwischen Bürger und Staat gesehen?
- Welche Qualität soll die Ausbildung haben?
- In welchem finanziellen Rahmen sollen sich die Verteidigungsausgaben bewegen?

Gründe für eine Wehrpflichtarmee	Gründe für eine Berufsarmee
– Die allgemeine Wehrpflicht verteilt die Verteidigungslasten auf viele. – Die allgemeine Wehrpflicht verbindet Volk und Streitkräfte und verhindert die Entwicklung eines Staates im Staate. – Der Wehrdienst als persönliches Opfer des einzelnen ist ein Zeichen für sein Engagement in der Gesellschaft. – Eine Wehrpflichtarmee läßt sich unabhängig vom Arbeitsmarkt rekrutieren. – Eine Wehrpflichtarmee verfügt über einen großen Widerstandswillen und ist besonders geeignet für defensive Kriegsführung. – Eine Wehrpflichtarmee widersetzt sich Staatsstreichplänen militärischer Führer. – Die NATO-Forderung nach 500 000 deutschen Soldaten läßt sich nur durch eine Wehrpflichtarmee erfüllen. – Die allgemeine Wehrpflicht schafft Reservisten, die in länger dauernden Kriegen mobilisiert werden können. – Aus den Reservisten einer Wehrpflichtarmee kann sich die Heimat- und Katastrophenschutzorganisation rekrutieren. – In der Wehrpflichtarmee gibt es eine ausreichende Zahl von Mannschaftsdienstgraden, die den Dienst ohne Beförderungsabsichten leisten. – Eine Wehrpflichtarmee spart Personalkosten. – Der Wehrdienst kann für die Jugendlichen zu einer persönlichen Bereicherung führen.	– Eine Freiwilligenarmee garantiert eine intensivere Ausbildung der Soldaten, eine bessere Beherrschung komplizierter Waffensysteme und ein besseres Verhalten auf dem Gefechtsfeld. – Eine Freiwilligenarmee läßt sich im Hinblick auf die geistige Auseinandersetzung mit einem potentiellen Gegner gut vorbereiten. – Eine Freiwilligenarmee entspricht den Forderungen einer technischen Kriegsführung. – Eine Freiwilligenarmee ermöglicht eine offensive Kriegsführung mit einem raschen Wechsel vom Friedenszustand zur Kriegsbereitschaft, da eine Mobilisierung entfällt. – Eine Freiwilligenarmee gewährleistet eine bessere Pflege von Waffen und Gerät, weil sie länger in der Hand derselben Soldaten bleiben. – Bei entsprechender Arbeitsmarktlage kann eine Freiwilligenarmee die geeignetsten Bewerber aus vielen auswählen. – Eine Freiwilligenarmee entwickelt ein stärkeres Zusammengehörigkeitsgefühl, da Neuzugänge durch Rekrutierungen fehlen. – Eine Freiwilligenarmee spart die für eine Grundausbildung anfallenden Kosten. – Eine Freiwilligenarmee belastet die Wirtschaft weniger als eine Wehrpflichtigenarmee, da der Arbeitskräftewechsel in der Wirtschaft wegfällt.

(aus: Franz W. Seidler, Helmut Reindl, Die Wehrpflicht, München 1971, S. 52)

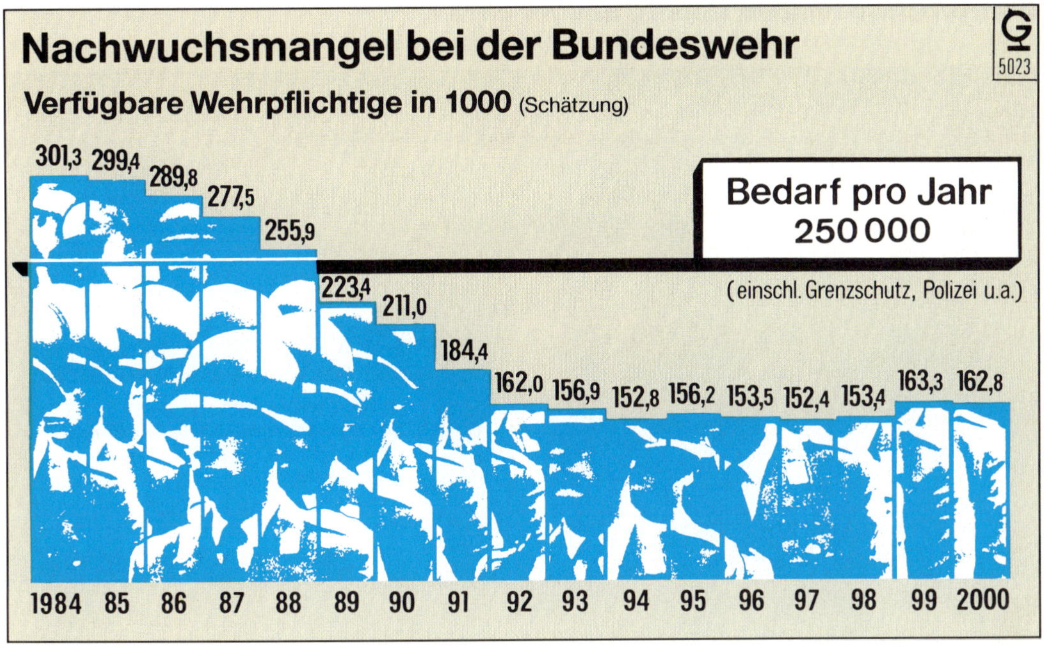

Die Entscheidung des Deutschen Bundestages für eine Wehrpflichtarmee erfolgte aus militärischen und finanziellen Gründen. Die Bundeswehr soll in Friedenszeiten eine Stärke von 500 000 Soldaten haben. Allein aus finanziellen Gründen könnte eine solch große Armee aus Berufssoldaten nicht aufgestellt werden. Darüber hinaus könnte im Spannungs- und Verteidigungsfall nicht auf ausgebildete Reservisten zurückgegriffen werden, um die militärische Verteidigungskraft zu erhöhen.

In der Vergangenheit konnte die Bundeswehr eine Personalstärke von 500 000 Soldaten ständig halten, da immer genügend Wehrpflichtige zur Verfügung standen. Als Folge des Geburtenrückgangs seit etwa 1965 stehen mittlerweile jedoch deutlich weniger junge Männer für den Wehrdienst zur Verfügung. Seit Mitte 1988 genügt die Anzahl nicht mehr dem Jahresbedarf der Streitkräfte von 250 000 Mann. Die Bundesregierung will mit den folgenden Maßnahmen auch in Zukunft ihrer NATO-Verpflichtung nachkommen und einen Personalbestand von 500 000 Mann sicherstellen:

- Das Wehrpflichtpotential soll besser ausgeschöpft werden.
- Der Anteil freiwillig länger dienender Soldaten soll erhöht werden.
- Der Grundwehrdienst soll zu gegebener Zeit verlängert werden.
- Reservisten sollen vermehrt zu Wehrübungen einberufen werden und durch eine veränderte Verfügungsbereitschaft schneller einsatzbereit sein.

1. Erläutere die einzelnen Argumente für eine Wehrpflichtarmee und für eine Berufsarmee.
2. Welche Argumente sind deiner Ansicht nach die jeweils wichtigsten?
3. „Der Wehrdienst als persönliches Opfer des einzelnen ist ein Zeichen für sein Engagement in der Gesellschaft." Diskutiert diese Aussage.
4. Welches Problem ergibt sich aus der sinkenden Geburtenzahl für die Bundeswehr?
5. Bestimme mit Hilfe der Grafik für deinen Geburtsjahrgang die Höhe des voraussichtlichen Fehlbedarfs an verfügbaren Wehrpflichtigen.
6. Welche Auswirkungen kann der Geburtenrückgang für die zukünftigen Wehrpflichtigen haben?

Wehrpflichtige haben Rechte und Pflichten

Soldaten der Bundeswehr leisten den Fahneneid

Recht und Freiheit kann nur derjenige verteidigen, der diese Werte besitzt. So sieht das Bundesverfassungsgericht eine Rechtfertigung der Wehrpflicht gerade darin, „daß der Staat, der Menschenwürde, Leben, Freiheit und Eigentum schützt, dieser verfassungsrechtlichen Schutzverpflichtung gegenüber seinen Bürgern nur mit Hilfe eben dieser Bürger und ihres Eintretens für den Bestand der Bundesrepublik Deutschland nachkommen kann." Für den Bundeswehrsoldaten gelten auch während seiner Dienstzeit die Grundrechte und alle politischen und bürgerlichen Rechte. Aus den Notwendigkeiten einer militärischen Organisation, deren Abläufe auf dem Grundsatz von Befehl und Gehorsam fußen, ergeben sich jedoch Einschränkungen folgender im Grundgesetz festgeschriebener Grundrechte:

- Meinungsfreiheit (Artikel 5),
- Versammlungsfreiheit (Artikel 8),
- Freizügigkeit (Artikel 11),
- Unverletzlichkeit der Wohnung (Artikel 13),
- Petitionsrecht (Artikel 17).

Soldatengesetz

§ 10 Pflichten des Vorgesetzten

(1) Der Vorgesetzte soll in seiner Haltung und Pflichterfüllung ein Beispiel geben.

(2) Er hat die Pflicht zur Dienstaufsicht und ist für die Disziplin seiner Untergebenen verantwortlich.

(3) Er hat für seine Untergebenen zu sorgen.

(4) Er darf Befehle nur zu dienstlichen Zwecken und nur unter Beachtung der Regeln des Völkerrechts, der Gesetze und der Dienstvorschriften erteilen.

(5) Er trägt für seine Befehle die Verantwortung. Befehle hat er in der den Umständen angemessenen Weise durchzusetzen.

(6) . . .

§ 11 Gehorsam

(1) Der Soldat muß seinen Vorgesetzten gehorchen. Er hat ihre Befehle nach besten Kräften vollständig, gewissenhaft und unverzüglich auszuführen. Ungehorsam liegt nicht vor, wenn ein Befehl nicht befolgt wird, der die Menschenwürde verletzt oder der nicht zu dienstlichen Zwecken erteilt worden ist; . . .

(2) Ein Befehl darf nicht befolgt werden, wenn dadurch eine Straftat begangen würde. Befolgt der Untergebene den Befehl trotzdem, so trifft ihn eine Schuld nur, wenn er erkennt oder wenn es nach den ihm bekannten Umständen offensichtlich ist, daß dadurch eine Straftat begangen wird.

Fälle aus dem Bundeswehralltag:

- Ein Hauptmann befiehlt, im Rahmen der Fahrzeugpflege auch seinen privaten PKW zu reinigen.
- Ein Feldwebel schickt einen Gefreiten in die Kantine, um für ihn Zigaretten zu holen.
- Soldaten wird befohlen, am Wochenende im Rahmen einer Dienstveranstaltung, die dem Ansehen der Bundeswehr in der Öffentlichkeit dienen soll, Erfrischungsgetränke an Gäste auszuschenken.
- Ein Oberleutnant befiehlt einem Wehrpflichtigen, vor dem Verlassen der Kaserne erst seinen unordentlichen Spind aufzuräumen. Der Wehrpflichtige versäumt deshalb seinen Zug in den Wochenendurlaub.
- Ein Offizier weist seinen Fahrer an, die zulässige Höchstgeschwindigkeit zu überschreiten, damit er pünktlich zu einer Dienstbesprechung kommt.

Über die Einhaltung der Rechte und Pflichten der Soldaten wacht der Wehrbeauftragte des Deutschen Bundestages. Er kann auf Antrag des Parlaments bzw. des Verteidigungsausschusses und aufgrund von Eingaben von Soldaten tätig werden.

Grundgesetz, Artikel 45b (Wehrbeauftragter)
Zum Schutze der Grundrechte und als Hilfsorgan des Bundestages bei der Ausübung der parlamentarischen Kontrolle wird ein Wehrbeauftragter des Bundestages berufen. Das Nähere regelt ein Bundesgesetz.

Der Wehrbeauftragte

Der Wehrbeauftragte soll als der verlängerte Arm des Parlaments bei der Ausübung der parlamentarischen Kontrolle im Bereich der Bundeswehr wirken und zugleich Hüter der Rechte des in den Streitkräften dienenden Bürgers sein.

Der Wehrbeauftragte muß tätig werden, wenn ihm der Bundestag oder dessen Verteidigungsausschuß Weisungen „zur Prüfung bestimmter Vorgänge" erteilen.

In der Erfüllung seiner Aufgaben hat der Wehrbeauftragte das Recht, sich bei allen in Betracht kommenden Stellen umfassend zu informieren und vor allem jederzeit unangemeldet die Truppe zu besuchen. Der Wehrbeauftragte des deutschen Bundestages hat jedoch keine Anordnungsbefugnisse gegenüber den verschiedenen Institutionen der Bundeswehr. Er kann auch nicht aus eigener Initiative Mißständen selbst abhelfen oder entsprechende Verfahren einleiten. Er muß zunächst den zuständigen Stellen die Gelegenheit geben, die Angelegenheit, in der er tätig geworden ist, zu regeln. Wenn das nicht geschieht, kann der Wehrbeauftragte durch einen Bericht an den Verteidigungsausschuß des Bundestages auf die Beseitigung von erkannten Mißständen hinwirken. Anregungen des Wehrbeauftragten gehen häufig auf Eingaben von Soldaten zurück.

(nach: Die Bundeswehr, Hrsg.: Bundesminister der Verteidigung, München 1980, S. 26 f.)

1. Wozu verpflichten sich die Soldaten durch den Eid bzw. das Gelöbnis?
2. Wie begründet das Bundesverfassungsgericht die allgemeine Wehrpflicht?
3. Gib Beispiele für Einschränkungen in den Grundrechten während des Dienstes in der Bundeswehr.
4. Welche der oben angeführten Fälle aus dem Bundeswehralltag verstoßen gegen das Soldatengesetz? Begründe.
5. Welche Aufgaben und welche Befugnisse hat der Wehrbeauftragte?
6. Welche Bedeutung hat der Wehrbeauftragte für das Parlament, welche für Soldaten?

(M. Marcks)

Mit der Gründung der Bundeswehr wurden demokratische Grundsätze im Verhältnis zwischen Vorgesetzten und Untergebenen eingeführt. An die Stelle des blinden Gehorsams und der teilweise menschenunwürdigen Umgangsformen früherer Armeen wurde das Konzept der „Inneren Führung“ gesetzt. Es geht unter anderem davon aus:

- daß der Soldat vernünftig handelt, wenn er menschlich und vernünftig angesprochen wird,
- daß er sich engagiert und Mitverantwortung übernimmt, wenn an seine Einsicht appelliert wird,
- daß er ein freiheitliches, soziales Verhältnis zur Umwelt entwickelt, wenn seine eigene Würde geachtet wird,
- daß es sicher auch Soldaten gibt, die diese Voraussetzungen nicht von vornherein oder überhaupt nicht erfüllen, daß aber die Normen für Ausbildung, Bildung und Erziehung nicht von ihrem Verhalten abgeleitet werden dürfen,
- daß dem Soldaten eines freiheitlichen Rechts- und Sozialstaates die Grundwerte, für deren Schutz er seinen Dienst leistet, grundsätzlich garantiert sein müssen.

(nach: Wolf Graf v. Baudissin, Innere Führung in der Bundeswehr; in: Informationen für die Truppe, Nr. 12/1980, Hrsg.: Bundesminister der Verteidigung, Bonn, S. 9–12, Auszüge)

Leitsätze für Vorgesetzte

Der Vorgesetzte festigt seine Autorität auch durch Beispiele in Haltung und Pflichterfüllung. Dazu gehören auch Überzeugungskraft und Initiative, fachliches Können und ein gutes menschliches Verhältnis zu seinen Untergebenen.

Der Vorgesetzte bemüht sich, seinen Soldaten die Notwendigkeit der ihnen erteilten Aufträge zu erläutern und Verständnis für seine Anforderungen zu wecken. Der Vorgesetzte erklärt seinen Soldaten den Sinn ihrer Tätigkeit so, daß ihnen Handeln aus Einsicht möglich wird, damit Gehorsam auch dann geübt wird, wenn die Umstände Information und Erklärung nicht zulassen.

Der Vorgesetzte läßt sich – wenn zweckmäßig – vor Entscheidungen beraten. Den oder die Berater wählt er in Abwägung des Gegenstandes, des Sachverstandes und des Betroffenseins aus. Diskussion ist ein wichtiges Mittel der Entscheidungsvorbereitung. Die Gesamtverantwortung bleibt beim Vorgesetzten.

Der Vorgesetzte wendet bevorzugt Lob und Anerkennung an. Er lobt die Soldaten auch schon bei kleineren Fortschritten und stärkt damit ihr Interesse und Verantwortungsgefühl.

Der Vorgesetzte bildet mit der Härte aus, die für die jeweilige Aufgabe erforderlich ist. Er hält seine Soldaten auch zu der Selbstdisziplin an, die ein Zusammenleben in der engen Gemeinschaft fördert.

(nach: Informationen für die Truppe, Nr. 10/1972, Hrsg.: Bundesminister der Verteidigung, Bonn, S. 7 ff., Auszüge)

1. Nenne wesentliche Grundsätze der „Inneren Führung“. Welche hältst du für besonders wichtig?
2. Vergleiche die Karikatur mit den Grundsätzen der „Inneren Führung“.
3. Beschreibe, wie die Grundsätze von den Vorgesetzten umgesetzt werden sollen.

2. Zivildienst

Kriegsdienstverweigerung – ein Grundrecht

Thomas D.

„Vor zwei Jahren erkrankte mein Vater, und wir wußten nicht, ob er die risikoreiche, aber lebensnotwendige Operation überleben würde. Diese Zeit war für meine Mutter, meine Schwester und mich eine schwere Belastung. Unser Leben veränderte sich. Wir hatten unsagbare Angst, daß Vater sterben würde. Diese Angst bestimmte all unser Denken und Handeln. Ich begann, uns alle und insbesondere meinen kranken Vater bewußter wahrzunehmen. ‚Sind dies die letzten gemeinsamen Stunden?' war die bange und quälende Frage, die ich mir kurz vor seiner Operation stellte.

Mein Vater hat die Operation gut überstanden und ist heute wieder halbwegs gesund. Doch mit jener Angst, die ich damals hatte, veränderte sich meine Lebenseinstellung. Heute ist vieles für mich nicht mehr so selbstverständlich wie früher. Die Zeit, die wir jetzt gemeinsam verbringen, nehme ich viel bewußter wahr. Ich erlebe sie intensiver. Gern erzähle ich meinem Vater von meinen Plänen für die Zukunft. Beide freuen wir uns dann darauf, diese Zukunft zu erleben.

Seit jenen Tagen der Angst habe ich mich immer wieder mit der Frage nach Leben und Tod auseinandergesetzt. Ich weiß jetzt, daß der Tod nicht nur das Ende eines Menschenlebens ist. Ich habe schmerzlich erfahren, daß der Tod auch die betrifft, die zum Sterbenden im Laufe ihres Lebens eine besondere Beziehung entwickelt haben. Im Falle eines Krieges würde ich im Gegner nicht nur den Soldaten sehen, sondern vielmehr einen Menschen, der in intensiven Beziehungen zu seinen Eltern, seiner Frau und seinen Kindern lebt. Einen Soldaten zu töten bedeutet mehr, als den militärischen Gegner zu schwächen. Mit dem Tod dieses Menschen wird Kindern der Vater, einer Frau der Mann und Eltern der Sohn genommen. Diese Vorstellung ist für mich unerträglich. Mein Gewissen verbietet mir, einen Menschen zu töten. Deswegen verweigere ich den Kriegsdienst."

Das Recht auf Kriegsdienstverweigerung wurde nicht immer den Bürgern zugestanden. Im 1. Weltkrieg konnte niemand dieses Recht in Anspruch nehmen. Im 2. Weltkrieg wurde Mitbürgern, die aus Gewissensgründen das Töten eines anderen Menschen ablehnten, die Todesstrafe angedroht. Anhänger der Zeugen Jehovas, die aus religiösen Gründen den Militärdienst verweigerten, kamen in Konzentrationslager. Viele Menschen wurden wegen ihrer Kriegsdienstverweigerung zum Tode verurteilt und hingerichtet.

Das schreckliche Schicksal dieser Menschen vor Augen und unter dem Einfluß vieler eher pazifistisch eingestellter gesellschaftlicher Gruppen nach dem Krieg, wurde das Recht auf Kriegsdienstverweigerung im Grundgesetz festgeschrieben. Im Artikel 4 (Absatz 3) heißt es:

> Niemand darf gegen sein Gewissen zum Kriegsdienst mit der Waffe gezwungen werden. Das Nähere regelt ein Bundesgesetz.

Die Bundesrepublik Deutschland ist der einzige Staat der Welt, der das Recht auf Kriegsdienstverweigerung als Grundrecht in seine Verfassung aufgenommen hat.

1. Wie begründet Thomas D. seine Kriegsdienstverweigerung?
2. Warum wurde das Recht auf Kriegsdienstverweigerung in das Grundgesetz aufgenommen?
3. Was bedeutet es für Thomas D., dieses Recht in Anspruch nehmen zu können?

Kriegsdienstverweigerung – Entscheidung des Gewissens

Andrea, 17 Jahre

Peter, 18 Jahre

Martin, 17 Jahre

Lorenz, 18 Jahre

Wehrpflichtige haben nicht die freie Entscheidung, den Wehrdienst zu verweigern. Der Artikel 4 (Absatz 3) des Grundgesetzes bindet die Entscheidung zur Kriegsdienstverweigerung an eine Gewissensentscheidung. Diese Gewissensentscheidung muß staatlich anerkannt sein, bevor ein Wehrpflichtiger von der Wehrpflicht befreit werden kann. Mit der Befreiung von der Wehrpflicht beginnt die Zivildienstpflicht.

Die Gründe, die berechtigen, den Wehrdienst abzulehnen, sind vom Bundesverfassungsgericht in mehreren Urteilen beschrieben. Grundsätzlich darf der Wehrdienst nur aus Gewissensgründen abgelehnt werden. Unter Gewissen versteht das Bundesverfassungsgericht „jede ernsthafte sittliche, d. h. an den Kategorien von Gut und Böse orientierte Entscheidung", gegen die der einzelne in einer bestimmten Situation „nicht ohne ernste Gewissensnot handeln könnte".

Der Kriegsdienstverweigerer soll gemäß Artikel 4 (Absatz 3) vor dem Zwang bewahrt werden, in einer Kriegshandlung einen anderen Menschen töten zu müssen, obwohl ihm dies sein Gewissen grundsätzlich und ausnahmslos zwingend verbietet. Dieses grundsätzliche und ausnahmslose Tötungsverbot muß sich gegen jeden Waffendienst richten. Derjenige, der geltend macht, sein Gewissen verbiete ihm das Töten nicht grundsätzlich, sondern nur mit bestimmten Waffen oder gegen einen bestimmten Angreifer oder nur in einer bestimmten politischen Situation, kann das Grundrecht auf Kriegsdienstverweigerung nicht in Anspruch nehmen. Seine Entscheidung, den Wehrdienst abzulehnen, hätte in erster Linie ihre Ursache in der Beurteilung einer Waffenart, eines Angreifers oder einer politischen Situation. Sie wäre im Sinne der Aussagen des Bundesverfassungsgerichts keine Gewissensentscheidung.

Der Weg zur Anerkennung als Kriegsdienstverweigerer

– Schriftliches Verfahren –

Ein neues Verfahren nach dem Kriegsdienstverweigerungsgesetz vom 28. Februar 1983 regelt die Anerkennung für alle ungedienten Erstantragsteller. In § 2 dieses Gesetzes heißt es:

(1) Über die Berechtigung, den Kriegsdienst mit der Waffe zu verweigern, wird auf Antrag entschieden.

(2) Der Antrag ist vom Antragsteller schriftlich oder zur Niederschrift beim Kreiswehrersatzamt zu stellen.

Für vorbenachrichtigte bzw. bereits einberufene Wehrpflichtige, Soldaten sowie Reservisten gilt nach wie vor das mündliche Prüfungsverfahren.

Für die Erstantragsteller – die noch nicht vorbenachrichtigt oder zur Bundeswehr einberufen wurden – sind die folgenden vier Papiere für eine aktenmäßige schriftliche Anerkennung durch das Bundesamt für den Zivildienst von Bedeutung:

1. *ein formloser schriftlicher Antrag, der erkennbar zeigt, daß sich der Antragsteller auf Art. 4 Abs. 3 des Grundgesetzes beruft,*
2. *ein ausführlicher Lebenslauf,*
3. *eine persönliche, ausführliche Darlegung der Beweggründe für die Gewissensentscheidung und*
4. *ein polizeiliches Führungszeugnis, das beim zuständigen Gemeindeamt beantragt werden kann.*

(nach: Zivildienst in Kirche und Diakonie, Hrsg.: Diakonisches Werk der Evangelischen Kirche, Stuttgart/Frankfurt 1986, S. 8 f.)

1. Setzt euch mit den Einstellungen der vier Jugendlichen auseinander.
2. Was ist „Gewissen"? Versuche, „Gewissen" mit eigenen Worten an einem Entscheidungsbeispiel zu beschreiben.
3. Erläutere mit Hilfe des Textes, wann eine Kriegsdienstverweigerung anerkannt werden kann.
4. Welche der in den Sprechblasen geäußerten Einstellungen könnten grundsätzlich zur Kriegsdienstverweigerung berechtigen? Begründe.
5. Beschreibe das Verfahren zur Anerkennung als Kriegsdienstverweigerer.
6. „Gewissen ist nicht prüfbar". Diskutiert diese Aussage.

Zivildienstleistende dienen dem Allgemeinwohl

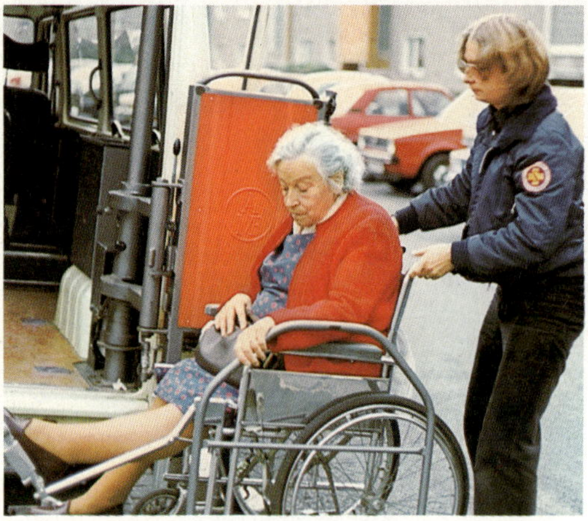

Zivildienstleistender bei seinem Dienst

„Ich bin ein Drückeberger"

Was Jung und Alt so voneinander lernen ...

Frau Johanna S. (77), die ich als Zivildienstleistender in der Kirchengemeinde im Dienst oft besuchte, kam aus dem Staunen kaum heraus: Daß so ein „junger Mann" lieber für alte Leute einkaufen oder putzen geht, ja sogar Kranke zuhause pflegt, anstatt – wie sie sagt – „zur Wehrmacht" zu gehen, war für sie schwer zu verstehen. Daß einem das Gewissen verbieten könnte, zur Waffe zur greifen, das verstand sie gut. Aber wer hätte früher darauf Rücksicht genommen? Man folgte der Pflicht, um nicht als Feigling zu gelten oder um Strafe bis hin zur Todesstrafe im III. Reich zu vermeiden. Und daß dieser Dienst für mich etwas Selbstverständliches ist, daß mir der Zivildienst im Rahmen der Altenarbeit einer Kirchengemeinde sogar Freude macht, daran mußte sie sich erst gewöhnen.

Wir haben darüber gesprochen, und heute verstehen wir uns gut; sie, die zwei Weltkriege erleben mußte und auch „nie wieder Krieg" will, und ich, der als Kriegsdienstverweigerer ihr und vielen anderen Alten und Behinderten in der Gemeinde ein wenig helfe, zu Hause besser zurechtzukommen und den Kontakt zur Umwelt nicht zu verlieren.

Und vorgestern, als ich ihr mal ein richtiges „Festessen" kochte, war sie erst recht „platt". „Mein Mann hat früher nie gekocht oder im Haushalt geholfen. Das war keine Männerarbeit. Ihr jungen Leute seid heute wohl ganz anders." Und dann holte sie aus der Küchenschublade ein sehr altes Rezeptbuch und schenkte es mir. Ich war gerührt und wollte die kleine Kostbarkeit nicht annehmen. Aber ich habe bei alten Leuten oft echte Dankbarkeit und Spontaneität erlebt, die ich bei jüngeren manchmal vermisse. Ich durfte nicht nein sagen. Da war ich selber „platt".

Zu meiner Überraschung habe ich in Frau S. einen alten Menschen gefunden, dem ich gern zuhöre. Früher glaubte ich, alt gehört zu alt und jung zu jung, denn man hat sich kaum etwas zu sagen. Ich dachte, wir seien zu verschieden für ein bißchen Gemeinsamkeit. Meine Einstellung hat sich gründlich geändert. Natürlich brauche ich auch heute meinen gleichaltrigen Freundeskreis; natürlich gibt es auch Gespräche mit alten Leuten, die mir furchtbar lang vorkommen, in denen immer wieder die gleichen Geschichten erzählt werden. Aber ich habe gelernt zu unterscheiden und hinzuhören. Meine Freunde, die Alten und meine neuen „Kollegen" in der Kirchengemeinde – glaube ich – merken das auch.

(aus: Zivildienst in Kirche und Diakonie, Hrsg.: Diakonisches Werk der Evangelischen Kirche, Stuttgart/Frankfurt 1986, S. 12)

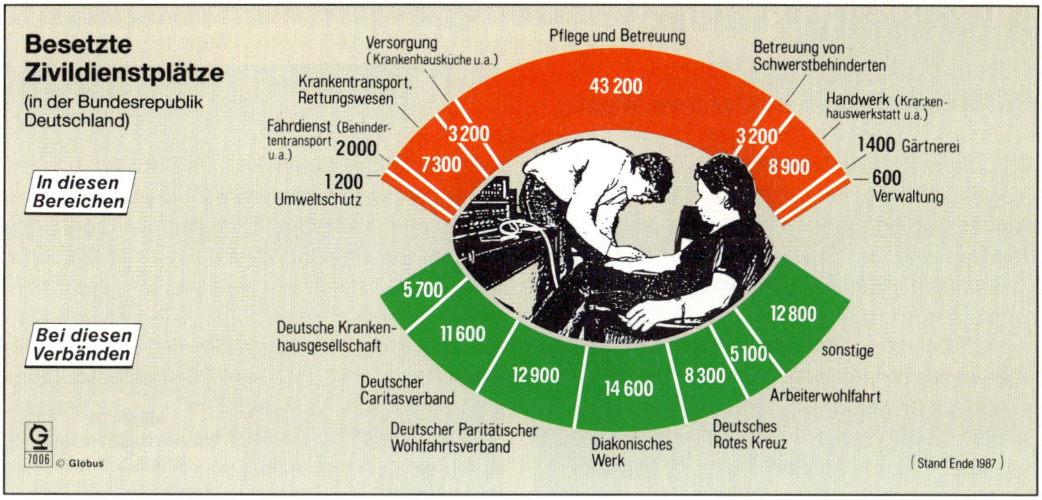

(Statistische Angaben: Bundesamt für den Zivildienst)

Das Grundgesetz bestimmt, daß Kriegsdienstverweigerer zu einem Zivildienst verpflichtet werden können:

Artikel 12a (Wehr- und Dienstpflicht)

(2) Wer aus Gewissensgründen den Kriegsdienst mit der Waffe verweigert, kann zu einem Ersatzdienst verpflichtet werden. [. . .]

Dieser Ersatzdienst, heute Zivildienst genannt, wird im Zivildienstgesetz näher beschrieben:

§ 1 Aufgaben des Zivildienstes

Im Zivildienst erfüllen anerkannte Kriegsdienstverweigerer Aufgaben, die dem Allgemeinwohl dienen, vorrangig im sozialen Bereich.

Mehr als 75 000 junge Männer leisteten – verteilt auf rund 71 000 Zivildienstplätze – Ende 1987 in der Bundesrepublik Deutschland Zivildienst.

Für manche Mitbürger sind Zivildienstleistende Spinner, Faulpelze und Drückeberger. Diese Leute verkennen das Engagement der Zivildienstleistenden, die ihren Dienst als Friedensarbeit verstehen. Meistens gehört zum Zivildienst viel Mut. Zivildienstleistende müssen häufig Situationen bewältigen, die große seelische und körperliche Belastungen mit sich bringen. Dies erfordert eine entsprechende innere Einstellung und Bereitschaft.

„Auf diese Aufgabe war ich nicht vorbereitet“ hört man oft von Zivildienstleistenden, von denen im Umgang mit geistig und körperlich Behinderten, Sterbenden, Alten und Kranken große menschliche Qualitäten verlangt werden: Freundlichkeit, Geduld, Zuwendung und Nächstenliebe. Mit der Bewältigung ihrer Aufgaben bekommen Zivildienstleistende aber auch Einblicke in Lebenssituationen, die ihnen normalerweise verschlossen bleiben. Sich selbst in diesen Situationen zu behaupten, bedeutet für viele eine Bereicherung ihres Selbstverständnisses und ihres Selbstwertgefühls.

1. Welche Anforderungen werden an Zivildienstleistenden gestellt?
2. Welche Beziehung hat sich zwischen Johanna S. und dem Zivildienstleistenden entwickelt? Inwieweit lernen Jung und Alt in dieser Situation voneinander?
3. In welcher Tätigkeitsgruppe des Zivildienstes hat die Arbeit eines Zivildienstleistenden deiner Meinung nach für das Allgemeinwohl die größte Bedeutung? Begründe.
4. Diskutiert über das Schild „Ich bin ein Drückeberger“.

3. Weltweite Rüstung

Militärbündnisse in Ost und West

Nach dem 2. Weltkrieg dehnte die Sowjetunion ihren Einfluß weit nach Westen aus. Sie wurde zur stärksten europäischen Macht. Ihre militärische Überlegenheit und ihre bedrohlichen politischen Maßnahmen (Berliner Blockade, Machtübernahme der Kommunisten in den von der Sowjetarmee besetzten Ländern) führten zur Bildung einer westlichen Verteidigungsgemeinschaft. Am 4. April 1949 gründeten zehn westeuropäische Staaten zusammen mit den USA und Kanada die NATO (North Atlantic Treaty Organization). Griechenland, die Türkei, die Bundesrepublik Deutschland und Spanien kamen später hinzu.

Wenige Tage nach dem Beitritt der Bundesrepublik Deutschland zur NATO gründete die Sowjetunion zusammen mit den kommunistischen Staaten Osteuropas eine gemeinsame Militärorganisation, den Warschauer Pakt.

In beiden Militärblöcken verpflichten sich die jeweiligen Verbündeten zum Beistand und zu gemeinsamer Verteidigung, wenn ein Land des Bündnisses angegriffen wird. Beide Militärbündnisse wollen durch Hochrüstung für einen eventuellen Angreifer ein so hohes Kriegsrisiko schaffen, daß er vor einem Angriff zurückschreckt. Der Warschauer Pakt und die NATO haben allerdings unterschiedliche Verteidigungskonzeptionen.

Ziel der sowjetischen Militärstrategie ist es, durch einen hohen militärischen Einsatz im Falle eines Krieges in möglichst kurzer Zeit einen Sieg zu erringen. Dieses Ziel soll durch die Vernichtung der feindlichen Streitkräfte und die schnelle Besetzung der feindlichen Länder und strategisch wichtiger Gebiete erreicht werden. Nach den leidvollen Erfahrungen der Sowjetunion im 2. Weltkrieg sollen militärische Aktionen mög-

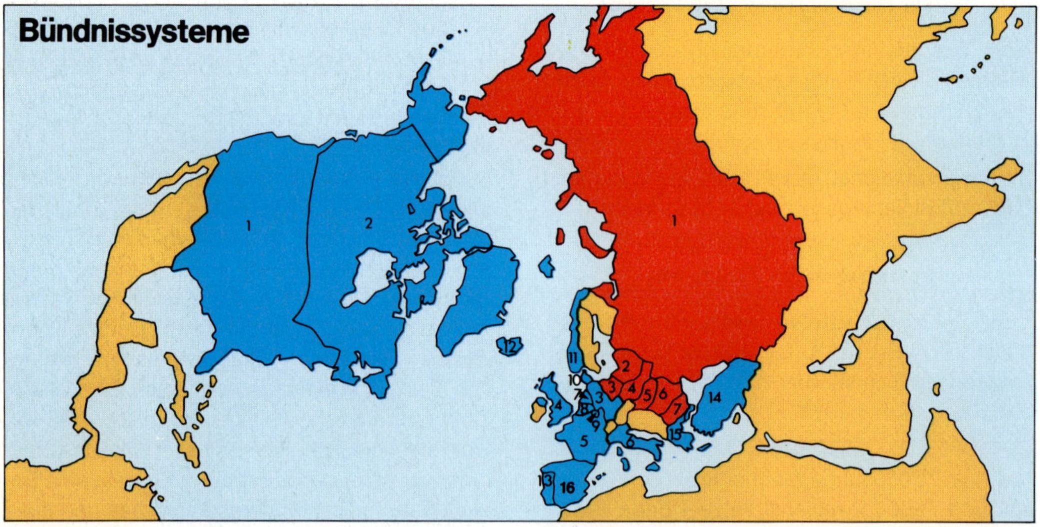

lichst sofort auf dem Territorium des Gegners stattfinden. Die sowjetische Militärstrategie umfaßt den Einsatz aller Waffen. Sie bezieht einen Krieg mit konventionellen Waffen und Atomwaffen in ihre Planung ein.

Die NATO nennt ihre Militärstrategie „flexible response“ (flexible Reaktion). Ihr Ziel ist es, Krieg zunächst durch Abschreckung zu verhindern. Für jeden Angreifer muß das Risiko, im Falle eines Angriffs selbst allergrößten Schaden zu erleiden, unkalkulierbar sein. Im Falle eines Kriegsausbruchs will die NATO flexibel auf die Art des Angriffs reagieren. In einer Direktverteidigung soll ein Angriff mit den vom Gegner gewählten Waffen abgewehrt werden. Der Einsatz von Atomwaffen wird dabei nicht ausgeschlossen. Bei fortgesetzter Kriegshandlung werden dem Gegner eskalierende Maßnahmen angedroht. Eine Verstärkung des Abwehrkampfes ist durch die Errichtung einer 2. Front und den ausgewählten Einsatz von Atombomben möglich. Schließlich umfaßt die Militärstrategie der NATO die „allgemeine nukleare Reaktion“. Auf dieser Ebene käme es zum Einsatz atomarer Vernichtungswaffen. Direktverteidigung, eskalierende Maßnahmen und nukleare Reaktion sind drei Reaktionsarten, die je nach Lage nacheinander, aber auch gleichzeitig erfolgen können.

Wichtiges Prinzip der NATO-Verteidigungsplanung ist die Vorneverteidigung. Sie hat das Ziel, kein Gebiet preiszugeben und Schäden zu begrenzen. Da sich auf deutschem Boden die beiden Militärblöcke unmittelbar gegenüberstehen, sind entlang der Grenze zur DDR und CSSR Truppen aus verschiedenen NATO-Ländern stationiert. Mit einem Angriff auf die Bundesrepublik Deutschland würden zugleich auch diese Truppen angegriffen. Krieg mit der Bundesrepublik Deutschland bedeutet damit immer auch Krieg mit den anderen Ländern der NATO.

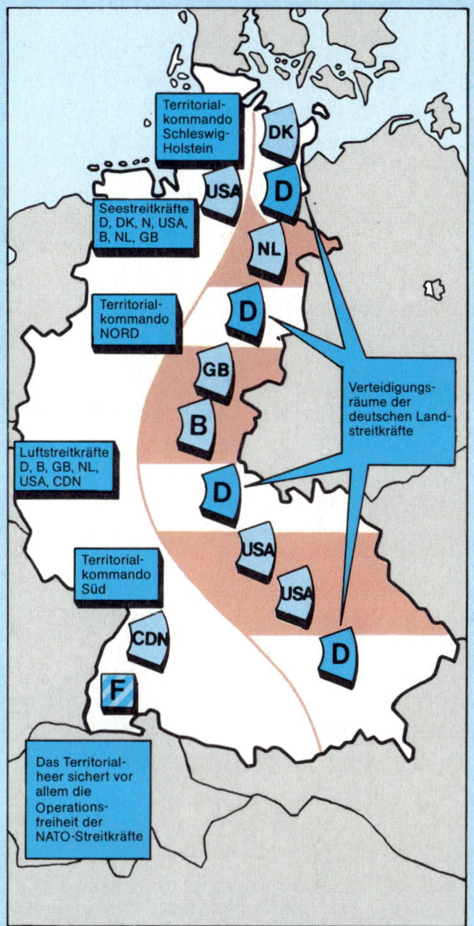

Verteidigung im Verbund mit den Alliierten

B	– Belgien	F	– Frankreich
CDN	– Kanada	GB	– Großbritannien
D	– Bundesrepublik Deutschland	NL	– Niederlande
DK	– Dänemark	USA	– Vereinigte Staaten von Amerika

(aus: Es geht um unsere Sicherheit. Bündnis, Verteidigung, Rüstungskontrolle. Hrsg.: Auswärtiges Amt und Bundesministerium der Verteidigung, 3. Aufl., Nov. 1982, S. 22)

1. Welche Staaten gehören der NATO, welche dem Warschauer Pakt an?
2. Welche Staaten Europas gehören keinem Militärbündnis an?
3. Nenne wesentliche Ziele der sowjetischen Militärstrategie.
4. Beschreibe die Militärstrategie der NATO.
5. Vergleiche die Militärstrategie der NATO mit der des Warschauer Paktes.
6. Beschreibe das Prinzip der Vorneverteidigung.
7. Was bedeutet es für die Bundesrepublik Deutschland, daß auf ihrem Territorium auch Truppen anderer NATO-Staaten ständig stationiert sind?

Die Bundeswehr – Armee in der NATO

Am 23. Oktober 1954 wurde in den sogenannten „Pariser Verträgen“ festgelegt, daß die Bundesrepublik Deutschland eine Armee mit einer Hochstärke von etwa 500 000 Soldaten aufstellen und dem Befehl der NATO unterstellen soll. Am 5. Mai 1955, zehn Jahre nach dem Zusammenbruch Deutschlands und der bedingungslosen Kapitulation der Deutschen Wehrmacht, wurde die Bundesrepublik Deutschland in die NATO aufgenommen.

Grundgesetz

Artikel 26
[Verbot der Vorbereitung eines Angriffskrieges]

(1) Handlungen, die geeignet sind und in der Absicht vorgenommen werden, das friedliche Zusammenleben der Völker zu stören, insbesondere die Führung eines Angriffskrieges vorzubereiten, sind verfassungswidrig. Sie sind unter Strafe zu stellen.

(2) ...

Artikel 87a
[Aufstellung und Befugnisse der Streitkräfte]

(1) Der Bund stellt Streitkräfte zur Verteidigung auf. Ihre zahlenmäßige Stärke und die Grundzüge ihrer Organisation müssen sich aus dem Haushaltsplan ergeben.

(2) Außer zur Verteidigung dürfen die Streitkräfte nur eingesetzt werden, soweit dieses Grundgesetz es ausdrücklich zuläßt.

Die Bundeswehr ist also eine Armee, die nur der Verteidigung dienen darf. Sie ist mit ihrem Auftrag fest in die NATO eingebunden.

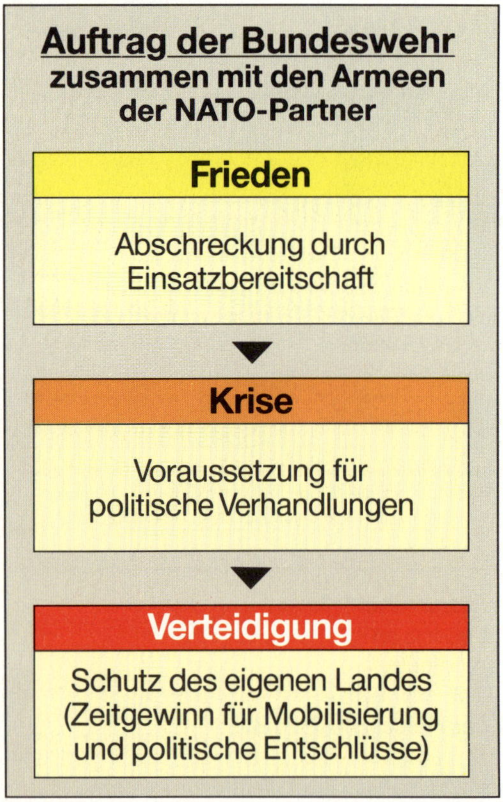

(nach: Streitkräfte und Gesellschaft, Hrsg.: Niedersächsische Landeszentrale für politische Bildung, Hannover 1982, S. 65)

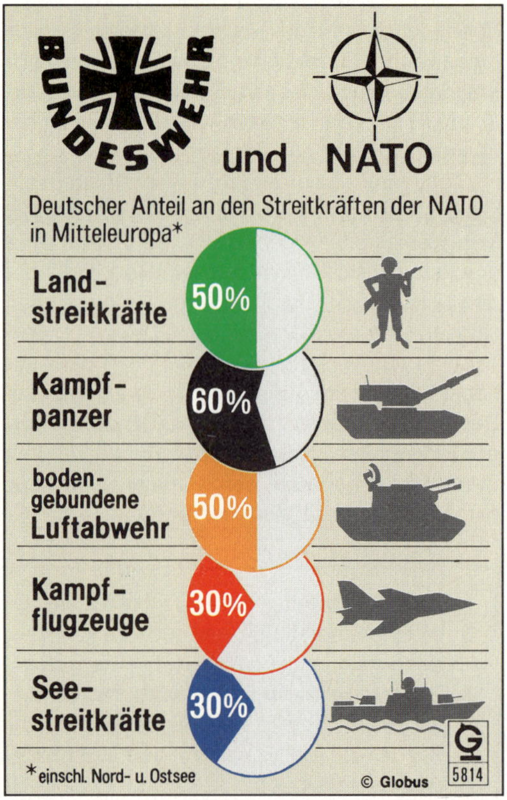

(Globus, 4. 11. 1985; Statistische Angaben: Weißbuch 1985. Zur Lage und Entwicklung der Bundeswehr)

Verteidigungsbereitschaft und demokratisches Bewußtsein

Daß wir so viele Jahre ohne Krieg gelebt haben, das ist nicht zuletzt das Verdienst der Nordatlantischen Verteidigungsgemeinschaft, der die Bundeswehr als wesentlicher Bestandteil angehört. Ihr Dienst bewirkt, daß wir anderen die Früchte des Friedens ernten können: Freiheit und Wohlstand.

Die Bundeswehr verlangt keine Dankbarkeit für ihre Leistung. Aber eines kann und muß sie verlangen: den Respekt, der der Arbeit für den Frieden gehört.

Damit sieht es in unserem Lande etwas sonderbar aus.

Die Mehrheit der Bevölkerung, das haben Umfragen ergeben, fühlt zwar die Notwendigkeit unseres Verteidigungsbeitrages. Dies hat aber, seltsamerweise, nicht die Folge, daß es bei uns selbstverständlich geworden wäre, für die Bundeswehr einzutreten. Und wenn es geschieht, so wird man beim Zuhören nur selten das Gefühl los, daß es sich hierbei um Pflichtübungen handelt. Ein Gegenstand öffentlicher Diskussion ist die Bundeswehr in den letzten Jahren fast nur dann geworden, wenn Pannen passiert sind.

Eine Untersuchung über das Bild der Bundeswehr in der Öffentlichkeit kommt zu folgendem Ergebnis: Von wenigen Ausnahmen in der überregionalen Presse abgesehen, gibt es keine kontinuierliche Berichterstattung über die Entwicklung der internen Struktur, über Probleme der gesellschaftlichen Integration oder die wirtschaftliche Bedeutung der Bundeswehr. Zwar taucht die Bundeswehr häufig in der Berichterstattung auf, doch handelt es sich dabei in der Regel um Ereignisse, Affären oder Anekdoten, die lediglich nachrichtlichen Wert besitzen. Zudem läßt sich dabei noch beobachten, daß gelegentlich die Bundeswehr als Auslöser oder auch als Vehikel für originär politische Auseinandersetzungen herhalten muß. [...]

Wir haben – irgendwie – ein schlechtes Gewissen, wenn wir an das Militär denken. Wir fürchten, in den Geruch des Militarismus zu kommen, wenn wir uns um die Bundeswehr kümmern.

Es gilt als ein Ausweis friedlicher Gesinnung, wenn man sich ausschließlich der Kriegsdienstverweigerer annimmt.

Und machen wir uns nichts vor: Es gilt in weiten Kreisen immer noch als schick, die Bundeswehr abzulehnen. Das ist immer noch ein probates Mittel, seine „kritische Unabhängigkeit" gegenüber dem Staat unter Beweis zu stellen. Man ist Antimilitarist, das klingt schön und fortschrittlich und hebt das Selbstgefühl.

Diese Haltungen haben natürlich ihre historischen Gründe. Unser Volk hat sehr schlimme Erfahrungen mit Kriegen gemacht. Es haßt den Krieg, und es hat gute Gründe, den Krieg zu hassen. In unserer Vorstellung verbindet sich ganz automatisch der Begriff Soldat mit dem Begriff Krieg. Und weil wir an den Krieg nicht denken mögen, möchten wir auch nicht an den Soldaten denken. Und so sprechen wir auch nicht über den Soldaten. Und weil wir nicht darüber sprechen, wird uns auch nicht klar bewußt, daß der Soldat der Bundeswehr kein Werkzeug des Krieges, sondern ein Werkzeug des Friedens ist. [...]

(Auszüge aus der Rede von Alt-Bundespräsident Walter Scheel auf der 22. Kommandeurstagung der Bundeswehr. Zit. nach: Frieden, Freiheit, Sicherheit. Hrsg.: Niedersächsische Landeszentrale für politische Bildung 1985, S. 157)

1. Beschreibe den Auftrag der Bundeswehr.
2. Welchen Anteil hat die Bundeswehr an den NATO-Streitkräften in Mitteleuropa?
3. Worin sieht der Alt-Bundespräsident die besonderen Verdienste der Bundeswehr?
4. Welche Kritik übt Walter Scheel an der Haltung weiter Gesellschaftskreise gegenüber der Bundeswehr?
5. Diskutiert den letzten Satz des Auszuges aus der Rede.

Die atomare Bedrohung

Der 2. Weltkrieg dauerte fast 6 Jahre und kostete 55 Millionen Menschen das Leben. Durch Tod, Vertreibung und Verlust von Hab und Gut brachte er unvorstellbares Leid über die Völker. In Ostasien wurde das Ende des Krieges von den Amerikanern mit Hilfe einer völlig neuartigen Waffe erzwungen: Am 6. August 1945 warfen sie eine Atombombe auf Hiroshima, am 9. August eine weitere auf Nagasaki. In dem Bericht eines Augenzeugen heißt es:

> Plötzlich leuchtete ein Blitz auf ... Als ich mich hinwarf, mit dem Gesicht nach unten, kam eine ungeheuerliche Explosion ... Wie lange ich halb ohnmächtig auf der Straße lag, weiß ich nicht ... Als ich später die Straßenbahnlinie erreichte, sah ich unzählige verkohlte Leichen in den Straßen und in den Aschenhaufen liegen, die früher einmal Häuser gewesen waren ... Die Stadt brannte immer noch, und ich beobachtete, wie Lichtmasten verschwelten und zu Boden fielen ... Ein schrecklicher Geruch von den zahllosen Leichen hing über den Ruinen.

(nach: H. Huber, Das Dritte Reich, Bd. II, Desch/München 1964, S. 810)

Ein japanischer Arzt berichtet von Verwundeten:

> Ihre versengten Haare waren gekräuselt, die Kleidungsstücke in Fetzen gerissen, die Haut der unbedeckten Körperteile fast ganz verbrannt, die Wunden entsetzlich verschmutzt. Die meisten der Verwundeten waren durch zahllose Glassplitter, Holzstückchen oder Eisenteilchen, die sich in Gesicht und Rücken gebohrt hatten, derartig entstellt, daß sie nicht leicht als Menschen zu erkennen waren.

(nach: Chr. Geißler (Hrsg.), Das Dritte Reich, Langewiesche Brandt/Ebenhausen o.J., S. 158 ff.)

Beim Abwurf der beiden Atombomben starben etwa 200 000 Menschen sofort. Zehntausende siechten dahin und erlagen später den Verbrennungen und Strahlenschäden. Noch heute leiden in Japan Menschen an den Folgen der freigewordenen radioaktiven Strahlung.

Hiroshima am 9. August 1945

Opfer des Atombombenabwurfs

In einem Atomkrieg gibt es keine medizinische Hilfe.

Politikern, Wissenschaftlern und Ärzten sind die Folgen eines Atomkrieges sehr wohl bekannt: Sie sind verheerend, unvorstellbar, unendlich und irreparabel.

Nach einem Atomkrieg ist der Stuhl, auf dem Sie gerade sitzen, verdampft; der Arzt, zu dem Sie kommen, tot; die Krankheit, wegen der Sie kommen, unheilbar. In einem Atomkrieg gibt es keine medizinische Hilfe.

30 Jahre täglich ein 2. Weltkrieg.

Um einen zukünftigen Atomkrieg wenigstens theoretisch faßbar zu machen, sind hier einige schreckliche Zahlen genannt: Eine einfache Mittelstreckenrakete besitzt heute die Sprengkraft von einer Megatonne. Das sind 1 000 000 Tonnen Sprengkraft – soviel wie alle im 2. Weltkrieg abgeworfenen Bomben zusammen.

Dabei haben die stärksten Atombomben heute sogar die zwanzigfache Sprengkraft. Das sind 20 000 000 Tonnen oder 20mal die Sprengkraft aller im 2. Weltkrieg gezündeten Bomben in *einer* Bombe.

Das gesamte Arsenal nuklearer Waffen beträgt mittlerweile über 13 500 Megatonnen, das entspricht 1 Million Hiroshima-Bomben. Oder anders ausgedrückt: Mit diesem Potential läßt sich über *30 Jahre lang täglich* das Ausmaß aller Verwüstungen des 2. Weltkrieges herbeiführen. Oder: Pro Kopf der gesamten Erdbevölkerung steht die Sprengkraft von über 3 000 Kilogramm Sprengstoff bereit. Oder: Auf jeweils nur 3 750 Menschen der Weltbevölkerung entfällt die Sprengkraft einer Hiroshima-Bombe. Wieviel Einwohner hat Ihre Stadt?

Der Atomschlag.

Atombomben setzen drei Mechanismen tödlicher Zerstörung frei: Hitze, Druck und Strahlung.

Schon die Explosion *einer* ganz gewöhnlichen atomaren Mittelstreckenrakete würde die nachfolgend beschriebene und unvorstellbare Wirkung haben:

Viele Millionen Grad Hitze.

Zunächst entwickelt sich ein *Lichtblitz,* der Menschen noch in 25 Kilometer Entfernung vorübergehend *erblinden* läßt. Mit Lichtgeschwindigkeit breitet sich *Hitzestrahlung* von mehreren Millionen Grad aus, die in einem Umkreis von 3 Kilometern Durchmesser alle Lebewesen, Autos, Glas usw. *verdampfen* läßt. Selbst Granit schmilzt. Noch in 8 Kilometer Entfernung sind die Verbrennungen tödlich.

Druckwelle mit Überschallgeschwindigkeit.

Gleichzeitig breitet sich mit Überschallgeschwindigkeit eine *Druckwelle* aus, die selbst Stahlbetongebäude wie leere Bierdosen zerdrückt und in einer Entfernung von 6 Kilometern alles niederwalzt.

Flächenbrände und Stürme.

Druckwelle und Hitzestrahlung lassen *Flächenbrände* und *orkanartige Stürme* entstehen, die mit 250 km/h Bauwerke wie Kartenhäuser einstürzen lassen und alles, Autos, Trümmer und Menschen willkürlich durch die Luft schleudern. Die Feuerstürme verbrauchen allen Sauerstoff; Menschen in Kellern und Bunkern ersticken und verbrennen.

Doch Druck und Hitze sind nur die konventionellen Wirkungen. Die spezifische Wirkung der Atombombe ist die *radioaktive Strahlung.*

Die Strahlenkrankheit ist keine Krankheit, sie ist der Tod.

Kernwaffenexplosionen setzen Gamma- und Neutronenstrahlungen frei, die wir mit unseren Sinnesorganen nicht wahrnehmen können. Je nach Intensität der aufgenommenen Strahlung tritt der *Tod* unter Krämpfen und Zuckungen schon nach wenigen Stunden oder erst nach wochenlangem Leid ein. *Akute Strahlenkrankheit* führt zu Erbrechen, Durchfall, Erschöpfung, zu Haarausfall und Hautblutungen, zu schmerzhaften Geschwüren in Mund und Darm. Überlebende leiden an den verschiedensten Spätfolgen.

Die Lebenden werden die Toten beneiden.

Wer nicht im Zentrum sofort verdampft, wird erschlagen oder zerquetscht. Wer nicht erschlagen wird, verbrennt. Wer nicht verbrennt, erstickt. Wer nicht erstickt, wird verstrahlt. Wer nicht sofort der Strahlenkrankheit erliegt, der stirbt nach Wochen, verstrahlt sich selbst durch Atmen und Essen, erliegt den grassierenden Epidemien. Es gibt weder Hilfe noch Entrinnen. *Die Lebenden werden die Toten beneiden.*

(aus: Informationen über die Strahlenkrankheit. Hrsg.: Initiative „Ärzte warnen vor dem Atomkrieg“, Berlin o.J., S. 3 ff., Auszüge)

1. Beschreibe die Vernichtungskraft der auf der Welt vorhandenen Atomwaffen.
2. Welche Auswirkungen hat die Explosion einer Atombombe?

Wettrüsten – Gleichgewicht des Schreckens

„Ich bin doch gezwungen, aufzurüsten! Zählen Sie nach: Der da drüben kann mich zwölfmal töten, ich ihn nur elfmal!"

Karikatur: Wolter

Das Arsenal der auf der Welt stationierten Atomwaffen reicht aus, ganze Kontinente zu entvölkern, vielleicht die gesamte Menschheit zu vernichten. Kritiker des Wettrüstens haben festgestellt, daß die NATO selbst im ungünstigsten Fall zu einer für die Sowjetunion untragbaren Vergeltung fähig wäre. Würde die Sowjetunion bei einem atomaren Erstschlag alle atomaren Waffensysteme des Westens auf dem Land, in der Luft und auf dem Wasser zerstören, reichten allein die Hälfte aller U-Boote mit Atombewaffnung aus, um mindestens 40 Millionen Sowjetbürger zu töten und 60% der sowjetischen Industrie zu zerstören.

Die Tatsache, daß keine Großmacht die andere angreifen kann, ohne die Gefahr einzugehen, selbst vernichtet zu werden, wird mit „Gleichgewicht des Schreckens" bezeichnet. Der Physiker und Philosoph Carl Friedrich von Weizsäcker hat die atomare Bedrohung einmal mit dem Satz beschrieben: „Wer zuerst schießt, stirbt als zweiter".

Für die NATO sind die nuklear-strategischen Waffen der USA der entscheidende Rückhalt der Strategie der Flexiblen Reaktion. Im Verbund mit den übrigen Nuklearwaffen bürden sie einem Aggressor ein kalkuliert untragbares Risiko auf. Damit haben sie einen maßgeblichen Anteil an der Abschreckung vor dem Einsatz militärischer Kräfte und Mittel gegen die NATO-Mitgliedsstaaten.

Die nuklear-strategischen Waffen behalten für die gesamte NATO ihre Abschreckungswirkung, solange die Vereinigten Staaten von Amerika die Fähigkeit und Bereitschaft zu deren Einsatz glaubhaft machen können. Das setzt vor allem eine gesicherte Zweitschlagfähigkeit voraus. Sie besteht, wenn ein Teil der strategischen Waffen jeden Überraschungsangriff überstehen kann, der darauf zielt, sie alle auszuschalten. Die verbliebenen Waffen müssen ausreichen, um dem Angreifer mit einem Gegenschlag einen für ihn untragbaren Schaden zufügen zu können. Die gesicherte Zweitschlagfähigkeit ist entscheidend für die strategische Stabilität, weil dadurch dem Gegner die Fähigkeit zu einem Erstschlag genommen wird.

(aus: Weißbuch 1983. Zur Sicherheit der Bundesrepublik Deutschland. Hrsg.: Bundesminister der Verteidigung im Auftrage der Bundesregierung, Bonn 1983, S. 52)

1. Erläutere die Aussage der Karikatur.
2. Diskutiert den Satz „Wer zuerst schießt, stirbt als zweiter".
3. Erkläre den Begriff „Zweitschlagfähigkeit".
4. Welche Auswirkungen hat die Zweitschlagfähigkeit auf das Wettrüsten?

Rüstung belastet den Frieden

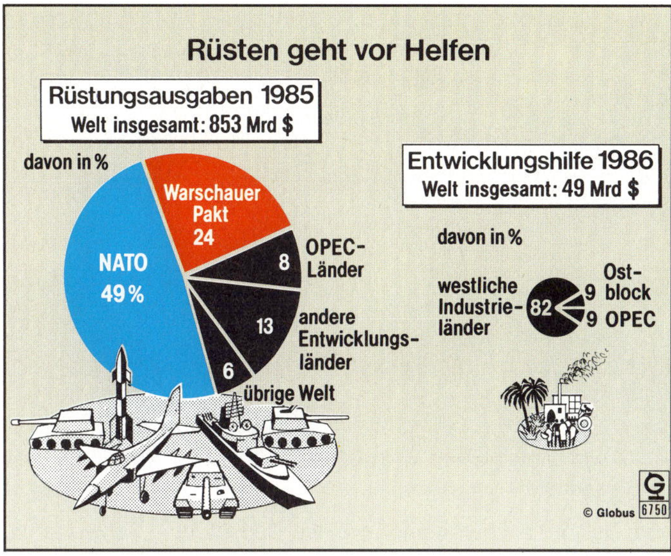

Die Welt gibt 17mal soviel für Rüstung aus wie für Entwicklungshilfe: Die gesamten Rüstungsausgaben schätzt das Stockholmer Institut für Friedensforschung (SIPRI) für das Jahr 1985 auf umgerechnet über 850 Milliarden Dollar. Die öffentliche Entwicklungshilfe des Jahres 1986 erreichte nach OECD-Angaben dagegen nur 49 Milliarden Dollar. Diese Summe ergibt sich aus den Zahlungen der Staaten und privaten Organisationen (Kirchen u. a.) abzüglich der Rückzahlungen der Entwicklungsländer. Rüstungshilfen sind nicht einbezogen. Das bedenkliche Ungleichgewicht zwischen Rüstung und Entwicklungshilfe besteht nicht nur bei den Geberländern. Auch die Entwicklungsländer selbst geben mehr für Rüstung aus als sie Entwicklungshilfe bekommen.

Beim Wort „Frieden“ denkt jeder zunächst an die „Abwesenheit von Krieg“. Bei genauer Betrachtung wird allerdings deutlich, daß die Beseitigung von Gewalt zwar eine Bedingung des Friedens ist, daß sie aber noch nicht Frieden selbst bedeuten muß. Zum Frieden gehört auch die Beseitigung von Unterdrückung und Benachteiligung sowie die Verwirklichung sozialer Gerechtigkeit. Nur dann haben Völker eine Chance zum gewaltfreien Zusammenleben. Das Wettrüsten verhindert aber einen wirksameren Kampf gegen Armut und Hunger.

1. Die Militärausgaben allein eines halben Tages würden ausreichen, um das gesamte Programm der Weltgesundheitsorganisation zur Ausrottung von Malaria zu finanzieren. Noch weniger würde benötigt, um die Flußblindheit zu besiegen, die immer noch eine Geißel für Millionen Menschen darstellt.
2. Ein moderner Panzer kostet etwa eine Million Dollar. Mit diesem Geld könnte man die Lagermöglichkeiten für 100 000 Tonnen Reis so verbessern, daß der Verderb von jährlich 4 000 Tonnen oder mehr ausgeschaltet würde. Mit demselben Geld könnte man auch 1 000 Klassenräume für 30 000 Schulkinder errichten.
3. Für den Preis nur eines Kampfflugzeuges (20 Millionen US-Dollar) könnte man etwa 40 000 Dorfapotheken errichten.
4. Mit der Hälfte von einem Prozent der jährlichen Rüstungsausgaben könnte man all die landwirtschaftlichen Geräte anschaffen, die erforderlich sind, um in den armen Ländern mit Nahrungsmitteldefizit die Agrarproduktion bis 1990 zu verbessern und die Selbstversorgung zu erreichen.

(nach: Dieter S. Lutz, Rüstungswettlauf und Kriegsgefahr, in: Sicherheitspolitik am Scheideweg? Schriftenreihe der Bundeszentrale für politische Bildung, Bonn 1982, S. 232 f.)

1. Welche Aussage macht die Grafik über Rüstungsausgaben und Entwicklungshilfe?
2. Welcher Zusammenhang wird in den Texten zwischen Rüstungsausgaben und Entwicklungsaufgaben hergestellt?
3. Tragt Informationen über den aktuellen Stand der Abrüstungsverhandlungen zusammen.

Friedensaktion in Bremerhaven: Demonstranten versperren mit einer Sitzblockade die Zufahrt zum Hafen (14. 10. 1983)

Die Friedensbewegungen in West und Ost bekommen immer größere Bedeutung. „Schwerter zu Pflugscharen" und „Frieden schaffen ohne Waffen" sind die Parolen vieler Gruppen geworden, die sich für den Frieden engagieren.

100 000 demonstrierten gegen die Nachrüstung

Auftakt der „Aktionswoche für den Frieden" fast ohne Zwischenfälle

Bremerhaven/Bonn (ut/dpa). Rund hunderttausend Menschen sind am Wochenende in der Bundesrepublik dem Aufruf der Friedensbewegung zum Protest gegen das atomare Wettrüsten in West und Ost und besonders die Stationierung neuer amerikanischer Mittelstreckenwaffen gefolgt. Die Demonstrationen zum Auftakt der Aktionswoche, in deren Verlauf die Friedensbewegung zwei bis drei Millionen Menschen mobilisieren will, verliefen weitgehend ohne Zwischenfälle. Bei sämtlichen Aktionen vor amerikanischen Militäreinrichtungen – Sitzblockaden, Menschenketten, Umzingelungen – bemühten sich die Gegner der Nachrüstung um ein Bild der Friedfertigkeit. Stellvertretend dafür war die Situation in Heidelberg, wo der Sprecher einer Menschenkette vor der US-Befehlsstelle für Europa meinte: „Wir stehen ganz locker um das Hauptquartier, damit jeder jederzeit hinein kann."

Am Sonntag, dem von der Friedensbewegung ausgerufenen „Widerstandstag der Christen und anderen Glaubensgemeinschaften", beteiligten sich Zehntausende an Mahngottesdiensten, Bußgängen, Prozessionen und Friedensketten zwischen Kirchengemeinden. In Jülich, unweit der NATO-Flugplätze Wildenrath und Nörvenich, versammelten sich am Nachmittag mehr als 10 000 Protestanten zu einem Friedensgottesdienst unter freiem Himmel. Superintendent Linz aus Düsseldorf, einer von 33 rheinischen Superintendenten, die zu der Kundgebung aufgerufen hatten, erklärte zur Begrüßung: „Wir sagen mit der Friedensbewegung ein unerbittliches Nein zu den neuen Waffen."

[. . .]

Bei der Großkundgebung am Mittag in der Innenstadt von Bremerhaven hatten Sprecher der Friedensbewegung ein Bündnis der Rüstungsgegner auf der ganzen Welt gefordert. Auf vielen Transparenten hieß es „Frieden schaffen ohne Waffen". [. . .]

(aus: Hannoversche Allgemeine Zeitung, 17. 10. 1983, S. 1)

1. Beschreibe das Foto. Was kann Menschen bewegen, gegen die Rüstung zu demonstrieren?
2. Diskutiert die Parole „Frieden schaffen ohne Waffen".

Europa

„Ein Europa der Bürger soll es werden, ein Europa, das für den einzelnen Bürger im Alltag erfahrbar ist und ihm persönlich spürbar zugute kommt". Dies ist die Wunschvorstellung, die viele Bürger und Politiker haben.

- *Wie hat sich Europa nach 1945 politisch entwickelt?*
- *Welche wirtschaftlichen Zusammenschlüsse gibt es heute?*
- *Wie funktioniert die Europäische Gemeinschaft?*
- *Welche Rolle spielt die „deutsche Frage" im geteilten Europa?*
- *Wie sieht es mit den Kontakten zwischen den Menschen in Europa aus?*

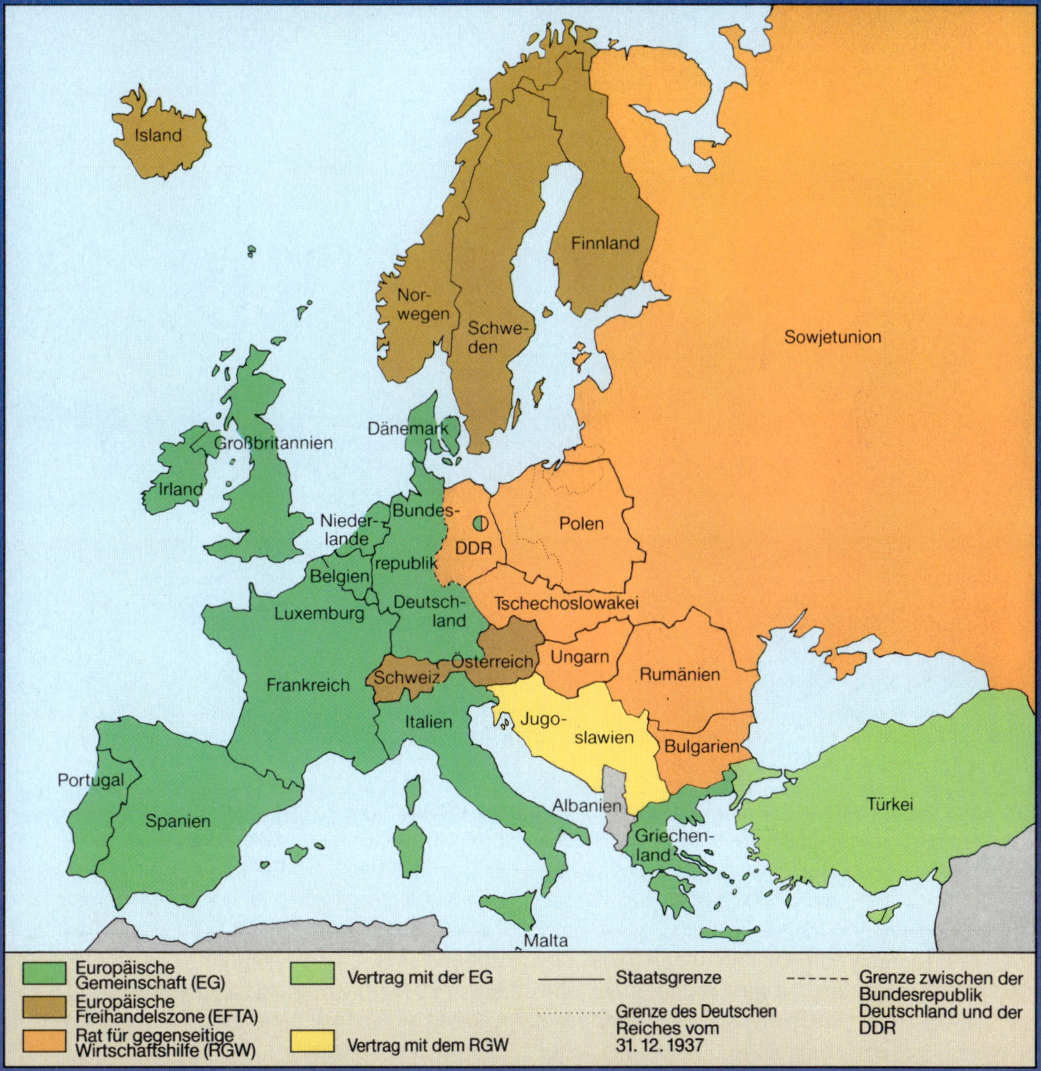

1. Politische Entwicklung in Europa nach 1945

Völkerverständigung – Voraussetzung für Frieden in Europa

Mutter mit ihren Kindern auf der Flucht

Kinder harken Kohlestücke aus Schlacke heraus (Winter 1945/46)

Ein heimgekehrter Soldat sucht seine Frau

So sah es in vielen europäischen Städten aus

In einer Behelfswohnung

Eine Tagesration (1947)

Bilder aus Europa nach dem Ende des 2. Weltkrieges

Am Ende des 2. Weltkrieges lag Europa in Schutt und Asche. Bombenteppiche hatten die Städte in Trümmerlandschaften verwandelt. 55 Millionen Menschen, unter ihnen viele Frauen und Kinder, fanden den Tod. Mit den Zerstörungen verloren viele ihr gesamtes Hab und Gut. Obdachlos hausten sie in Trümmern, erbarmungslos der Kälte der harten Winter ausgesetzt. Die Wirren des Krieges hatten zahlreiche Familien auseinandergerissen. Die gesamte öffentliche und private Versorgung war zusammengebrochen. Zerstörte Produktionsanlagen und das Fehlen von Materialien ließen einen Wiederaufbau hoffnungslos erscheinen. Es fehlte an Treibstoff, Energie und Transportmitteln. Die knappen Lebensmittelvorräte wurden eingeteilt und über Lebensmittelscheine verteilt. Die Menschen in Europa litten Hunger.

Mit den ersten Berichten über die Greueltaten der nationalsozialistischen Gewaltherrschaft in den Konzentrationslagern und über die Unmenschlichkeit der Kriegsführung gegen die Zivilbevölkerung breitete sich Entsetzen aus. Die Deutschen wurden von ihren europäischen Nachbarn zum großen Teil mit Abscheu betrachtet.

Nach den entsetzlichen Erfahrungen des Krieges war der Wunsch nach Frieden überall groß. Wie aber sollte nach all dem Leiden, das sich die Völker gegenseitig zugefügt hatten, Haß und Mißtrauen abgebaut und ein dauerhafter Frieden geschaffen werden? Schon früh, gleich nach Beendigung des Krieges, setzten sich einzelne – zunächst auf privater, dann auf offizieller Ebene – für die Versöhnung zwischen den Menschen und Völkern in Europa ein. Die neuen Kontakte gründeten sich auf die schon von Friedrich Schiller formulierte Einsicht: „Der bloß niedergeworfene Feind kann wieder aufstehen, aber der versöhnte ist wahrhaft überwunden."

Die von der Presse verbreiteten Berichte über die katastrophale wirtschaftliche Situation im besiegten Deutschland fanden im Ausland Aufmerksamkeit. Lebensmittel und andere Versorgungsgüter wurden nach Deutschland geschickt. Damit war ein neuer Anfang gemacht. Mit den neuen Kontakten zwischen den Menschen in Europa begann auch die Verständigung zwischen den Nationen. Gegenseitige Besuche, Schüler- und Jugendaustauschprogramme, gemeinsame Sport- und Kulturveranstaltungen wurden initiert. Auch heute noch dienen sie der Verständigung zwischen den Völkern.

Normann Crossland, ein Redakteur der „Bristol Evening Post", berichtet 1947:

„In Bristol war die Mission des guten Willens durchaus umstritten. Die Stadt hatte im Krieg gelitten. In den vier Jahren der Luftangriffe kamen 1300 Bristoler ums Leben, und eine ähnliche Zahl wurde ernsthaft verletzt. Mehr als 89000 Gebäude, hauptsächlich Wohnungen, wurden beschädigt, und über 3000 Wohnungen wurden vollkommen vernichtet.

Die strenge Rationierung von Lebensmitteln, Kleidung und Möbeln dauerte in Großbritannien noch Jahre nach Kriegsende an. Es war daher verständlich, daß in einer solchen Lage Bristoler der Meinung waren, daß die Versöhnung mit Deutschland, wenn auch eines Tages erstrebenswert, nicht von vorrangiger Wichtigkeit war. Es war jedoch vielen hier bewußt, daß es den Menschen in Deutschland viel schlimmer ging.

Als erste Folge der Mission wurden Kleidung, Lebensmittel und vor allem Schuhe von Bristol nach Hannover geschickt."

Der Hannoveraner Klaus Gerber erinnert sich an seinen Schüleraustausch in Bristol 1960:

„Ressentiments gegenüber dem erst anderthalb Jahrzehnte zuvor niedergeworfenen Feindesland habe ich nie zu spüren bekommen. Im Gegenteil. Als wir einen Onkel meines späteren Austauschschülers, Gareth C. Lewis, im nahe gelegenen Wales besuchten, bekam ich die stärksten Eindrücke meiner achtwöchigen Aufenthalte in Großbritannien. Der verhärmt aussehende Frührentner mit Staublunge, der früher in einem Kohlebergwerk tätig war, hieß uns in seinem Wohnzimmer niedersetzen, holte ein dickes Buch hervor und las uns ein langes Gedicht vor. Es handelte von ‚Mother Thames' und ‚Father Rhine', die ihre Söhne gegeneinander in den Krieg geschickt hatten, und schilderte ihre Trauer und ihre Verzweiflung, als beide nicht wiederkamen.

Das Ausmaß der Zerstörungen in Bristol und in Hannover, die der 2. Weltkrieg hinterlassen hat, können aus meinem Gedächtnis nicht mehr gestrichen werden."

(aus: Vierzig Jahre Städtepartnerschaft Hannover-Bristol, Sonderbeilage HAZ, 31. 8. 1987, S. 2 und 4, Auszüge)

1. Informiere dich mit Hilfe deines Geschichtsbuches oder durch Befragen deiner Großeltern über die Lebensbedingungen in Deutschland nach Ende des 2. Weltkrieges.
2. Setze dich mit dem Zitat „Der bloß niedergeworfene Feind kann wieder aufstehen, aber der versöhnte ist wahrhaft überwunden" auseinander.
3. Welche Hindernisse standen nach 1945 der Völkerverständigung in Europa entgegen?
4. Warum bezeichnet wohl Klaus Gerber die Begegnung mit dem Onkel seines Austauschpartners als den stärksten Eindruck seines Aufenthaltes in Großbritannien?

Die Europäische Idee

Aus einer Rede des britischen Premierministers Winston Churchill in Zürich (1946):

Wir müssen etwas wie die Vereinigten Staaten von Europa schaffen. Nur so können Hunderte von Millionen schwer arbeitender Menschen wieder die einfachen Freuden und Hoffnungen zurückgewinnen, die das Leben lebenswert machen. [. . .]

Der erste Schritt bei der Neugründung der europäischen Familie muß eine Partnerschaft zwischen Frankreich und Deutschland sein. [. . .] Es gibt kein Wiederaufleben Europas ohne ein geistig großes Frankreich und ein geistig großes Deutschland. Die Struktur der Vereinigten Staaten von Europa, wenn sie gut und echt errichtet wird, muß so sein, daß die materielle Stärke eines einzelnen Staates von weniger großer Bedeutung ist. Kleine Nationen zählen ebenso viel wie große und erwerben sich ihre Ehre durch ihren Beitrag zu der gemeinsamen Sache. [. . .]

Die Zeit ist vielleicht knapp. Gegenwärtig haben wir eine Atempause. Die Geschütze schweigen. Der Kampf hat aufgehört, aber nicht die Gefahren. Wenn es uns gelingen soll, die Vereinigten Staaten von Europa oder welchen Namen auch immer sie tragen werden, zu errichten, müssen wir jetzt damit beginnen. [. . .]

Der erste Schritt ist die Bildung eines Europarats. Wenn zu Anfang auch nicht alle Staaten Europas willens oder in der Lage sind, der Union beizutreten, müssen wir uns dennoch ans Werk machen, diejenigen Staaten, die es wollen und können, zusammenzufassen und zu vereinen. [. . .]

(aus: Europa-Dokumente zur Frage der Europäischen Einigung, Hrsg.: Forschungsinstitut der Deutschen Gesellschaft für auswärtige Politik, Bonn 1962, Bd. 1, S. 113 ff.)

1. Welche Idee hat Churchill in seiner Rede entwickelt?
2. Welche Forderungen stellte Churchill in dieser Rede auf?

Weichenstellung in Europa

Nach dem Krieg wurde Deutschland von den Siegermächten in vier Besatzungszonen aufgeteilt. Die drei westlichen Siegermächte, die USA, Großbritannien und Frankreich, konnten sich in der Folgezeit mit der Sowjetunion nicht auf eine gemeinsame Politik gegenüber dem besiegten Deutschland einigen. Immer deutlicher trat die Absicht der Sowjetunion zutage, ihre gesellschaftlichen, kommunistischen Vorstellungen auf ganz Deutschland auszudehnen. Das wirtschaftliche Chaos in Westdeutschland bot dafür die besten Voraussetzungen.

Politiker wie Konrad Adenauer (CDU) und Kurt Schumacher (SPD) sahen diese Gefahr. Schumacher schlug vor, die westlichen Besatzungszonen durch einen wirtschaftlichen Aufschwung so anziehend zu machen, daß sie wie ein Magnet auf die Ostzone wirken würden. Nur so könne die sich abzeichnende Spaltung Deutschlands überwunden werden. Nur kurze Zeit später bot der amerikanische Außenminister Marshall den Europäern eine umfassende amerikanische Wirtschaftshilfe an, das European Recovery Program (ERP), auch Marshallplan genannt.

Aus der Rede des US-Außenministers Marshall an der Harvard-Universität am 5. Juni 1947:

„Bei unseren Erwägungen über die Bedürfnisse Europas für den Wiederaufbau wurden die Menschenverluste, die sichtbare Zerstörung der Städte, Fabriken, Bergwerke und Eisenbahnen richtig einkalkuliert, aber es hat sich in den letzten Monaten herausgestellt, daß diese sichtbare Zerstörung wahrscheinlich weniger schwerwiegend ist als die Tatsache, daß das gesamte europäische Wirtschaftssystem aus den Angeln gehoben wurde. [...]

Es ist nur logisch, daß die Vereinigten Staaten alles tun, was in ihrer Macht steht, um die Wiederherstellung gesunder wirtschaftlicher Verhältnisse in der Welt zu fördern, ohne die es keine politische Stabilität und keinen sicheren Frieden geben kann. Unsere Politik richtet sich nicht gegen irgendein Land oder irgendeine Doktrin, sondern gegen Hunger, Armut, Verzweiflung und Chaos. Ihr Zweck ist die Wiederbelebung einer funktionierenden Weltwirtschaft, damit die Entstehung politischer und sozialer Bedingungen ermöglicht wird, unter denen freie Institutionen existieren können. [...]

Es wäre weder angebracht noch zweckmäßig, wenn die Regierung der Vereinigten Staaten von sich aus ein Programm entwerfen würde, um die wirtschaftliche Wiederaufrichtung Europas durchzuführen. Das ist Sache der Europäer selbst. Die Initiative muß von Europa ausgehen, meine ich. Unsere Rolle sollte darin bestehen, den Entwurf eines europäischen Programms freundschaftlich zu fördern und später dieses Programm zu unterstützen, soweit das für uns praktisch ist. [...]"

(aus: Curt Gasteyger, Einigung und Spaltung Europas 1942–1965, Frankfurt 1965, S. 95 ff.)

Schlußworte des sowjetischen Außenministers Molotow auf der Konferenz über europäische Wirtschaftsplanung in Paris am 2. Juli 1947:

„... die Frage der amerikanischen Wirtschaftshilfe, über die außerdem bis jetzt noch nichts bekannt ist, (ist) für die britische und die französische Regierung zum Vorwand geworden, auf der Schaffung einer neuen Organisation zu bestehen, welche über den europäischen Ländern steht, sich in die inneren Angelegenheiten dieser Länder einmischt und sogar die Anweisungen für die Entwicklung der Schlüsselindustrien in diesen Ländern festlegt. Außerdem erheben Großbritannien und Frankreich zusammen mit den ihnen eng verbundenen Ländern Anspruch auf beherrschende Positionen in dieser Organisation oder, wie es in dem britischen Plan heißt, in dem sogenannten ‚Lenkungsausschuß' für Europa.

[...] Jedenfalls wird jetzt vorgeschlagen, die Möglichkeit der Erlangung eines amerikanischen Kredits durch ein Land von dessen Gehorsam gegenüber der oben erwähnten Organisation und ihrem ‚Lenkungsausschuß' abhängig zu machen. [...]

Wohin würde die Verwirklichung des französisch-britischen Vorschlages über die Schaffung einer Spezialorganisation oder eines ‚Lenkungsausschusses' zur Ausarbeitung eines allumfassenden europäischen Wirtschaftsprogramms führen? Die Durchführung dieses Vorschlages würde zu nichts Gutem führen. Das Ergebnis hiervon wäre, daß Großbritannien, Frankreich und eine Gruppe von Ländern, die ihnen folgen, sich von den anderen europäischen Staaten isolieren würden und daß sie Europa in zwei Staatengruppen aufteilen und dadurch neue Schwierigkeiten in den Beziehungen unter ihnen verursachen würden."

(aus: Curt Gasteyger, Einigung und Spaltung Europas 1942–1965, Frankfurt 1965, S. 97 ff.)

1. An wen richtete sich das amerikanische Hilfsangebot? Wie wurde es begründet?
2. Welche Rolle sollten die Betroffenen beim Wiederaufbau spielen?
3. Wofür wirbt das Plakat?
4. Wie beurteilte der sowjetische Außenminister Molotow die Marshallplanhilfe?

Der Rat für Gegenseitige Wirtschaftshilfe

Die Sowjetunion wollte verhindern, daß die unter ihrem Einfluß stehenden Länder Osteuropas die Marshallplanhilfe annehmen. Sie gründete deshalb 1949 den Rat für Gegenseitige Wirtschaftshilfe (RGW). Gründungsländer waren neben der Sowjetunion die Tschechoslowakei, Polen, Ungarn, Rumänien und Bulgarien. Albanien trat Ende 1949 bei (Mitglied bis 1962), die DDR 1950, die Mongolei 1962, Kuba 1972 und Vietnam 1978. Assoziiert ist Jugoslawien. Finnland, der Irak und Mexiko haben Abkommen über eine Zusammenarbeit mit dem RGW. Beobachter bei den Ratssitzungen sind Afghanistan, Äthiopien, Angola, Guayana, Jamaika, der Südjemen, Laos, Nordkorea, Mosambik und Nicaragua. Verwaltungssitz des RGW ist Moskau.

Ziel des RGW ist die Abstimmung der Wirtschaftspläne der Mitgliedsstaaten. Jedes Land soll z. B. das produzieren, wofür es die besten Voraussetzungen mitbringt. Die Zusammenarbeit der Mitglieder basiert auf zweiseitigen Verträgen über gemeinsame Projekte oder auf Handelsabkommen.

Die Sowjetunion erwirtschaftet etwa zwei Drittel des geschätzten Sozialproduktes im RGW und ist wirtschaftlich und politisch unangefochten die Führungsmacht. Von der DDR gehen viele wichtige Impulse für den technischen Fortschritt in den Partnerländern aus. Sie ist das zweitgrößte Handelsland im RGW und liefert vor allem hochwertige Investitionsgüter, chemische Produkte und industrielle Konsumgüter.

Beschlüsse des RGW sind für die Mitgliedstaaten nicht bindend. Alle Verträge, die die Organisation schließt, bedürfen der ausdrücklichen Zustimmung aller Mitglieder. Der Rat kann zwar Empfehlungen verabschieden, benötigt dafür jedoch auch immer Einstimmigkeit.

Der RWG bildet keinen gemeinsamen Markt. Dies kommt den Bestrebungen der osteuropäischen Länder entgegen, die bemüht sind, möglichst viel Eigenständigkeit gegenüber der Sowjetunion zu bewahren. Bisher scheiterte jeder Vorstoß für eine stärkere wirtschaftliche Integration der Länder innerhalb des RGW.

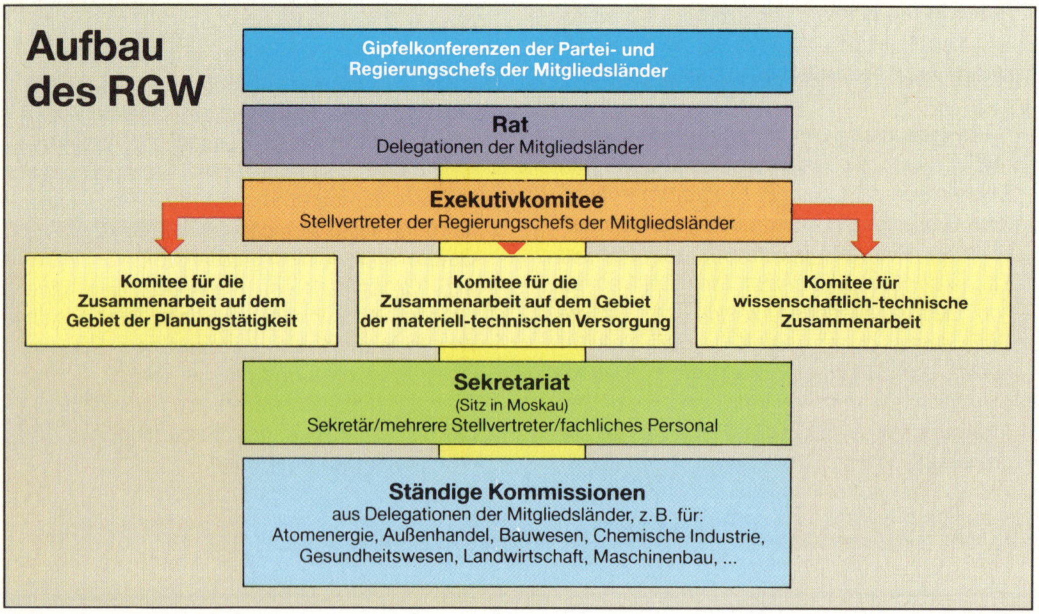

1. Welche Ziele verfolgt der RGW?
2. Beschreibe den organisatorischen Aufbau des RGW.

Zusammenschlüsse in Westeuropa

09. 05. 1950 Der erste Anlauf – die Montanunion
Die Geburtsstunde einer politischen Zusammenarbeit in Europa ist der 9. 5. 1950, der Tag, an dem der französische Außenminister Robert Schumann die Gründung einer Europäischen Gemeinschaft für Kohle und Stahl (EGKS: kurz Montanunion) zwischen Deutschland und Frankreich vorschlug. Schumanns Grundgedanke war dabei weniger ein wirtschaftlicher, als vielmehr ein politischer. Durch die Verschmelzung der deutschen und der französischen Grundstoffindustrie entstand eine wirtschaftliche Interessenverflechtung, die künftige Kriege zwischen den „Erbfeinden" ausschließt. Großbritannien, das ebenfalls zum Beitritt eingeladen wurde, zeigte sich desinteressiert. Dagegen beteiligten sich Italien, Belgien, die Niederlande und Luxemburg an der Montanunion, die am 23. 7. 1952 ihre Arbeit aufnahm.

25. 03. 1957 Der Durchbruch
Schon 1955 begannen Verhandlungen zwischen den 6 Ländern über die Gründung einer Europäischen Wirtschaftsgemeinschaft (EWG) und einer Europäischen Atomgemeinschaft (EAG, Euratom). Wieder wurde Großbritannien zum Beitritt eingeladen, wieder lehnte es ab. Die Verträge über beide Gemeinschaften wurden am 25. 3. 1957 in Rom (Römische Verträge) unterzeichnet. Die Gemeinschaften begannen ihre Arbeit Anfang 1958. Ihr Ziel ist es, die 6 (inzwischen 12) Volkswirtschaften zu einem Gemeinsamen Markt zusammenzufügen, in dem alle Wirtschaftsgrenzen zwischen den Partnerländern beseitigt sind. Um diese Wirtschaftsgemeinschaften gab es heftige politische Auseinandersetzungen. Großbritannien, aber auch weite Kreise auf dem europäischen Kontinent, lehnten das „Kleineuropa" der sechs ab und forderten eine „Große Europäische Freihandelszone".

04. 01. 1960 Die anderen – die EFTA
Die „Kleineuropäer" setzten sich schließlich durch. Ihr Ziel war die politische Verschmelzung Europas, die durch die lockere Freihandelszone gewiß nicht vorangetrieben worden wäre. Daraufhin schlossen am 4. 1. 1960 sieben europäische Staaten, voran Großbritannien, daneben die skandinavischen Länder, Österreich, die Schweiz und Portugal den Vertrag zur Gründung einer „Kleinen Europäischen Freihandelszone". Die European Free Trade Association (EFTA) begann am 3. 5. 1960 ihre Arbeit. Sie beschränkte sich im Gegensatz zur Europäischen Gemeinschaft auf den Abbau der Handelsschranken, zeigte keine wirtschaftspolitischen oder gar politischen Ambitionen. Auch für den Agrarhandel „gilt" sie nicht.

Der rasche Abbau aller Zölle in der EWG bescherte den sechs Partnerstaaten einen starken wirtschaftlichen Aufschwung, der Handelsaustausch vervielfachte sich. Schon im August 1961 beantragten Großbritannien und einige andere EFTA-Staaten daraufhin den Beitritt zur EWG. Die Verhandlungen scheiterten zunächst allerdings.

01. 07. 1968 Gemeinsamer Markt vollendet
Unbeirrt von zahlreichen Auseinandersetzungen und politischen Rückschlägen ging in den folgenden Jahren der Aufbau des Gemeinsamen Marktes weiter. Mitte der 60er Jahre entstand eine gemeinsame europäische Agrarpolitik, die es ermöglichte, die innergemeinschaftlichen Handelsschranken auch für landwirtschaftliche Güter weitgehend zu beseitigen. Mitte 1968 wurde die Zollunion verwirklicht, anderthalb Jahre früher als 1957 in Rom vereinbart. Alle Zölle zwischen den Partnerstaaten waren abgeschafft. Zugleich setzte man einen Schlußstein in den gemeinsamen Agrarmarkt: es galten überall die gleichen Agrarpreise, die Agrarpolitik wurde im wesentlichen von Brüssel aus gesteuert.

01. 01. 1973 Englands Weg nach Europa
Anfang 1973 traten Großbritannien, Dänemark und Irland den Europäischen Gemeinschaften bei. Auch in der Neunergemeinschaft wurden die Zölle rasch abgebaut: seit Mitte 1977 bilden die neun Länder eine Zollunion. Da zudem alle übrigen demokratischen Staaten Europas der Gemeinschaft seit 1973/74 durch Freihandelsverträge verbunden sind, ist in den letzten Jahren in ganz Europa außerhalb des Ostblocks ein großer Wirtschaftsraum entstanden, in dem Zollschranken kaum noch eine Rolle spielen.

07.–10. 06. 1979 Ein Parlament wird gewählt
Die schon im EWG-Vertrag von 1957 vorgesehene Direktwahl des Europäischen Parlamentes (EP) wurde im Juni 1979 Wirklichkeit. Im Juni 1984 fand die zweite Direktwahl des EP statt. Das Parlament hat zwar nach wie vor nur begrenzte Rechte. Doch hat es unverkennbar nicht nur an Selbstbewußtsein, sondern auch an politischem Gewicht gewonnen.

01. 01. 1981, 01. 01. 1986 Die EG wächst weiter
1981 wurde Griechenland Mitglied der EG. 1986 traten Spanien und Portugal bei.

03. 12. 1985 Die „Einheitliche Europäische Akte"
Sie verbindet in einem einzigen Dokument die vertragliche Verankerung und Verbesserung der Europäischen Politischen Zusammenarbeit und Änderungen des EWG-Vertrages, die auf eine Vollendung des EG-Binnenmarktes und stärkere Eigendynamik der Gemeinschaft zielen.

(nach: EUROPA, Reihe: Politik-Informationen; Hrsg.: Presse- und Informationsamt der Bundesregierung, Bonn 1986, S. 64 ff.)

1. Welche Mitgliedstaaten gehören zur Zeit der Europäischen Gemeinschaft an?
2. Beschreibe den Werdegang der Europäischen Gemeinschaft.

2. Die Europäische Gemeinschaft

Kommission, Ministerrat und Parlament

EG-Parlamentarier vermissen wirksamen Umweltschutz

Straßburg. Das Europäische Parlament der zwölf EG-Staaten hat die Konsequenzen aus den Umweltskandalen der vergangenen Monate gezogen und appelliert an die Regierungen, eine Tendenzwende in der Umweltpolitik einzuleiten. [. . .]

Heftig kritisierte das Europaparlament, wie die Umweltschutzpolitik von den EG-Staaten betrieben (oder meist nicht betrieben) wird. Auch das von der EG-Kommission vorgeschlagene „Aktionsprogramm für den Umweltschutz 1987 bis 1992" fand in den Augen der Europaparlamentarier keine Gnade. [. . .] Das Programm der EG-Kommission werde den wachsenden Risiken für Mensch und Umwelt, die der technische Fortschritt mit sich bringe, nicht gerecht.

Das Parlament schlägt schärfere Regelungen eines weiten EG-Umweltschutzes vor. [. . .]

Schließlich wird im Straßburger EG-Parlament gefordert, Umweltschutz nicht von der Erwartung positiver wirtschaftlicher Effekte abhängig zu machen. Die Folgekosten für unterlassenen Umweltschutz seien weit höher als die Kosten des Umweltschutzes selbst. Das Europaparlament fordert deshalb die Einrichtung einer Umweltkasse, eine Stärkung einheitlicher Kontroll- und Überwachungsmöglichkeiten, die Nutzung neuer Technologien für den Umweltschutz und die Umstrukturierung der gemeinsamen Forschungsstelle der EG mit dem Ziel, ein wirksames Zentrum zur Erforschung von Umwelt und Umweltsicherheit zu schaffen.

(Thomas Gack, in: Hannoversche Allgemeine Zeitung, 15. 5. 1987, S. 4)

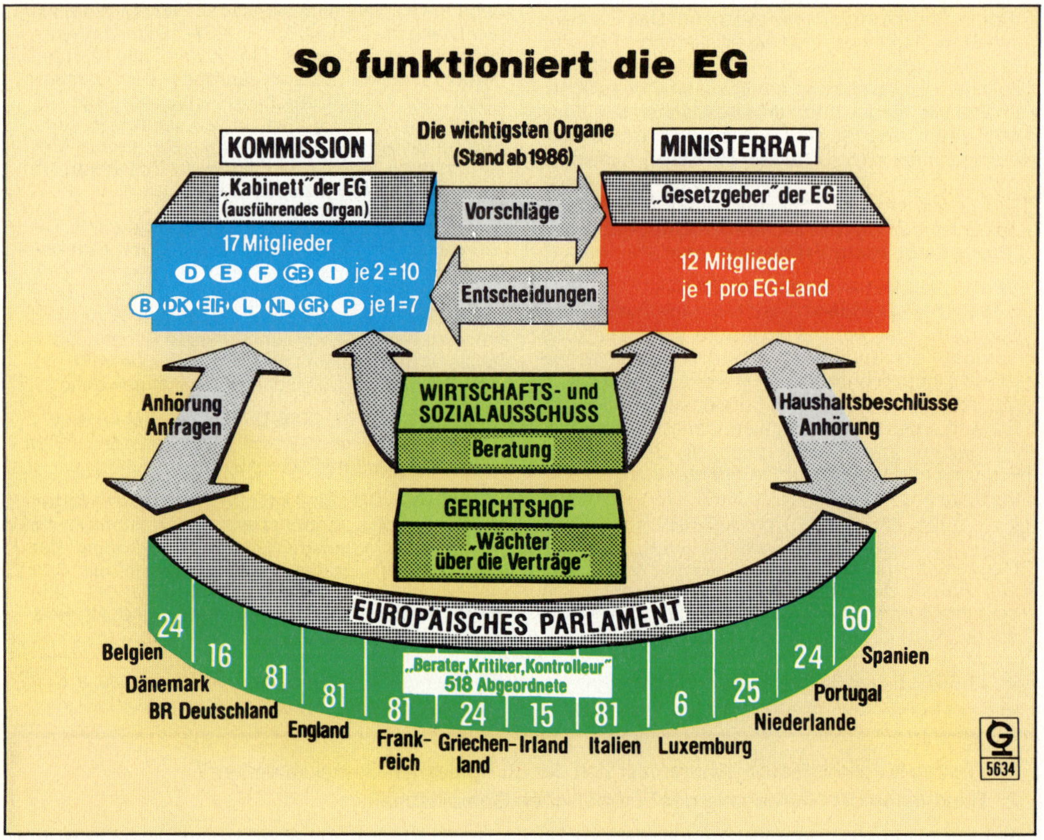

Die **Kommission** der EG besteht aus 17 Mitgliedern, die von den Regierungen der Mitgliedstaaten im gegenseitigen Einvernehmen für vier Jahre ernannt werden. Die Kommission ist unabhängig und an nationale Weisungen nicht gebunden. Sie soll als überstaatliches Organ allein die Interessen der Gemeinschaft im Auge haben, Anstöße geben, die Entwicklung des Gemeinsamen Marktes gewährleisten und die europäische Idee vorantreiben. Auf den Gebieten, wo eine gemeinsame Marktordnung vorhanden ist, trifft sie Entscheidungen, die für die Partnerstaaten verbindlich sind. Sie erläßt Verordnungen, setzt bestimmte Grenzabgaben fest und kann Kartelle verbieten. Sie ist darüber hinaus auch an der allgemeinen Gesetzgebung dadurch beteiligt, daß der Ministerrat nur „auf Vorschlag der Kommission“ Entscheidungen treffen kann.

Der **Ministerrat** der EG besteht aus Vertretern (je einem Minister) der 12 nationalen Regierungen. Er ist das gesetzgebende Organ der Gemeinschaft. Seine Verordnungen gelten in den Mitgliedstaaten der EG wie Gesetze. Bei strittigen Fragen wurde bisher in der Regel solange verhandelt, bis der Ministerrat seine Beschlüsse einstimmig faßte. Künftig wird der Ministerrat Entscheidungen mit qualifizierter Mehrheit treffen können. Auf diese Weise soll die schrittweise Herstellung des Binnenmarktes in der EG bis Ende 1992 sichergestellt werden. Bei Mehrheitsentscheidungen haben die Länder je nach ihrer Größe eine unterschiedliche Stimmenzahl. Der Ministerrat tagt in Brüssel und Luxemburg – je nach den anstehenden Themen in unterschiedlicher Besetzung als Rat der Außen-, Wirtschafts-, Finanz-, Agrarminister usw.

Das **Europäische Parlament** (EP) wird alle 5 Jahre von den Wahlberechtigten der Mitgliedstaaten der EG gewählt – seit 1979 in einer Direktwahl. Vorher wurden die Abgeordneten aus den nationalen Parlamenten entsandt. Es ist das Gremium, in dem die alle Mitgliedstaaten gemeinsam betreffenden Probleme und Pläne diskutiert werden. Bei den monatlich stattfindenden Sitzungen in Straßburg steht der eingehende Meinungsaustausch über Berichte und Entschließungsanträge zu wichtigen Sachfragen im Mittelpunkt.

Das Parlament hatte bisher im Prinzip nur eine beratende Funktion und gewisse Kontrollaufgaben. In den letzten Jahren hat es sich jedoch Mitspracherechte in der Finanz- und Haushaltspolitik erstritten und Ende 1985 Mitwirkungsrechte bei der Gesetzgebung erhalten:

- Das EP wirkt durch seine Stellungnahmen zu den Vorschlägen der Kommission an der europäischen Gesetzgebung mit. Wurde es nicht gehört, kann der Ministerrat nicht entscheiden.
- Das EP hat ein weitgehendes Mitspracherecht bei der Verabschiedung des EG-Haushaltes. Es kann sogar den gesamten Haushalt aus schwerwiegenden Gründen ablehnen.
- Das EP übt die demokratische Kontrolle über die EG-Kommission aus. Es kann sie durch ein Mißtrauensvotum (Zweidrittelmehrheit) geschlossen zum Rücktritt zwingen. Gegenüber dem Ministerrat besteht kein Kontrollrecht, da dessen Mitglieder als Minister nur ihren nationalen Parlamenten verantwortlich sind.
- Das EP erhält künftig das Recht, über weitere EG-Beitritte und Abkommen mit Drittländern mit zu entscheiden.

Der **Europäische Rat** trifft sich seit 1975 in der Regel dreimal jährlich, um Grundsatzfragen der europäischen Politik zu erörtern. Er besteht aus den Staats- bzw. Regierungschefs der Mitgliedstaaten und dem Präsidenten der Kommission der Europäischen Gemeinschaft. In Zukunft sollen diese „EG-Gipfel“ mindestens zweimal jährlich stattfinden.

1. Übertrage das Prinzip der Gewaltenteilung auf die Organe der EG.
2. Beschreibe Stellung und Funktion des Europäischen Parlaments.
3. Erläutere die Aufgabenverteilung zwischen Kommission, Ministerrat und Parlament anhand der Grafik.
4. Welche Kritik übt das Europäische Parlament an der Umweltschutzpolitik?
   Welche Forderungen erhebt es in diesem Zusammenhang?

Der Europäische Gerichtshof

„Gelbe Karte“ für den DFB

Darf ein Fußballverband in der EG die Zahl seiner Profi-Spieler aus anderen europäischen Ländern begrenzen? Nach den Statuten des Deutschen Fußballverbandes (DFB) kann jeder Verein zwar beliebig viele ausländische Spieler aufnehmen, in einem Spiel jedoch höchstens zwei Ausländer in seiner Mannschaft aufs Feld schicken.

Nach einem Urteil des Europäischen Gerichtshofs in Luxemburg ist eine solche „Ausländersperre“ künftig innerhalb der Mitgliedstaaten der EG verboten. Dem Urteil lag die Klage eines italienischen Fußballmanagers, betreffend den Fußballklub Rovigo zugrunde. – Der Gerichtshof verweist dabei auf den EWG-Vertrag, nach dem alle Arbeitnehmer in der Gemeinschaft das Recht haben, in einem anderen Mitgliedstaat Arbeit aufzunehmen, („Freizügigkeit“) und jede Benachteiligung aus Gründen der Staatsangehörigkeit verboten ist (Diskriminierungsverbot). Ausgenommen hiervon sind lediglich Nationalmannschaften.

So wie bisher in jeder deutschen Mannschaft unbegrenzt Bayern, Hamburger oder Berliner spielen konnten, dürfen nach diesem Urteil künftig in jeder Profi-Mannschaft in einem EG-Land Briten, Deutsche oder Italiener in beliebiger Zusammensetzung aufs Feld.

(nach: Informationen zur politischen Bildung, Heft 213, Hrsg.: Bundeszentrale für politische Bildung, Bonn 1986, S. 27)

Der **Europäische Gerichtshof** mit Sitz in Luxemburg hat eine Fülle weitreichender und in den Partnerstaaten unmittelbar gültiger Urteile gefällt. Ihm gehören 13 Richter und 6 Generalanwälte an. Der Gerichtshof entscheidet Streitigkeiten zwischen den Mitgliedstaaten, Streitigkeiten zwischen Mitgliedstaaten und der Gemeinschaft und Streitigkeiten zwischen Organen der Gemeinschaft. Er kann auch gegen Entscheidungen der Gemeinschaft von den Betroffenen angerufen werden, zum Beispiel, wenn sich Unternehmen gegen Kartellentscheidungen der Kommission zur Wehr setzen. Damit das Gemeinschaftsrecht in allen Partnerstaaten gleich ausgelegt wird, können nationale Gerichte Fragen des Gemeinschaftsrechtes dem Europäischen Gerichtshof zur Entscheidung vorlegen. In gewissen Fällen müssen sie sogar seine Entscheidung einholen. Der Europäische Gerichtshof hat eine Reihe von sehr weitreichenden Urteilen gefällt und dadurch die europäische Entwicklung vorangetrieben. 1974 entschied er zur Überraschung vieler Experten, daß jeder EG-Bürger aufgrund des EWG-Vertrages seit 1970 das Recht hat, sich als selbständiger Gewerbetreibender in allen EG-Staaten niederzulassen. [...] Wichtige Urteile betreffen die Gleichbehandlung der Frau am Arbeitsplatz – gleicher Lohn für gleiche Leistung – und die soziale Sicherung von Gastarbeitern. Aber auch Kuriosa mußte das Luxemburger Gericht entscheiden, so die Frage, ob Putensterze Teil des Geflügelrückens sind oder nur Schlachtabfall (eine Entscheidung mit finanziellen Folgen, weil für den Import von Geflügelrücken höhere Einfuhrabgaben gezahlt werden müssen als für Schlachtabfälle). Gerade in den letzten Jahren war der Gerichtshof oft aufgerufen, gegen Mitgliedstaaten zu entscheiden, wenn diese den Handel vertragswidrig erschwerten.

(aus: EUROPA, Reihe: Politik-Informationen; Hrsg.: Presse- und Informationsamt der Bundesregierung, Bonn 1986, S. 82 f.)

1. Wie und auf welcher Grundlage hat sich der Europäische Gerichtshof zu der „Ausländersperre“ des DFB geäußert?
2. „Der Gerichtshof sichert die Wahrung des Rechts bei der Auslegung und Anwendung dieses Vertrages“ (EWG-Vertrag, Artikel 164). Erläutere.
3. „Eine Gemeinschaft von Staaten braucht eine unabhängige richterliche Gewalt“. Nimm zu dieser Aussage Stellung.

Die Europäische Gemeinschaft

Am 9. Mai 1950 wurde in Paris der Plan zur Gründung einer Europäischen Gemeinschaft für Kohle und Stahl verkündet. Dies war die Geburtsstunde der Europäischen Gemeinschaft.

Zur zweiten Direktwahl des Europäischen Parlamentes waren im Juni 1984 knapp 200 Millionen Wähler aufgerufen. 119 Millionen von ihnen nahmen ihr Recht wahr und wählten.

Palais d'Europe in Straßburg: Bei seinen Plenartagungen in Straßburg ist das Europäische Parlament in diesem Gebäude Gast des Europarats.

Europa-Hauptquartier in Brüssel: in der Mitte das Berlaymont-Gebäude, der Sitz der Kommission; vorn links das Charlemagne-Gebäude, der Sitz des Ministerrats.

Gebäude des Europäischen Parlaments in Luxemburg

Gebäude des Europäischen Gerichtshofs in Luxemburg

Europa – gleiche Chancen für alle?

EWG-Vertrag, Artikel 9 (Zollunion)
(1) Grundlage der Gemeinschaft ist eine Zollunion, die sich auf den gesamten Warenaustausch erstreckt; sie umfaßt das Verbot, zwischen den Mitgliedstaaten Ein- und Ausfuhrzölle und Abgaben gleicher Wirkung zu erheben, sowie die Einführung eines Gemeinsamen Zolltarifs gegenüber dritten Ländern.

Die Errichtung gemeinsamer Märkte dient der Schaffung größerer Wirtschaftsräume, die nicht durch Zoll- und Handelsschranken getrennt werden. Dazu müssen alle Mitgliedsländer ihre Rechts- und Verwaltungsvorschriften einander angleichen, Zölle und Steuern gemeinsam verändern und ihre Zusammenarbeit in Währungsfragen ausweiten.

Darüber hinaus muß ein gemeinsamer Markt auch einen freien Verkehr für Personen, Kapital und Dienstleistungen gestatten. Jeder Arbeitnehmer darf in allen EG-Ländern arbeiten, jeder Kaufmann oder Rechtsanwalt, jeder Friseur oder Handwerksmeister kann sich in dem EG-Land seiner Wahl niederlassen. Der „Gemeinsame Markt" soll bis zum Jahre 1992 schrittweise verwirklicht werden.

Der erste Schritt dazu wurde 1951 mit der Gründung der Europäischen Gemeinschaft für Kohle und Stahl (EGKS) getan. Diese „Montanunion", wie sie auch genannt wird, bildete einen ersten gemeinsamen Markt für Kohle, Stahl, Eisenerz und Schrott. Die EGKS hatte die Aufgabe, die Mitgliedsländer mit Kohle und Stahl zu einem gemeinsam festgesetzten Preis zu versorgen, die Arbeits- und Lebensbedingungen der in der Montanindustrie Beschäftigten zu verbessern, Handel und Investitionen zu beleben und eine Anpassung der europäischen Montanindustrie an die veränderten weltwirtschaftlichen Verhältnisse zu erleichtern.

Auch die Errichtung eines gemeinsamen Marktes für landwirtschaftliche Produkte gehört zu den grundlegenden Aufgaben der EG-Politik. Die Landwirtschaft hat für alle Menschen in der Gemeinschaft unmittelbare Bedeutung, denn sie sichert ihre Ernährung.

Durch die Gründung der Europäischen Wirtschaftsgemeinschaft (EWG) entstand nun folgendes Problem: Hätte man einen zollfreien Binnenmarkt nur für Industrieprodukte geschaffen, so wären Agrarländer wie Italien oder Frankreich gegenüber den industriestarken Ländern benachteiligt gewesen. Außerdem hätte man dann alle Produkte der Nahrungsmittelindustrie vom freien Warenverkehr ausschließen müssen – mit erheblichem Verwaltungsaufwand. Logischer erschien es da, die Landwirtschaft in den gemeinsamen Markt einzubeziehen, also einen gemeinsamen Agrarmarkt zu schaffen.

1. Welche Ziele standen hinter der Gründung der Montanunion? (Siehe auch S. 143.)
2. Erläutere, was man unter einem gemeinsamen Markt versteht.
3. Die Karikatur stellt Vision und Wirklichkeit gegenüber.
   Diskutiert, ob ihre Aussage zutreffend ist.

Der Agrarmarkt – Kernstück der EG

Während **Eberhard Schultze** am Computer den Verkauf seiner Ernte kalkuliert, sieht er mit Stolz in den stattlichen Hof. Auf 200 Hektar Land baut er das an, was den höchsten Ertrag verspricht: Weizen, Kartoffeln und Zuckerrüben. Nirgendwo in Deutschland gibt es eine Region, in der die Gewinne so hoch sind wie in der Hildesheim-Braunschweiger Lößbörde.

Eigentlich müßte er zufrieden sein mit der Agrarpolitik, die immer noch seiner fünfköpfigen Familie ein reichliches Einkommen und seinen beiden Lehrlingen und dem Schlepperfahrer einen Arbeitsplatz sichert. „Das Dilemma der Landwirtschaft ist der technische Fortschritt. Mit unseren Maschinen ernten wir weit mehr als die Menschen verbrauchen," meint Schultze.

Als in den fünfziger Jahren die Bauern begannen, ihre Höfe zu spezialisierten landwirtschaftlichen Betrieben umzurüsten, ahnte niemand, wie schnell mit Hilfe von Chemie und Maschinen und mit weit weniger Menschen auf denselben Flächen die doppelten Ernten eingebracht und die gleiche Anzahl Vieh die doppelte Menge Milch, Eier und Fleisch liefern würden.

Die sogenannte aktive Preispolitik forcierte dieses Wachsen. Nicht Angebot und Nachfrage bestimmten das Einkommen der EG-Bauern, sondern die Menge der von ihm produzierten Agrarprodukte. Wer am Wohlstand teilhaben wollte, mußte mehr ernten.

Daß seine Zuckerrüben über lange Zeit besonders einträglich blieben, verdankte er nicht nur den staatlichen Garantiepreisen, sondern auch einem komplizierten Regelwerk von Produktionsquoten, das die Zuckerrübenbauern 1968 in der EG durchgesetzt hatten.

Die EG, vor zehn Jahren noch Zuckerimporteur, wurde zu einem der größten Lieferanten der Welt. Die süße Last schüttet die EG zu Dumpingpreisen auf den Weltmarkt. Die Schleuderpreise kommen auch der Gemeinschaft teuer.

Denn die Brüsseler Behörden zahlen den Exporteuren die Differenz zwischen den niedrigen Weltmarktpreisen und den europäischen Festpreisen.

(nach: Sabine Haupt: Die süße Last wird auf dem Weltmarkt verschleudert, Walsroder Zeitung, 22. 9. 1987)

An der Seitenstraße zwischen Peine und Gifhorn reiht sich ein Bauernhof an den anderen. Am Tage wirken sie wie ausgestorben. Die Hausherren stehen bei der Volkswagen AG in Wolfsburg am Fließband oder schuften im nahegelegenen Kieswerk.

„Vor zwanzig Jahren gab es noch 15 Höfe im Dorf. Alle konnten von etwa zehn Hektar Land, einigen Schweinen und Kühen gut leben. Heute sind es noch vier Bauern", sagt **Karl Klein,** (Name geändert). Mit knapp 19 Hektar Ackerland, etwas Grünland und fast 300 Schweinen im Stall ist sein Hof typisch für die Region.

„Durch Herumtelefonieren nach den günstigsten Preisen verdiene ich oft mehr als durch körperliche Arbeit", sagt er. Aber nirgendwo in Deutschland bekommt er wieder 272 Mark für ein Mastschwein wie noch vor einem Jahr, zuletzt brachte der Verkauf läppische 245 Mark.

Gelohnt werden müssen nicht nur die drei Stunden, die Kleins Mutter und seine Frau Tag für Tag die Schweine füttern und misten, sondern auch die Wege, auf denen Klein die Futtermolke, Gerste, Weizen, Malzkeime und Soja möglichst günstig besorgt. Denn die Kosten für das Futter, das Klein einmal die Woche schrotet, werden scharf kalkuliert. Bei den heutigen Schweinepreisen schrumpft der Überschuß pro Schwein auf knapp 35 Mark. Wenn sie nicht noch weiter fallen, wird der Schweinegewinn im laufenden Jahr auf 25 000 Mark sinken. Und was bringt der Boden?

Mit fünf Hektar Zuckerrüben, dem Rest Gerste kommt Klein auf einen durchschnittlichen Deckungsbetrag pro Hektar von 1 338 Mark. Unterm Strich macht das alles zusammen ungefähr 50 000 Mark im Jahr. Nach Abzug der jährlichen Fixkosten haben Klein, die Mutter und seine Frau zusammen einen Jahresgewinn von knapp 29 000 Mark erzielt. „Für einen Haupterwerbsbetrieb in jedem Fall zu wenig", urteilt Hans Burose, Berater der Landwirtschaftskammer Hannover. Ein Familienbetrieb müsse im Jahr mindestens 60 000 Mark erwirtschaften, denn sonst bliebe für dringend erforderliche Investitionen, beispielsweise in Maschinen, nichts übrig.

(nach: Sabine Haupt: Mit Telefon und Computer das Geld verdient, Walsroder Zeitung, 24. 9. 1987)

Vergleiche die Situation der beiden Landwirte Schultze und Klein.

Probleme der gemeinsamen Agrarpolitik

EWG-Vertrag, Artikel 39
[Gemeinsame Agrarpolitik]

(1) Ziel der gemeinsamen Agrarpolitik ist es,

a) die Produktivität der Landwirtschaft durch Förderung des technischen Fortschritts, Rationalisierung der landwirtschaftlichen Erzeugung und den bestmöglichen Einsatz der Produktionsfaktoren, insbesondere der Arbeitskräfte, zu steigern;
b) auf diese Weise der landwirtschaftlichen Bevölkerung, insbesondere durch Erhöhung des Pro-Kopf-Einkommens der in der Landwirtschaft tätigen Personen, eine angemessene Lebenshaltung zu gewährleisten;
c) die Märkte zu stabilisieren;
d) die Versorgung sicherzustellen;
e) für die Belieferung der Verbraucher zu angemessenen Preisen Sorge zu tragen.

Der EG droht ein riesiger Misthaufen
Zuviel Vieh erzeugt zuviel Dung / Belastung für die Umwelt

Butter zu Seife und Viehfutter
Brüssel will jetzt die alten Lagerbestände verschleudern

EG-Agrarminister werfen das Handtuch
Überschuß-Problem belastet Gipfel

Tindemans sieht EG in Gefahr
Neuer Ratspräsident mahnt Lösung der Finanzprobleme an

EG-Gipfel –
Brüssel zwischen Binnenmarkt und Bauern-Nöten

Reform kommt langsam in Bewegung
EG-Landwirtschaftsminister wollen Überschußproduktion bei Milch drosseln

Als die EG gegründet wurde, produzierten die Landwirte der Gemeinschaft nicht genug Nahrungsmittel, um die Bevölkerung zu versorgen. Im EWG-Vertrag wurden daher die oben genannten Ziele der Agrarpolitik vereinbart. In der Folgezeit führten aber der technische Fortschritt in der Landwirtschaft, der vermehrte Einsatz von Kunstdünger und Maschinen, Flurbereinigungsmaßnahmen und die Rationalisierung der Viehhaltung zu einer enormen, nicht erwarteten Produktionssteigerung. Damit war das Hauptproblem der gemeinsamen Agrarpolitik geboren. Der Verbrauch landwirtschaftlicher Produkte läßt sich eben nicht so steigern, wie der industrieller Konsumgüter: 15 Anzüge und 5 Radios kann man besitzen, nicht aber 15 Eier und 5 Rumpsteaks pro Tag essen. Die EG steht heute vor der fast unlösbaren Aufgabe, durch Preisminderungen und Produktionsquoten die Überschußproduktion zu drosseln, ohne jedoch den Landwirten die Existenzgrundlage zu entziehen.

Um Wettbewerbsverzerrungen innerhalb der EG zu vermeiden, legt die Gemeinschaft einheitliche Preise fest, deren Einhaltung von der Gemeinschaft abgesichert wird. Billigere Waren aus Drittländer werden mit „Abschöpfungen" (einer Art Zölle) so stark belastet, daß sie etwas teurer sind als die den Landwirten garantierten EG-Preise. Diesen Schutz gegen Wettbewerb von außen genießen fast alle landwirtschaftlichen Produkte. Darüber hinaus werden z. B. für Getreide, Rindfleisch, Milch und Zucker Mindestpreise garantiert. Das geschieht, indem die aus diesen Produkten hergestellten Waren zu festgesetzten Mindestpreisen von der EG aufgekauft werden.

Jedes Jahr müssen die Mindestpreise für Agrarprodukte neu festgelegt werden. Dabei hat jedes EG-Land eigene Interessen, die es zum eigenen Vorteil durchsetzen will. Stehen z. B. Wahlen bevor, wird die Regierung des betreffenden Landes versuchen, durch möglichst vorteilhafte Beschlüsse für die eigenen Bauern Sympathie und Wählerstimmen zu gewinnen. Oft bleiben die Verhandlungen des Ministerrats ohne Erfolg. Dann müssen sich die Regierungschefs mit der Angelegenheit befassen. Da man durch Kompromisse eine Lösung zu finden sucht, die möglichst allen Staaten Vorteile bietet, verlieren die Politiker das wichtigste Ziel aus den Augen: Zu einer Reform des Agrarmarktes zu kommen, die die EG wieder handlungsfähig macht, denn die bisherige Agrarpolitik ist kaum noch zu finanzieren.

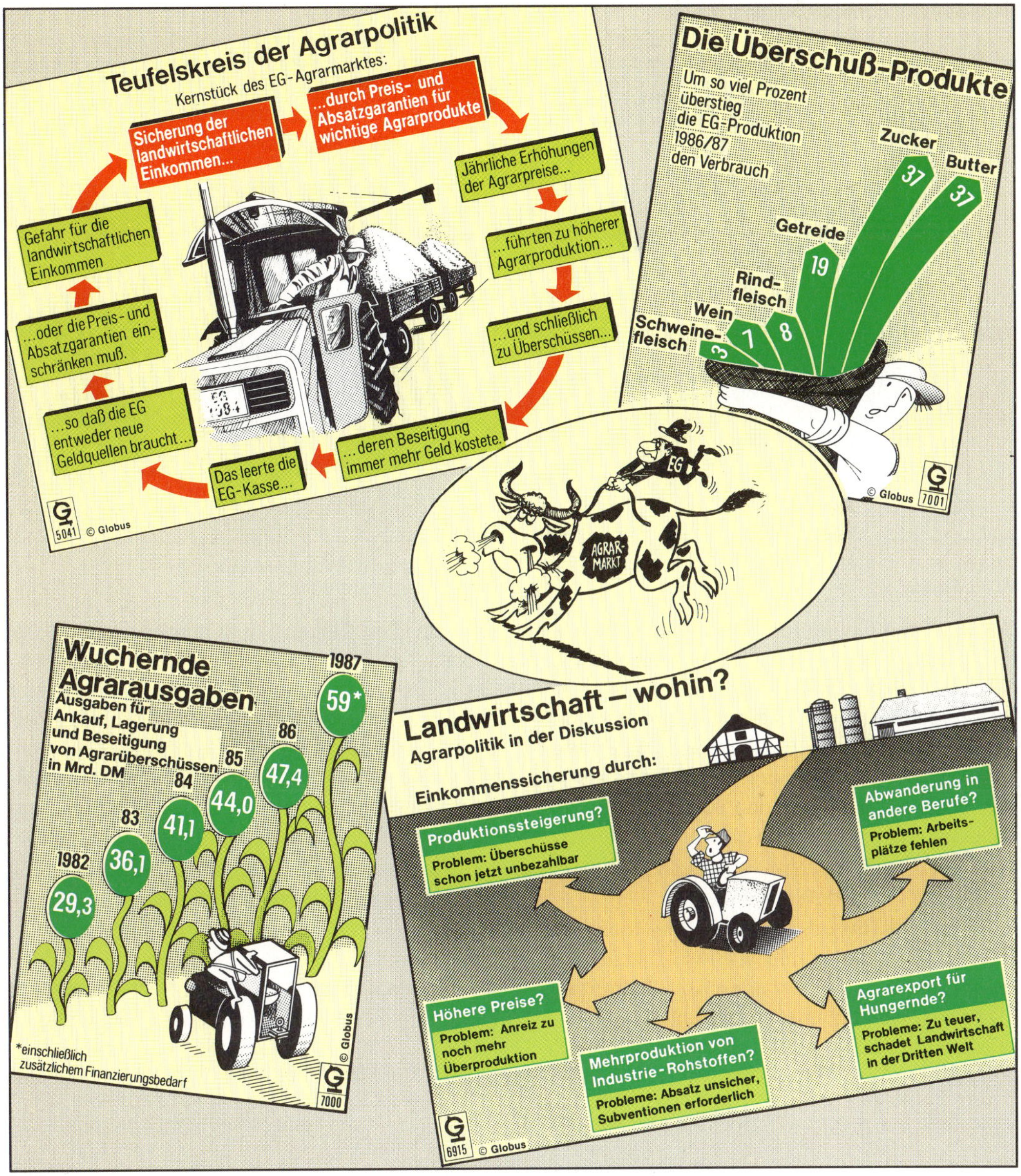

1. Erläutere die im EWG-Vertrag vereinbarten Ziele der gemeinsamen Agrarpolitik.
2. Zu welchen Problemen führte der technische Fortschritt in der Landwirtschaft?
3. Werte die Grafiken aus. Welche Probleme ergeben sich aus der Überschußproduktion in der Landwirtschaft?
4. Erläutere die Grafik „Landwirtschaft wohin?"
5. Was wird in den Schlagzeilen über die EG-Agrarpolitik gesagt?
6. Warum ist es schwierig, sich gemeinsam auf eine Reform des Agrarmarktes zu einigen? Versucht, aktuelle Beispiele zu finden.

Ausländische Arbeitnehmer

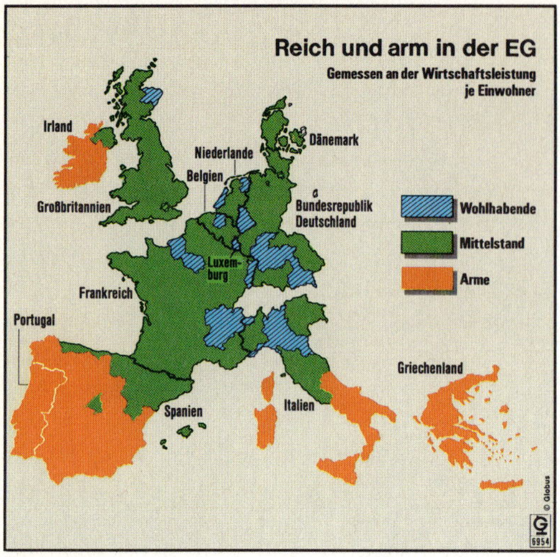

(Globus, 11. 1. 1988/Statistische Angaben: EG-Kommission)

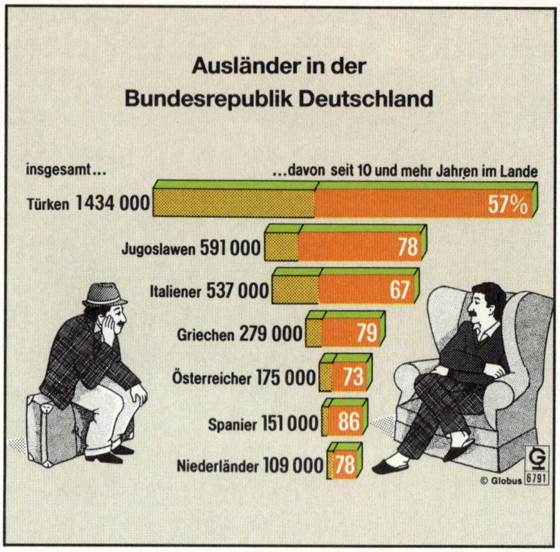

(Globus: 21. 9. 1987/Statistische Angaben: Statistisches Bundesamt)

Der Wohlstand in Europa ist unterschiedlich verteilt. Sowohl ländliche Gebiete am Rande der EG, als auch zunehmend städtische Gebiete in den traditionellen Industrienationen Nordwesteuropas zeigen eine zurückbleibende Entwicklung. Die Folgen sind geringe Wirtschaftskraft der betreffenden Regionen und ein niedriger Lebensstandard ihrer Bewohner. Viele verlassen deshalb ihre Heimat und arbeiten als „Gastarbeiter" im Ausland. So leben in vielen Ländern der EG Zuwanderer, die aus wirtschaftlich weniger entwickelten Regionen kommen. Ausländer brauchen, wenn sie in der Bundesrepublik Deutschland bleiben und arbeiten wollen, eine Aufenthalts- und eine Arbeitserlaubnis. Diese Auflage gilt jedoch nicht für Arbeitnehmer aus der EG.

EWG-Vertrag
Artikel 48 [Freizügigkeit der Arbeitnehmer]

(1) Spätestens bis zum Ende der Übergangszeit wird innerhalb der Gemeinschaft die Freizügigkeit der Arbeitnehmer hergestellt.

(2) Sie umfaßt die Abschaffung jeder auf der Staatsangehörigkeit beruhenden unterschiedlichen Behandlung der Arbeitnehmer der Mitgliedstaaten in bezug auf Beschäftigung, Entlohnung und sonstige Arbeitsbedingungen.

„Das Recht auf Freizügigkeit umfaßt in erster Linie die Befugnis, sich . . . in einen anderen Mitgliedstaat zu begeben und sich dort unter den gleichen Bedingungen und mit dem selben Rang wie ein Inländer um eine offene Stelle zu bewerben. Eine Arbeitserlaubnis darf von den Angehörigen der EG-Mitgliedstaaten nicht mehr verlangt werden.

Eine Arbeitserlaubnis brauchen Arbeitnehmer aus Ländern, die nicht der EG angehören. Die Arbeitserlaubnis muß beim Arbeitsamt beantragt werden.

Die Freizügigkeit umfaßt ferner das Recht auf Gleichbehandlung hinsichtlich der Arbeitsbedingungen, hinsichtlich der sozialen und steuerlichen Vergünstigungen und des Zugangs zu Berufsschulen und Umschulungszentren. Desgleichen haben die Kinder des Arbeitnehmers, die bei diesem wohnen, das Recht auf gleichberechtigte Teilnahme am allgemeinen Unterricht sowie der Lehrlings- und Berufsausbildung.

Ausnahmen von der Freizügigkeit gestattet der Vertrag nur aus Gründen der öffentlichen Ordnung, Sicherheit und Gesundheit sowie im Falle der Beschäftigung in der öffentlichen Verwaltung . . ."

(aus: Aktuelle Beiträge zur Wirtschafts- und Finanzpolitik 12/1979; Hrsg.: Presse- und Informationsamt der Bundesregierung, Bonn 1979, S. 2 f.)

Der Zuzug von ausländischen Arbeitnehmern in die Bundesrepublik Deutschland wurde durch die rasante wirtschaftliche Entwicklung in den 50er Jahren ausgelöst. Etwa ab 1955 setzte ein langanhaltender wirtschaftlicher Aufschwung, das sogenannte „Wirtschaftswunder", ein und führte zu einem steigenden Bedarf an Arbeitskräften. Gleichzeitig sank jedoch das Arbeitskräfteangebot. Die Bundeswehr entzog dem Arbeitsmarkt während ihres Aufbaus ca. eine halbe Million Arbeitskräfte, die Verlängerung der Ausbildungsdauer und die tarifliche Verkürzung der Arbeitszeit trugen ebenfalls zur Verknappung bei. Durch den Bau der „Berliner Mauer" versiegte der Flüchtlingsstrom aus der DDR und den deutschen Ostgebieten. 14 Millionen Menschen, darunter viele qualifizierte Facharbeiter, waren von dort bis 1961 in den Westen gekommen. Obwohl durch den technischen Fortschritt auf vielen Gebieten zunehmend Arbeitskräfte eingespart werden konnten, überstieg 1960 die Zahl der offenen Stellen erstmals die der Arbeitslosen. Der wirtschaftliche Aufschwung und der Wohlstand waren gefährdet. Auch andere mittel- und nordeuropäische Industrienationen standen vor diesem Problem.

In dieser schwierigen Situation bot es sich an, überschüssige Arbeitskräfte aus weniger entwickelten Regionen Europas anzuwerben. So kamen im Laufe der Zeit viele Millionen Arbeitnehmer aus Italien, Spanien, Griechenland, Jugoslawien, der Türkei, Portugal, aber auch aus Marokko und Tunesien nach Mittel- und Nordeuropa. Diese Abwanderung von Arbeitskräften lag auch im Interesse der Herkunftsländer, da so deren Probleme (Arbeitslosigkeit, soziale Spannungen und Unruhen, ...) gelindert wurden. Außerdem schickten die „Gastarbeiter" Geld in ihre Heimat. Das führte dort zu Deviseneinnahmen.

Kritiker der Wanderbewegung aus Südeuropa machen geltend, daß gerade die fähigsten und mobilsten Arbeitskräfte ihren Heimatländern entzogen wurden und damit das wirtschaftliche Wachstum dieser unterentwickelten Regionen gebremst wurde. Statt die Arbeit zu den Menschen zu bringen, brachte man die Menschen zu Arbeitsplätzen in der Fremde.

Die gesellschaftliche Eingliederung der ausländischen Arbeitnehmer in den mittel- und nordeuropäischen Industrienationen war und ist schwierig. Sprachbarrieren, kulturelle und religiöse Unterschiede sowie verschiedenartige Sitten und Gebräuche stoßen aufeinander. Dem Anspruch, auch in der Fremde das eigene nationale und kulturelle Selbstverständnis behalten und entfalten zu dürfen, steht oft die kurzsichtige Forderung nach selbstloser und kritikloser Anpassung an die Sitten und Gebräuche des Gastlandes gegenüber. Die Idee des friedlichen Nebeneinander verschiedener Kulturen, die sich mit gegenseitigem Verständnis und Respekt begegnen, ist trotz vieler Integrationsbemühungen bisher nicht zufriedenstellend verwirklicht.

Mit zunehmendem Wirtschaftsrückgang in den Industrienationen wird die Rolle der ausländischen Arbeitnehmer in Europa heute neu diskutiert. Ausländer waren jedoch nicht nur in der Vergangenheit wichtig für den wirtschaftlichen Aufschwung, sondern sie tragen auch heute mit ihrer Arbeitsleistung, ihren Steuern und Sozialversicherungsbeiträgen wesentlich zur sozialen Sicherheit und zum Wohlstand in der Bundesrepublik Deutschland bei. Sie füllen darüber hinaus Arbeitsplätze in vielen Bereichen der Wirtschaft aus, die inländische Arbeitslose nicht immer übernehmen können oder wollen. Deshalb werden wir auch in Zukunft nicht ohne ausländische Arbeitnehmer auskommen.

1. Aus welchen Ländern kommen die ausländischen Arbeitnehmer, die bei uns arbeiten?
2. Beschreibe Zusammenhänge zwischen dem regionalen wirtschaftlichen Entwicklungsstand und der Wanderung von Arbeitnehmern in Europa.
3. Welche Bedeutung hat der Artikel 48 des EWG-Vertrages für Arbeitnehmer in der EG?
4. Welche Bedeutung haben ausländische Arbeitnehmer für die Industriestaaten in Mittel- und Nordeuropa?
5. Diskutiert, wie die alltäglichen Beziehungen zwischen Deutschen und ausländischen Arbeitnehmern verbessert werden könnten.

3. Die deutsche Frage im geteilten Europa

Was heißt „deutsche Frage"?

„Die deutsche Frage ist so lange offen, wie das Brandenburger Tor zu ist." Diese Aussage umschreibt einprägsam das Problem der deutschen Einheit. Die Grenzsperren teilen nicht nur die deutsche Nation, sie sind gleichzeitig die Trennungslinie zwischen zwei Militär- und Wirtschaftsblöcken. Unterschiedliche Staats- und Gesellschaftssysteme stehen sich an der innerdeutschen Grenze gegenüber. Nicht nur Deutschland, sondern Europa wird durch sie geteilt.

Bundespräsident Richard von Weizsäcker auf dem 21. Evangelischen Kirchentag:

„Mit einer deutschen Frage zu leben, ist überdies für die Deutschen gar nicht neu. In der Mitte des 19. Jahrhunderts war das politische Geschehen in Deutschland geradezu von der deutschen Frage beherrscht. Man rang um Einheit und Freiheit im Sinne einer verfassungsmäßigen, freiheitlichen Bürgerrechtslage. [. . .] Schließlich jedoch erhielt damals zunächst die Einheit den Vorrang vor der Freiheit.

Auch heute bewegt sich die deutsche Frage im Spannungsfeld von Einheit und Freiheit, aber es ist ganz anders als damals. Der Kern der Frage heute ist die Freiheit. Ein Fortschritt in Richtung auf Einheit um den Preis von Freiheit wäre Rückschritt. [. . .]

Die europäischen Weltkriege dieses Jahrhunderts waren selbstzerfleischende Bruderkriege. An ihrem Ende ist das Bewußtsein europäischer Zusammengehörigkeit wieder gewachsen. Wir gehören denselben historischen Entwicklungen an. Wir gründen unser privates und staatliches Leben auf verwandte europäische Werte. Das Thema der Einheit, das sich uns heute stellt, ist primär ein gesamteuropäisches."

(aus: Frankfurter Rundschau, 10. 6. 1985, S. 2, Auszüge)

Staatsratsvorsitzender Erich Honecker bei seinem Besuch in Bonn am 7. 9. 1987:

„Aus der Geschichte die notwendigen Lehren zu ziehen, und seien sie für manchen auch schmerzlich, gebietet in der Tat die Verantwortung. Von deutschem Boden darf nie wieder Krieg, von beiden Staaten sollen immer nur Frieden und gute Nachbarschaft mit allen Ländern ausgehen. Nur im Frieden haben die Menschen in der Deutschen Demokratischen Republik und der Bundesrepublik Deutschland, hat Europa, ja, hat die Welt eine Zukunft. Ein nukleares Inferno wäre der Untergang, und dazu darf es nicht kommen.

Von dieser Position aus entwickelt die DDR ihre Politik. [. . .] So folgen wir auch, was die Beziehungen zwischen beiden deutschen Staaten betrifft, der Maxime, daß es ungeachtet unterschiedlicher Gesellschaftsordnungen und Bündniszugehörigkeiten notwendig und zugleich möglich ist, friedlich nebeneinander zu leben und miteinander auszukommen.

Auf der Grundlage des europäischen Vertragswerkes müssen solche Schritte in den Beziehungen getan werden, die den Interessen des Friedens, der Entspannung und der gegenseitig vorteilhaften Zusammenarbeit dienen. Dauerhafte gute Nachbarschaft verlangt, die Realitäten zu respektieren, wie sie sich im Ergebnis des zweiten Weltkrieges und der Nachkriegsentwicklung herausgebildet haben."

(aus: DIE WELT, 8. 9. 1987, S. 3, Auszüge)

1. Wie umreißt Richard von Weizsäcker die deutsche Frage?
2. Stelle die Auszüge aus den beiden Reden gegenüber. Erkläre, welche Hindernisse einer Lösung der deutschen Frage entgegenstehen.
3. „Das Thema der Einheit, das sich uns heute stellt, ist primär ein gesamteuropäisches." Nimm zu dieser Aussage Stellung.

Wiedervereinigung – ein Auftrag des Grundgesetzes

Präambel

Im Bewußtsein seiner Verantwortung vor Gott und den Menschen, von dem Willen beseelt, seine nationale und staatliche Einheit zu wahren und als gleichberechtigtes Glied in einem vereinten Europa dem Frieden der Welt zu dienen,
hat das deutsche Volk [. . .], um dem staatlichen Leben für eine Übergangszeit eine neue Ordnung zu geben,
kraft seiner verfassungsgebenden Gewalt dieses Grundgesetz der Bundesrepublik Deutschland beschlossen.
Es hat auch für jene Deutsche gehandelt, denen mitzuwirken versagt war.
Das gesamte deutsche Volk bleibt aufgefordert, in freier Selbstbestimmung die Einheit und Freiheit Deutschlands zu vollenden.

Grundgesetz für die Bundesrepublik Deutschland

Geisterstunde

Die Spaltung Deutschlands und die Teilung Europas werden für lange Zeit nicht zu überwinden sein. Dennoch sind alle Verfassungsorgane der Bundesrepublik Deutschland durch die Präambel des Grundgesetzes verpflichtet, die Wiederherstellung der staatlichen Einheit Deutschlands in friedlicher Weise zu erstreben. Ziel dieser Politik ist es, „auf einen Zustand des Friedens in Europa hinzuwirken, in dem das deutsche Volk in freier Selbstbestimmung seine Einheit wiedererlangt." (Brief der Bundesregierung zur deutschen Einheit an die UdSSR [12. 8. 1970] und die DDR [21. 12. 1972]).

Die Bundesregierung muß darauf Rücksicht nehmen, daß es auf deutschem Boden zwei selbständige, voneinander unabhängige Staaten gibt. Die Folgen der Teilung müssen gemildert und für die Menschen erträglicher gemacht werden. Die DDR verhindert leider normale menschliche Kontakte. Sie verbietet bestimmten Berufsgruppen, von Verwandten oder Bekannten aus der Bundesrepublik Deutschland Post zu bekommen oder besucht zu werden. Sie behindert den freien Reiseverkehr in Deutschland, beschränkt die Arbeitsmöglichkeit von Journalisten und fordert, daß es eine eigene „sozialistische Nation" in der DDR geben solle.

„Der Begriff ‚deutsch' ist wesentlich vom Schicksal der Teilung gezeichnet. Dennoch ist er der Teilung selbst nicht zum Opfer gefallen. Die Menschen in der DDR sind nicht nur Bürger ihres Staates, sondern sie sind zugleich Deutsche, Deutsche wie wir." (Bundespräsident Richard von Weizsäcker)

1. Erkläre die Präambel des Grundgesetzes im Hinblick auf die Wiedervereinigung.
2. Erarbeite die Aussagen der Karikatur. Welche Meinung zur Wiedervereinigung wird den unten dargestellten Nationen Frankreich und England unterstellt?
3. Welche Schwierigkeiten stellen sich der Politik der Bundesrepublik Deutschland bezüglich der Wiedervereinigung entgegen? Sucht aktuelle Bezüge und Beispiele.

Auf dem Wege zu einer europäischen Friedensordnung

Die Erfolge der Verhandlungen und Verträge mit der DDR sind beachtlich. Für die Menschen im geteilten Deutschland haben sich neue Begegnungsmöglichkeiten und größere Freizügigkeit ergeben. Dennoch bleibt das Erreichte gefährdet, weil es u.a. auch durch das Verhältnis der beiden Supermächte USA und UdSSR zueinander bestimmt wird. Letzten Endes bedeutet das, daß nur eine Gesamteuropa umfassende Friedensregelung zu einer Lösung der deutschen Frage führen kann.

1975 wurde eine „Konferenz über Sicherheit und Zusammenarbeit in Europa" (KSZE) nach Helsinki einberufen. Die Konferenzteilnehmer kamen mit unterschiedlichen Interessen und Erwartungen zusammen. Die osteuropäischen Staaten waren insbesondere an einer Garantie der bestehenden Grenzen in Europa und an besseren Wirtschaftsbeziehungen interessiert, während der Westen Erleichterungen für die Menschen in Europa (Ausreisegenehmigungen, Familienzusammenführungen, besserer Informationsaustausch usw.) anstrebte.

In der KSZE-Schlußakte sind alle diese Punkte in vier sogenannten Körben enthalten:

- *Korb I:* Fragen der Sicherheit in Europa (mit einer Erklärung über Prinzipien zwischenstaatlicher Beziehungen),
- *Korb II:* Zusammenarbeit in den Bereichen Wirtschaft, Wissenschaft und Technik sowie Umwelt,
- *Korb III:* Zusammenarbeit in humanitären und anderen Fragen (menschliche Kontakte, Information, Zusammenarbeit und Austausch in Bildung und Kultur),
- *Korb IV:* Folgemaßnahmen zur Durchführung der Beschlüsse der Konferenz.

Mit dieser Schlußakte ist es zum ersten Mal gelungen, gemeinsame Ziele und Verhaltensregeln für das friedliche Zusammenleben zu verabreden. Dies erleichtert den Dialog zwischen den Regierungen und erhöht die Sicherheit in Europa.

Nach Helsinki fanden Folgetreffen in Belgrad, Madrid und Wien statt. Viele der in die Schlußdokumente gesetzten Hoffnungen haben sich zwar nur zum Teil erfüllt, aber trotz weltweiter Spannungen blieben die Europäer miteinander im Gespräch und tauschten Meinungen und Informationen aus – ein kleiner, aber nicht unwichtiger Fortschritt. Ohne den KSZE-Prozeß wären auch die Abrüstungsverhandlungen zwischen Ost und West kaum möglich geworden. In ihnen geht es um den Abbau von Atomwaffen und die Reduzierung von Truppenstärken sowie konventionellen Waffen.

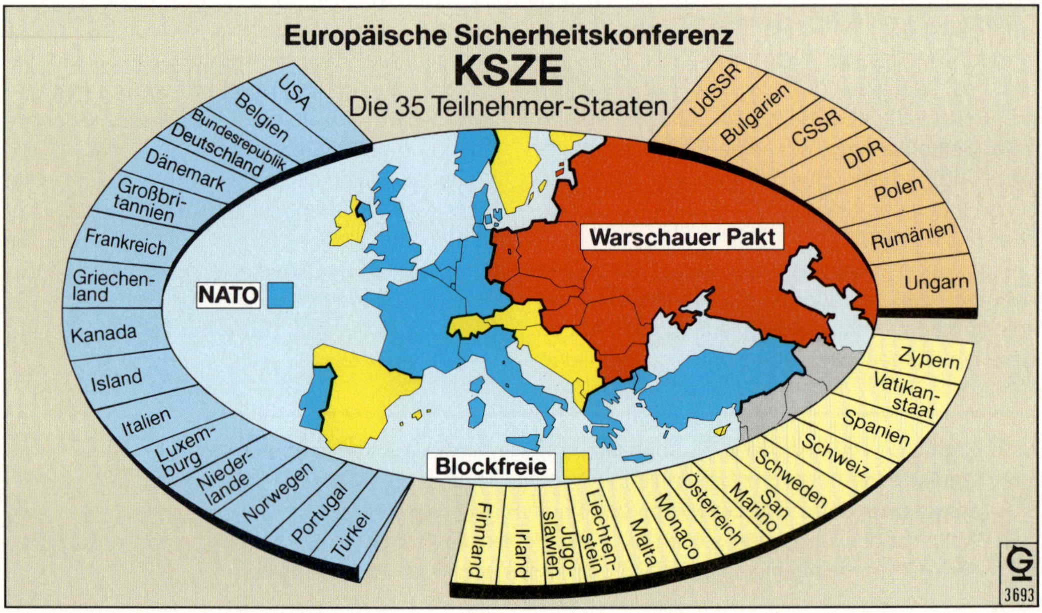

Erklärung über die Prinzipien, die die Beziehungen der Teilnehmerstaaten leiten

I. Souveräne Gleichheit, Achtung der der Souveränität innewohnenden Rechte

Im Rahmen des Völkerrechts haben alle Teilnehmerstaaten gleiche Rechte und Pflichten. [...] Sie sind der Auffassung, daß ihre Grenzen, in Übereinstimmung mit dem Völkerrecht, durch friedliche Mittel und durch Vereinbarung verändert werden können. Sie haben ebenfalls das Recht, internationalen Organisationen anzugehören oder nicht anzugehören, Vertragspartei bilateraler oder multilateraler Verträge zu sein oder nicht zu sein, einschließlich des Rechtes, Vertragspartei eines Bündnisses zu sein oder nicht zu sein; desgleichen haben sie das Recht auf Neutralität.

II. Einhaltung von der Androhung oder Anwendung von Gewalt

Die Teilnehmerstaaten werden sich dementsprechend jeglicher Handlung enthalten, die eine Gewaltandrohung oder eine direkte oder indirekte Gewaltanwendung gegen einen anderen Teilnehmerstaat darstellt.

Keine solche Androhung oder Anwendung von Gewalt wird als Mittel zur Regelung von Streitfällen oder von Fragen, die zu Streitfällen zwischen ihnen führen können, verwendet werden.

III. Unverletzlichkeit der Grenzen

Die Teilnehmerstaaten betrachten gegenseitig alle ihre Grenzen sowie die Grenzen aller Staaten in Europa als unverletzlich und werden deshalb jetzt und in der Zukunft keinen Anschlag auf diese Grenzen verüben.

V. Friedliche Regelung von Streitfällen

Die Teilnehmerstaaten werden Streitfälle zwischen ihnen mit friedlichen Mitteln auf solche Weise regeln, daß der internationale Frieden und die internationale Sicherheit sowie die Gerechtigkeit nicht gefährdet werden.

VI. Nichteinmischung in innere Angelegenheiten

Die Teilnehmerstaaten werden sich ungeachtet ihrer gegenseitigen Beziehungen jeder direkten oder indirekten, individuellen oder kollektiven Einmischung in die inneren oder äußeren Angelegenheiten enthalten, die in die innerstaatliche Zuständigkeit eines anderen Teilnehmerstaates fallen.

VII. Achtung der Menschenrechte und Grundfreiheiten, einschließlich der Gedanken-, Gewissens-, Religions- oder Überzeugungsfreiheit

Die Teilnehmerstaaten werden die Menschenrechte und Grundfreiheiten, einschließlich der Gedanken-, Gewissens-, Religions- oder Überzeugungsfreiheit für alle ohne Unterschied der Rasse, des Geschlechts, der Sprache oder der Religion achten.

Die Teilnehmerstaaten anerkennen die universelle Bedeutung der Menschenrechte und Grundfreiheiten, deren Achtung ein wesentlicher Faktor für den Frieden, die Gerechtigkeit und das Wohlergehen ist, [...].

VIII. Gleichberechtigung und Selbstbestimmungsrecht der Völker

Kraft des Prinzips der Gleichberechtigung und des Selbstbestimmungsrechts der Völker haben alle Völker jederzeit das Recht, in voller Freiheit, wann und wie sie es wünschen, ihren inneren und äußeren politischen Status ohne äußere Einmischung zu bestimmen und ihre politische, wirtschaftliche, soziale und kulturelle Entwicklung nach eigenen Wünschen zu verfolgen.

(aus: Die KSZE, Seminarmaterial zur Deutschen Frage, Hrsg.: Gesamtdeutsches Institut, Bonn 1986, S. 6 ff., Auszüge)

1. Begründe, warum die USA und die UdSSR die Politik der beiden deutschen Staaten in Deutschland mitbestimmen.
2. Welche konkreten Ergebnisse hat der KSZE-Prozeß bisher gebracht?
3. Auf welche Prinzipien haben sich die Teilnehmerstaaten geeinigt?
4. Diskutiert, ob diese Prinzipien in den Staaten Europas verwirklicht sind.

4. Europa – Menschen begegnen sich

Städtepartnerschaften und Austauschprogramme

Schilder am Ortsrand von niedersächsischen Gemeinden

Europa soll mehr sein als ein Zusammenschluß von Staaten zur gemeinsamen Lösung wirtschaftlicher und politischer Fragen. Die Idee eines vereinten Europas fordert das Engagement aller Bürger bei der Überwindung von Gegensätzen und der Entwicklung von Freundschaft zur Wahrung und zum Ausbau des Friedens. Deshalb gibt es viele Kontakte zwischen den Nationen, die über die politischen und wirtschaftlichen zwischenstaatlichen Beziehungen hinausgehen. Sie wollen die direkten freundschaftlichen Kontakte zwischen den Menschen fördern. Eine besondere Rolle spielen dabei Sportbegegnungen, Kulturaustauschprogramme, Jugendaustauschprogramme, Schulpartnerschaften und Städtepartnerschaften.

Mit Hannover eng verbunden

BY THE LORD MAYOR OF BRISTOL, COUNCILLOR MARMADUKE ALDERSON

Die Partnerschaft zwischen Bristol und Hannover, entstanden kurz nach dem Ende eines schrecklichen Krieges, hat dazu beigetragen, daß eine derartige Katastrophe nie wieder passieren wird.

Dieser Beitrag zum Völkerverständnis ist so erfolgreich gewesen, daß er anderen Twinnings zum Vorbild geworden ist. Die Partnerschaft hat sich nicht auf den Kontakt zwischen städtischen Abgeordneten und Beamten beschränkt, sondern sie hat viele Schichten und Gruppen unserer beiden Städte nähergebracht.

In den letzten Wochen habe ich die Freude gehabt, viele Gruppen aus Hannover hier in Bristol empfangen zu dürfen, unter anderen Tänzer, Sänger, Sportler, Gewerkschaftler und Vertreter des Handels und der Industrie. Hannover hat ebenfalls viele unserer Bürger freundlich empfangen. Es freut mich immer, wenn ich höre, wie Freundschaften, die in den fünfziger und sechziger Jahren geknüpft wurden, auch heute noch frisch und wohlauf sind.

In meiner Familie haben wir diese Freundschaft auch persönlich erfahren. Unsere Tochter Laura nahm vor zehn Jahren – als 12jährige – an einem Schüleraustausch teil. Heute ist sie immer noch mit ihrer deutschen Partnerin und deren Familie in Hannover befreundet.

Lauras Interesse an Deutschland und der deutschen Sprache ist heute so stark wie damals. Sie hat in diesem Jahr ihr Studium an der Universität Warwick mit einem Diplom in deutscher und englischer Literatur absolviert.

(aus: Vierzig Jahre Städtepartnerschaft Hannover-Bristol, Sonderbeilage der Hannoverschen Allgemeinen Zeitung, 31. 8. 1987, S. 2)

1. Welche Bedeutung hat die Städtepartnerschaft für Menschen in Bristol und Hannover.
2. Welche Städtepartnerschaften unterhält deine Gemeinde?
   Informiere dich über Kontakte und Programme im Rahmen dieser Partnerschaften.

Reiseland Europa

Dieses Symbol für freies Reisen in Europa gilt derzeit nur für den grenzüberschreitenden Verkehr zwischen Frankreich und der Bundesrepublik Deutschland. Die Plakette können nur Bürger der Europäischen Gemeinschaft benutzen. Wer sie gebraucht, verpflichtet sich, keine abgabepflichtigen Waren mitzuführen und die Verkehrsbestimmungen des Gastlandes einzuhalten. Die Plakette befreit nicht von stichprobenartigen Kontrollen.

Der einheitliche europäische Paß wird in den Mitgliedstaaten der Gemeinschaft schrittweise eingeführt und tritt an die Stelle der bisherigen nationalen Reisepässe.

Autofahrer an den Grenzen zu unseren westlichen Nachbarn brauchen im Regelfall nicht mehr anzuhalten. Sie können die Grenze im Schrittempo passieren und durch Vorzeigen der „E"-Plakette signalisieren, daß die Papiere in Ordnung sind und die Reisefreimengen nicht überschritten werden. Die Zollbeamten müssen jedoch noch immer Stichproben machen und dabei fragen: „Haben Sie etwas anzumelden?" Scheinbar hat sich also noch nicht viel geändert.

Trotz Grenzkontrollen sind die Grenzen in Europa in den letzten 35 Jahren durchlässig geworden, in einem Maße, von dem man 1949 nicht zu träumen wagte.

Das gilt zunächst für die Menschen. Man reist in Europa über die Grenzen hinweg, beinahe als wären sie nicht da. Ein Paß ist nicht mehr nötig. Personalausweis genügt. Visa, die noch vor 35 Jahren unerläßlich waren und für die man zum Konsulat fahren mußte, sind abgeschafft. Geld tauscht man heute formlos auf jeder Bank. Damals erhielt man Devisen nur auf einen begründeten Antrag: Warum und wozu wollte man Französische Franken haben? Insgesamt passierten im Jahre 1983 fast eine Milliarde Menschen die deutschen Grenzen. 1950 waren es gerade 30 Millionen. Eine Reise war zu Beginn der Bundesrepublik Deutschland aufwendig: Rund 50 Stunden – so hat ein Betroffener errechnet – kostete es Ende der 40er Jahre, um jene Papiere zusammen und alle Grenzkontrollen überwunden zu haben, wenn man von Kehl über den Rhein nach Straßburg wollte. Entfernung: 5 Kilometer!

(aus: EUROPA, Reihe: Politik Informationen; Hrsg.: Presse- und Informationsamt der Bundesregierung, Bonn 1986, S. 88 f.)

1. Welche Vorteile könnte der einheitliche europäische Paß bringen?
2. Berichtet von euren Erfahrungen bei Reisen in Europa.
3. Stellt eine Collage oder Wandzeitung zum Thema „Reiseland Europa" zusammen.

Stichwortverzeichnis